Jornada Transformação Digital no Brasil

Organização e curadoria:
Antonio Muniz
Anderson Gonzaga de Souza
Luiz Eduardo Labriola
Leandro Branco
Luciana T.C. Dias
Marcello Bosio

Jornada Transformação Digital no Brasil

Unindo práticas e cases de experiências brasileiras que potencializam a economia digital no Brasil

BRASPORT

Rio de Janeiro
2022

Editor: Sergio Martins de Oliveira
Gerente de Produção Editorial: Marina dos Anjos Martins de Oliveira
Editoração Eletrônica: Abreu's System
Capa: Trama Criações

J82 Jornada Transformação Digital no Brasil : unindo práticas e *cases* de experiências brasileiras que potencializam a economia digital no Brasil / organização e curadoria: Antonio Muniz ... [et al.]. – Rio de Janeiro: Brasport, 2022.
248 p. : il ; 17 x 24 cm.

Inclui bibliografia.
ISBN 978-65-88431-75-7

1. Eficiência econômica. 2. Transformação digital. 3. Indústria 4.0. 4. Inovações tecnológicas. I. Muniz, Antonio. II. Souza, Anderson Gonzaga de. III. Labriola, Luiz Eduardo. IV. Branco, Leandro. V. Título.

CDU 658.011.4:004

Catalogação na fonte: Bruna Heller (CRB10/2348)

Índice para catálogo sistemático:
1. Produtividade / Eficiência econômica / Simplificação na administração de empresas 658.011.4
2. Digital, ambiente virtual 004

BRASPORT Livros e Multimídia Ltda.
Rua Washington Luís, 9, sobreloja – Centro
20230-900 Rio de Janeiro-RJ
Tel./Fax: (21)2568.1415
e-mails: marketing@brasport.com.br
vendas@brasport.com.br
editorial@brasport.com.br
www.brasport.com.br

Sobre a Jornada Colaborativa

Juntos somos mais inteligentes e transformamos mais vidas!

Era uma vez um professor universitário que sonhava em lançar um livro quando finalizou o mestrado em 2006.

Depois de algumas ideias para publicação em temas como certificação Microsoft, gestão de projetos e gestão de serviços, o sonho começou a ser concretizado em 2017 com o livro "Jornada DevOps", mas alguns obstáculos travaram sua evolução após a definição da estrutura final para a certificação oficial EXIN e a escrita de três capítulos.

Em setembro de 2018, durante uma palestra na PUC Minas, surgiu um *click*: "será que outras pessoas apaixonadas por *DevOps* ajudariam com a escrita colaborativa?" Dezenas de pessoas aceitaram o convite e o livro foi lançado para 350 pessoas no dia 06 de junho de 2019 no Centro de Convenções SulAmérica no Rio de Janeiro, após um intenso trabalho coordenado com pessoas de várias cidades que nunca haviam trabalhado juntas antes.

Após essa experiência bem-sucedida com muitos aprendizados, a escalada dos times gerou grandes amizades, novas iniciativas e conseguimos doar R$ 448.590,20 para instituições carentes com o lançamento dos primeiros 19 livros em 25 eventos Jornada Summit com mais de 17 mil participantes.

Sonhamos transformar mais vidas somando a inteligência coletiva e o apoio de empresas amigas...

Livros escritos pela Jornada Colaborativa até o momento:

1. "Jornada DevOps", com 33 coautores e 4 curadores.
2. "Jornada Ágil e Digital", com 56 coautores e 2 curadores.

3. "Jornada Ágil de Qualidade", com 24 coautores e 4 curadores.
4. "Jornada Saudável", com 26 coautores e 7 curadores.
5. "Jornada Ágil do Produto", com 69 coautores e 4 curadores.
6. "Jornada DevOps 2ª edição", *best-seller* com 36 coautores e 4 curadores.
7. "Jornada Ágil de Liderança", com 86 coautores e 5 curadores.
8. "Jornada do Ágil Escalado", com 64 coautores e 6 curadores.
9. "Jornada Java", com 32 coautores e 6 curadores.
10. "Jornada Business Agility", com 48 coautores e 5 curadores.
11. "Jornada Kanban na prática", com 23 coautores e 5 curadores.
12. "Jornada Colaborativa", com 44 autores e 1 curador.
13. "Jornada RH Ágil", com 52 coautores e 7 curadores.
14. "Jornada CSC", com 46 coautores e 6 curadores.
15. "Jornada Azure DevOps", com 19 coautores e 7 curadores.
16. "Jornada OKR na prática", com 42 coautores e 5 curadores.
17. "Jornada Python", com 57 coautores e 8 curadores.
18. "Jornada da Facilitação", com 72 coautores e 6 curadores.
19. "Jornada Microsserviços", com 27 coautores e 8 curadores.
20. "Jornada de Inclusão", com 40 coautores e 8 curadores.
21. "Jornada RPA e Hiperautomação", com 41 coautores e 4 curadores.
22. "Jornada Ágil de Arquitetura", com 18 coautores e 9 curadores.
23. "Jornada da Experiência do Cliente", com 54 coautores e 3 curadores.
24. "Jornada do Trabalho Remoto", com 61 coautores e 7 curadores.
25. "Jornada Transformação Digital no Brasil", com 36 coautores e 6 curadores.

Juntos somos mais inteligentes e podemos transformar mais vidas, criar amizades e fazer a diferença nas organizações e na sociedade! Entre em nossa Jornada para participar das iniciativas que estejam ligadas ao seu propósito de vida:

<www.jornadacolaborativa.com.br>
<www.jornadalearning.com.br>
<https://www.linkedin.com/company/jornadacolaborativa/>
<contato@jornadacolaborativa.com.br>

Prefácio

A transformação digital é inadiável e ditará o futuro das corporações. A pandemia de COVID-19 desafiou o mundo e mostrou a necessidade de se reinventar para manter o fluxo dos negócios dentro de certa "normalidade". As empresas que já tinham iniciado esse processo conseguiram se adaptar mais rapidamente para atender às necessidades internas e externas. Aquelas que ainda avaliam quando e como fazer correm o risco de perder a oportunidade e o *timing* para se diferenciarem em um cenário competitivo e cada vez mais ágil.

Para você que iniciou a leitura da "Jornada Transformação Digital no Brasil", minhas dicas iniciais são: avalie o que é necessário para se aproximar do cliente, ouça suas demandas e proponha alternativas para solucionar o problema dele. E quando digo isso não se trata de um "combo" de prateleira, mas algo personalizado, que possa contribuir no dia a dia, na geração de valor e, consequentemente, na fidelização. Surpreenda-se e surpreenda!

O que começou como forma de conscientizar as empresas sobre as mudanças do mercado se expandiu numa velocidade jamais comparada às revoluções globais vividas anteriormente. Colocada em prática, a inovação ganhou protagonismo e se tornou cada vez mais necessária. E quando falamos em inovação, não significa apenas criar algo do zero, mas aproveitar soluções que já existem para resolver uma questão ou trazer mais eficiência. O crescimento do *e-commerce* nos últimos dois anos é um exemplo de como a transformação digital pode facilitar a adaptação a novos cenários.

De acordo com o relatório *Mastecard SpendingPulse*, um indicador de vendas no varejo e que inclui pagamentos de todos os tipos em uma série de mercados globais, o *e-commerce* brasileiro cresceu 75% em 2020, se comparado ao ano anterior, sobretudo por causa do isolamento social e fechamento do comércio. Nesse cenário de turbulência e incertezas, sobressaiu-se quem soube atravessar a ponte do físico para o digital e aproveitar as vantagens oferecidas por cada modelo. Nesse sentido, o presente se transforma e aponta para um futuro cada vez mais *phygital*.

Partindo do pressuposto de que as mudanças vão acontecer, seja pela evolução do mercado ou por situações que fogem ao nosso controle, é fundamental que as corporações embarquem o quanto antes na onda da transformação digital. Embora esse movimento ainda esteja associado à utilização de novas tecnologias, ele é muito mais abrangente. Mais do que novas soluções tecnológicas, a transformação digital é uma mudança de *mindset* que deve ser priorizada pela alta direção da empresa, principalmente pelo CEO, que deve selecionar as grandes dores e oportunidades de negócios e, a partir daí, focar na transformação, concentrando naquilo que é prioritário, além de estimular o engajamento total da equipe. O objetivo é que as empresas estejam mais preparadas para as demandas existentes e projeções futuras.

Se, eventualmente, houver dúvidas por onde começar e como fazer, uma boa alternativa é buscar parceiros que trabalhem de maneira colaborativa, identificando o problema e apontando soluções. A cocriação tem se revelado o melhor caminho para testar, arriscar, errar e consertar rápido, aprender e construir algo que faça a diferença na vida das pessoas.

Outro ponto muito importante é a adoção das metodologias ágeis para as jornadas de transformação, onde é possível alinhar expectativas e perspectivas. Nesse modelo, as equipes não esperam meses e meses para entregar o valor de negócio priorizado, podendo colher o mais rápido possível os *feedbacks*, mantendo viva a construção dos produtos e serviços digitais, podendo atuar de maneira a atender às demandas com excelência – ou o mais próximo dela.

Se a primeira onda da transformação digital foi marcada pela sensibilização das empresas sobre a importância de se digitalizarem, a segunda onda personificou a própria mudança. Do processo de experimentação da tecnologia à implementação de um projeto mais robusto, a transformação digital avança na estratégia do negócio, com o cliente no centro. Trata-se de um processo com início, meio, mas dificilmente com um fim, já que está em constante evolução.

Nessa jornada, a análise dos dados tem um papel essencial na tomada de decisões. De nada adianta ter um grande volume de informações se as lideranças não souberem transformá-las em *insights*. Na nova economia não há mais espaço para estratégias baseadas no *feeling* dos gestores. Obter os dados e transformá-los em inteligência é a parte mais importante para compreender o comportamento dos usuários e oferecer algo que faça sentido para eles e para o negócio.

Com a chegada da Web 3.0, apontada pelos especialistas como terceira onda ou nova era da internet, a tendência é que as experiências se tornem mais personalizadas. Os dados gerados por recursos de computação mais poderosos, incluindo *smartphones*, *desktops*, veículos e sensores, poderão ser vendidos pelos usuários via *blockchain*, garantindo a eles a manutenção do controle de propriedade em um modelo mais descentralizado. Novamente voltamos ao ponto crucial da transformação digital: fazer o pêndulo girar em prol de mudanças que priorizem o cliente.

Já começou a se preparar para essa nova onda? Deseja se conectar com a gente para compartilhar experiências? Que tal conhecer *cases* de transformação digital que mudaram a trajetória das empresas e encantaram os clientes? Se você é uma dessas mentes inquietas, que gosta de se desafiar em busca de novas abordagens e conhecimentos, seja bem-vindo(a) à nossa jornada! A transformação digital é um convite à revisão de conceitos e metodologias, à mudança de comportamentos e à adoção de novas dinâmicas que valorizam o trabalho colaborativo para a construção de um amanhã melhor para todos nós.

Marco Stefanini
Fundador e CEO Global do Grupo Stefanini

Prefácio

Uma oportunidade para juntar o conhecimento e a experiência acumulada de tantos profissionais incríveis é sem dúvida um grande legado, um grande presente. Ter a oportunidade de fazer parte e contribuir com alguns pensamentos e reflexões é um grande privilégio.

A jornada de transformação digital no Brasil, em qualquer empresa, é antes de tudo um grande desafio. Nosso ambiente de incertezas, políticas e econômicas, os desafios de diversidade e cultura, desigualdade social e acesso à educação, capacitação e conhecimento são pontos que exponenciam a complexidade de transformar. É necessária muita vontade e coragem em todas as iniciativas. Também muita paciência e destreza para comunicar exaustivamente o que e aonde queremos chegar, que somos capazes, sempre juntos, conectados e remando para o mesmo ponto.

Nessa jornada sempre é importante estar atento a pontos cegos. Um ponto de vista diferente sempre soma a percepção que você já tem e constrói a partir do coletivo uma visão ampliada da realidade, das possibilidades, das oportunidades e ameaças. Nesses pouco mais de 30 anos de experiência na gestão de tecnologia, pude conhecer e compartilhar aprendizados com excelentes profissionais que sempre agregaram conhecimento e possibilidades aos projetos, às soluções e às estratégias. Aprendi nesse período que sempre pode haver um ponto de vista adicional para somar ao seu ponto de vista. Não existe uma única verdade ou solução, existe a decisão tomada que precisa ser discutida e aprovada e depois suportada por todos para ser alcançada.

Antes de tudo, o cliente: a visão centrada na experiência do cliente para que se tenha sucesso na jornada. Seja um cliente interno ou o cliente final, as soluções devem ser pensadas para ele, na ótica dele e não no achismo ou em inferências dos que acham que sabem do que o cliente precisa. Muito cuidado com essa certeza. *Feedbacks* constantes do cliente ajudam a ajustar a rota e garantir um atendimento adequado. Lembre-se também de criar oportunidade para que o cliente tenha voz – se você não cria um canal para que isso ocorra, o cliente encontrará um canal para falar sobre seus serviços ou produtos.

Ao fazer a gestão do hoje, dos indicadores, das entregas, dos orçamentos e do desempenho da equipe, lembre-se também de fazer a **gestão do amanhã**, com objetivos e metas de médio prazo, projetos de inovação, pesquisa e desenvolvimento que poderão garantir resultados nos anos seguintes. Muitas vezes observamos executivos com olhar para resultados de curto prazo, cortando orçamentos, reduzindo ou eliminando equipes, garantindo seus bônus de curto prazo e deixando lugar para novos executivos que vão reconstruir o que foi desmantelado. Cuide para ter uma gestão sustentável que olhe para objetivos de curto, médio e longo prazo.

Toda agenda de transformação gera muita ansiedade em todos e pede equilíbrio. Deve-se focar no que se tem nas mãos para garantir as entregas correntes e trabalhar nos frutos da transformação para trazer os resultados futuros. Experimentos curtos, rápidos, que provem ideias, conceitos e hipóteses para permitir investimentos cada vez mais objetivos.

Não sabemos ao certo quais serão as nossas "telas" no futuro. Hoje temos o celular, um *tablet*, um *notebook* ou outros dispositivos, como óculos de realidade virtual. Devemos pensar no que está na mão do cliente o tempo inteiro, uma câmera, um leitor de QR *code*, um *browser*, uma série de funções apenas em um celular. Pensar em soluções digitais considerando o celular como primeiro ou único ponto pode ser um excelente caminho para pensar digital.

Também temos a tecnologia de nuvem (*cloud*), tão presente em tantas iniciativas, principalmente em *startups*. Estruturas escaláveis, mas que também podem ser reduzidas e ajustadas conforme a demanda. Pensar em nuvem em primeiro lugar pode ser uma forma de cuidar da sustentabilidade de produtos e soluções. Porém, um cuidado adicional com custos: uma máquina ligada à noite, sem uso no seu *datacenter*, terá um custo diferente de uma máquina em nuvem. Da mesma forma, uma rotina (programa) não otimizada pode consumir recursos em nuvem com custos exorbitantes. Uma boa gestão de uso apenas quando necessário se faz mandatória – o que estamos chamando de *FinOps*.

Essa gestão de nuvem, somando a outras siglas já conhecidas, como *DevOps*, *DevSecOps*, *BizDevSecOps*, coloca agilidade e trabalho em equipe em uma grande esteira, desde o negócio, passando pelo desenvolvimento e pela segurança e chegando nas operações. Processos integrados e contínuos.

Criar produtos e serviços centrados na experiencia do cliente pressupõe um grande foco em qualidade. Ter a qualidade como uma premissa a ser garantida por todos os participantes da cadeia de construção do produto ou entrega do serviço é mandatório. Quantas vezes não delegamos a qualidade para um analista de testes ou uma área de controle de qualidade? Quando isso ocorre parece algo automático: o desenvolvedor já reduz a preocupação com qualidade pois sabe que alguém vai testar "melhor" na sequência do processo. Ter indicadores e formas de acompanhar a qualidade de todos os envolvidos é fundamental.

Segurança cibernética é outro item fundamental da transformação digital. Notamos um aumento exponencial dos crimes cibernéticos através da exploração de dados e vulnerabilidades dos ambientes computacionais. Engenharia social também vem sendo amplamente utilizada para capturar dados reais dos clientes e usá-los em fraudes. Uma obsessão por segurança em todas as etapas da construção, com forte conscientização, treinamento, capacitação, detecção de ameaças e poder de reagir a ataques são chaves para sucesso no ambiente digital.

Todas essas tecnologias, cada vez mais exigentes, trazem custos para a operação. Manter esses custos sustentáveis e compatíveis com a operação, a estratégia e os resultados da organização faz parte do seu papel transformador. Produtividade e custos relativos da operação passam a ser itens de *benchmarkings* contínuos, de exploração de alternativas e possibilidades para continuar sendo competitivo frente a novos concorrentes, como *startups*, empresas multinacionais se estabelecendo no Brasil ou mesmo grandes *players* que começam a atuar em novos mercados.

Nesse mundo de oportunidades digitais, dados nunca foram tão valorizados como agora. Ter as informações sobre a operação, sobre fricção no uso de produtos e serviços, bem como o conhecimento do cliente, suas preferências e hábitos, passa a guiar as estratégias de ofertas de produtos, serviços, preço e oportunidades. Garantir a construção de ecossistemas de informações amplas permite guiar a transformação por um caminho de resultados sustentáveis e investimentos calibrados e objetivos. Lembre-se: capture todas as informações possíveis, preserve as que são necessárias, analise as que possuem correção e gere *insights*, informações e novas demandas por mais informações. No fim, certifique-se da entrega de resultados.

Em um mundo cada vez mais complexo, entregar simplicidade passa a ser um grande desafio, bem como a velocidade de reação, decisão e execução de processos. Automações, inteligência artificial e *machine learning* se tornam instrumentos fundamentais para entregar mais rápido. Sempre comento que se você não quer ser substituído por um robô, não execute tarefas que um robô pode fazer. Encontrar maneiras de sermos mais produtivos passa a ser uma busca contínua.

Ao tentar descrever o profissional do futuro, parece haver um ponto de bastante consenso entre os especialistas. Aqueles profissionais que conseguirem criar terão mais sucesso. Podemos dizer que isso já é uma realidade. Quanto mais conseguimos direcionar a criação do coletivo para um fim, mais sucesso temos, sempre buscando aquele olhar complementar, um ponto de vista adicional e uma ideia a mais para somar no todo. Tão importante quando as novas ideias é criar um ambiente que aceite e aprimore essas ideias.

Sem pretensão de ser exaustivo, certamente há muito mais dicas, siglas, técnicas, métodos e tecnologias a serem mencionadas como partes importantes de uma transformação. A única certeza é que essa lista estará sempre se aprimorando, e cabe a você se manter atualizado. Não é o caso de dominar todos os métodos ou tecnologias, mas saber onde eles podem gerar oportunidades e como associá-los aos desafios do negócio.

Acredito que agora é com você, leitor. Tenho certeza de que, através dos depoimentos e compartilhamentos desta obra, você poderá formar a sua opinião sobre transformação digital, desafios da jornada e os caminhos que escolherá para viabilizar a primeira grande transformação necessária – a sua. Aproveite!

Obrigado, Luciana Dias e Leandro Branco, pelo convite e pela oportunidade de colaborar com esse belo trabalho – conhecimento e experiência compartilhados para um futuro melhor para todos. Belo legado e um belo presente. Parabéns a todos os colaboradores. Muito obrigado.

Hélio Cordeiro Mariano
Diretor de TI da Central Ailos
Entusiasta de tecnologia e inovação como meio para conectar e desenvolver as pessoas

Prefácio

Cliente no centro e na cultura da empresa

O principal aprendizado com a transformação digital no Brasil é que o propósito "cliente no centro", que quase todas as empresas têm, teve que sair do papel e virar realidade. Para o setor bancário tradicional, fatores como o isolamento social, que potencializou a hiperdigitalização, em conjunto com o aumento do número de *fintechs*, forçaram a aceleração desse processo nos grandes bancos, pois hoje o cliente tem múltiplas opções no mercado.

É primordial que a cultura do cliente como foco principal esteja disseminada em qualquer instituição. Com toda a mudança na tecnologia e no mercado, antecipar as tendências para entregar com velocidade é uma constante e precisa ser feito sempre. A evolução da transformação do banco digital nos obrigou a avançar de maneira rápida na qualificação dos atendimentos e, principalmente, na diversificação de canais, ampliando de maneira consistente a forma como o cliente se relaciona com as instituições financeiras.

Dentro do Bmg, investimos fortemente em tecnologias que agregam valor aos clientes e que nos aproximam deles. Segurança e ferramentas para transações protegidas e uma experiência tranquila, leve e positiva que reforce a confiança no banco são os principais fatores.

Trouxemos a digitalização para nossos canais físicos, melhorando a qualidade de nossos serviços. Adicionalmente, estamos transformando a nossa forma de atender, pois acreditamos na melhor combinação entre o humano e as ferramentas tecnológicas, o que chamamos de estratégia *figital*, que agrega todo o nosso público-alvo. O cliente interage com o banco da forma que for mais conveniente, seja na agência bancária ou pelo aplicativo do banco digital.

Como todos os projetos precisam ser focados na experiência do cliente, as empresas precisam ouvir o seu público e aceitar os *feedbacks* para melhorar as práticas e essa vivência do consumidor.

Ana Karina Bortoni Dias
CEO do banco Bmg

Apresentação da Jornada Transformação Digital no Brasil

A história deste livro começou com uma mensagem que recebi no WhatsApp do Gonzaga sugerindo uma publicação com foco em transformação digital. Inicialmente fiquei em dúvida se teria sentido avançar porque já tínhamos abordado uma parte do assunto em nosso segundo livro, "Jornada Ágil e Digital". Após algumas reflexões, chegamos a um consenso de que tinha muito sentido escrever um novo livro com uma abordagem prática e *cases* de empresas brasileiras.

Após essa primeira troca de mensagens, decidimos mobilizar outras pessoas incríveis para iniciar mais um livro colaborativo. Como o time organizador tem um importante papel na escrita colaborativa, o próximo passo foi escolher pessoas dedicadas e comprometidas com a curadoria para garantir a qualidade de todo o conteúdo. Um dos grandes desafios das atividades que realizamos na Jornada Colaborativa é priorizar uma parte do nosso tempo para a escrita dos livros, e o líder do time organizador desempenha importante papel para mobilizar os coautores e orquestrar todas as ações necessárias para o sucesso no resultado final para nossos leitores, a nossa razão de ser.

Após os aprendizados nos primeiros livros, estamos escolhendo os participantes do time organizador com critérios mais objetivos, pois o sucesso da escrita colaborativa depende de pessoas super engajadas e com forte inteligência emocional para se relacionar com os coautores e evitar conflitos desnecessários. Convidei o Luiz Eduardo Labriola para dividir a liderança do livro com o Gonzaga e montamos um timaço na curadoria com a chegada da Luciana Dias, do Leandro Branco e do Marcello Bosio.

A escolha de pessoas com experiências diversificadas também é um passo muito importante para o time de autores e parabenizo todos os que se comprometeram com o seu melhor para mais uma construção coletiva de sucesso, incluindo também os executivos e executivas que participaram dos *cases* enriquecedores que colocamos na JornadaCast – confira os episódios acessando os QR codes no final do livro.

Tenho grande orgulho de ter plantado a semente da escalada dos livros e saber que posso seguir com minhas atribuições na mentoria de novas lideranças, visando mobilizar novas pessoas apaixonadas para transformar mais vidas com a cultura colaborativa e a inteligência coletiva. Lembro-me de que precisei participar de pouquíssimas reuniões com o time deste livro. As demais ações foram lideradas pelo time organizador.

Gosto de reforçar em minhas palestras e mentorias a importância de adaptar as práticas que funcionam no Vale do Silício para a realidade brasileira porque nossas organizações vivem particularidades e contextos específicos.

Estou convicto de que cada leitor será beneficiado em sua carreira com a aplicação desse conteúdo de alta qualidade, que é indicado para profissionais comprometidos em entregar soluções para seus clientes e a sociedade.

Agradecimento especial ao amigo Anderson Gonzaga pela sua forte dedicação na reta final com os ajustes junto à editora. Foi um grande exemplo do protagonismo que tanto precisamos nas empresas!

Parabéns ao time organizador e aos autores pelo excelente resultado!

Antonio Muniz
Fundador da Jornada Colaborativa e Criador do programa LiderProExpert

Sumário

PARTE I.
CONTEXTUALIZAÇÃO – PRINCIPAIS DESAFIOS DA ECONOMIA DIGITAL NO BRASIL

PARTE II.
TRANSFORMAÇÃO DIGITAL TEM MAIS A VER COM PESSOAS DO QUE COM TECNOLOGIA

PARTE V. ENTREVISTAS COM EXECUTIVOS

PARTE I. CONTEXTUALIZAÇÃO – PRINCIPAIS DESAFIOS DA ECONOMIA DIGITAL NO BRASIL

1. O que é a transformação digital, suas dimensões e o processo para chegar lá

Jorge Elias Gomes Silva

Por ser esse um tema relativamente novo e ainda desconhecido por muitos, há muita confusão a respeito do que de fato é a transformação digital, o contexto em que ela está inserida e até mesmo o que de fato se relaciona com essa jornada. Para mostrar que temos como simplificar a compreensão desse processo, vamos tratar primeiro de eliminar o que não é a transformação digital:

- ✓ Não é apenas sobre tecnologia e o uso de *smartphones*.
- ✓ Não é o desenvolvimento de aplicativos *mobile* (*app*).
- ✓ Não é representada pela adoção de algumas tecnologias digitais.
- ✓ Não é uma questão exclusivamente técnica, sobre dispositivos ou equipamentos.
- ✓ Não é a simples automação de um processo, que, embora faça parte da jornada, não realiza a transformação do negócio.

Isso posto, a transformação digital não são ações isoladas ou mudanças pontuais na empresa e no seu modo de operar, é muito além disso – tem que transformar o negócio e a cultura corporativa com o uso da tecnologia!

Agora podemos tratar do que de fato é a transformação digital

Vamos iniciar entendendo que o termo "transformação digital" (que algumas vezes vamos chamar apenas de "TD") representa em sua essência a transformação cultural e tecnológica do negócio. O movimento da TD tomou grande força global nos anos 2000, período em que 'VUCA'[1] passou a ser utilizado no cenário das grandes corpora-

[1] Termo que surgiu no final da Guerra Fria formado pelas iniciais das palavras (em inglês) *Volatility, Uncertainty, Complexity, Ambiguity*.

ções e em ambientes acadêmicos para descrever o mundo intensamente globalizado mais **volátil, incerto, complexo e ambíguo** e quando foram estabelecidas ideias emergentes aplicáveis a organizações de todos os portes e mercados.

Diante de um cenário de tanta volatilidade, incerteza, complexidade e ambiguidade, os modelos de operação tradicionais das empresas não dão conta de responder com velocidade às demandas nesse novo contexto. Por isso elas precisam se reinventar para modelos mais eficientes e escaláveis, e a transformação digital é o caminho para as empresas realizarem a reinvenção dos negócios com o uso das tecnologias. Para tanto, precisamos antes transformar as pessoas, já que são elas quem pensam as estratégias, desenvolvem os processos e controlam o negócio.

Vamos agora ver algumas das principais características da jornada da transformação digital.

É de suma importância que esteja claro que a TD é um tema que se relaciona diretamente às diversas circunstâncias, situações e condições específicas de cada mercado e de cada empresa, portanto não há que se buscar uma definição única que a descreva de forma precisa. Por isso, vamos nos apoiar no estudo (WESTERMAN; BONNET; MCAFEE, 2014) e nas boas práticas de uma das principais referências globais de ensino e pesquisa em tecnologia, que é o MIT (*Massachusetts Institute of Technology*), e na experiência do autor deste capítulo, aplicada em empresas brasileiras.

É fundamental notar que a transformação digital é um processo cujas etapas representam fortes mudanças no modelo de negócio, tanto em escopo quanto na atuação de uma empresa e na melhoria de performance alavancada pela tecnologia. Na jornada da TD são implementadas novas tecnologias nas organizações para simplificar processos, automatizar áreas do negócio e torná-lo mais eficiente, mais conectado pelo digital e "leve" para permitir o fomento à criatividade e o desenvolvimento da inovação. Além disso, é fundamental ganhar velocidade na tomada de decisão e assim responder aos novos hábitos de consumo dentro do *time to market* (tempo do mercado), resolver as "dores" dos clientes e trabalhar o *human centric* (humano no centro) de modo a atingir e promover constantemente a melhor experiência para o cliente.

A transformação digital precisa mudar o processo operacional que a empresa possui para entregar valor através de seus produtos e serviços, tendo visão de futuro, antecipando tendências de consumo com inovação e adaptando sua proposta de valor.

São novos modelos de fazer e gerar negócios usando o mundo digital!

Na prática, existe o negócio que opera digital e o que transforma digital. São situações distintas. Então vamos ver quais são as diferenças entre elas.

A Figura 1.1 foi elaborada com base nos fatores que diferenciam o negócio que opera digital e o que realiza a transformação digital.

É importante evidenciar que, apesar de os fatores destacados a seguir serem relativos às empresas com operação digital, eles possuem características pontuais da transformação digital e são relevantes no processo de evolução do negócio durante essa jornada. Por isso é tão importante fazer esse exercício de comparação, que fornecerá elementos específicos para os líderes e colaboradores terem a visão estratégica necessária para, de fato, realizar a transformação digital na empresa.

Operação digital	Transformação digital
Fusão da tecnologia com o marketing	Transforma a cultura e o modo de fazer negócios
Foco no cliente	Resolve dores do cliente
Otimiza processos para melhorar sua estrutura	Otimiza processos para gerar inovação
O líder informa a meta e encoraja	O líder direciona e dá autonomia
Responde às tendências do mercado	Cria novos modelos de negócio

Figura 1.1. Fatores que diferenciam o negócio que opera digital e o que transforma digital. Fonte: o autor.

Vamos explicar cada um dos fatores a seguir:

- ✓ **Fusão da tecnologia com o marketing:** a empresa pensa os produtos e serviços de dentro para fora.
- ✓ **Transforma a cultura e o modo de fazer negócios:** a empresa pensa os produtos e serviços de fora para dentro.
- ✓ **Foco no cliente:** é desenvolver soluções sob a ótica que a empresa tem do problema que pretende resolver e do produto que quer entregar.
- ✓ **Resolve dores do cliente:** é desenvolver soluções sob a ótica do cliente, colocando-o no centro antes, durante e depois do processo de construção do valor que o produto vai agregar.
- ✓ **Otimiza processos para melhorar sua estrutura:** a empresa visa a sustentação do seu negócio.
- ✓ **Otimiza seus processos para gerar inovação:** a empresa visa desenvolver seu negócio.
- ✓ **Líder informa a meta e encoraja:** ele ajuda a equipe a realizá-la.

- ✓ **O líder direciona e dá autonomia:** o objetivo é sedimentar a auto-organização e a colaboração.
- ✓ **Responde às tendências do mercado:** a empresa atua de forma reativa.
- ✓ **Cria novos modelos de negócio:** a empresa atua de forma proativa.

Contudo, é importante destacar que, no cerne de cada um dos fatores que diferenciam esses dois modelos de atuação estão a cultura organizacional que provoca a mudança do *status quo* e a tecnologia habilitadora como ferramenta estratégica da jornada de transformação digital, que deve ser pensada e trabalhada para mudar o modelo de negócio e/ou a experiência do cliente.

> *O grupo das principais tecnologias envolvidas no processo de digitalização das empresas é chamado de tecnologias habilitadoras para indústria 4.0 (RIGOTTI, 2020).*

Por fim, apresento a definição de transformação digital que foi construída à luz dos conceitos apresentados e das experiências do autor liderando a jornada da TD:

É o processo ágil e digital de transformação cultural e tecnológica do negócio.

As três dimensões da transformação digital

Tendo chegado a essa definição, a pergunta que faço é: "mas como funciona a transformação digital na prática?". Para responder a essa pergunta, veremos agora qual é o embasamento indicado no artigo do MIT (WESTERMAN; BONNET; MCAFEE, 2014), sob a ótica das experiências do autor deste capítulo em processos de transformação digital.

A transformação digital possui três dimensões:

- ✓ Cultura
- ✓ Tecnologia
- ✓ Negócio

A primeira dimensão é a **cultura**, que se relaciona diretamente com as habilidades e boas práticas necessárias para responder às intensas mudanças dessa era digital. A seguir são destacados os principais elementos culturais da transformação digital:

- ✓ Colaboração
- ✓ Adaptabilidade
- ✓ Criatividade
- ✓ Time auto-organizado
- ✓ Liderança facilitadora
- ✓ Flexibilidade à mudança
- ✓ Foco na experiência do cliente
- ✓ Adotar a agilidade
- ✓ Orientação a dados na tomada de decisão
- ✓ Inovação com experimentação
- ✓ Desenvolver um relacionamento construtivo com as falhas

A segunda dimensão é a **tecnologia**, que se relaciona diretamente com as ferramentas, a geração e a análise de dados, que vão servir de base para a tomada de decisão, o aprendizado, o *feedback* dos clientes e a velocidade de resposta ao *time to market* das entregas.

Veja a seguir algumas das tecnologias chamadas habilitadoras, pois permitem realizar a TD dos negócios.

- ✓ AI – Inteligência artificial
- ✓ VR/AR – Realidade virtual e realidade aumentada
- ✓ IoT – Internet das coisas
- ✓ Gestão dos dados – Ciência e análise de dados
- ✓ *Cloud* – Computação em nuvem
- ✓ *Blockchain*

A terceira dimensão é a do **negócio**, que se relaciona diretamente com a proposta de valor e a competitividade cada dia mais digital. A seguir, os principais elementos que devem ser analisados e trabalhados:

- ✓ Novos modelos de negócios
- ✓ Nova proposta de valor
- ✓ Produtos inovadores
- ✓ Novos meios digitais de fazer negócios
- ✓ Orientação a dados e velocidade na tomada de decisões
- ✓ Valor entregue aos clientes com experiências únicas
- ✓ Força de trabalho integrada e operando em *squads*, sem silos

O processo de desenvolvimento da transformação digital e a adoção das metodologias ágeis exigem estratégia e adaptação. No entanto, as grandes e pequenas empresas conservadoras são repletas de processos burocráticos, e muitos dos colaboradores resistem ao avanço do digital e do ágil com receio de não ser mais útil ou para ficar na zona de conforto. No entanto, são exatamente esses fatores que levam organizações de todos os tamanhos a se tornar transatlânticos pesados e lentos diante do iceberg. Por isso é fundamental criar bases para sustentar o processo de transformação digital e ágil.

Situações extraordinárias como a que foi causada pela pandemia do coronavírus exigiram agilidade para adaptação e aceleraram a necessidade de muitas empresas de dar início à transformação digital. Imagine o quanto foi economizado com reuniões para discussão se valeria a pena um modelo *home office*.

Pense na importância que tiveram os sistemas em nuvem, que permitiram o trabalho remoto e síncrono durante o período crítico de isolamento. Foi o digital viabilizando que as empresas seguissem operando mesmo com os seus colaboradores isolados em casa. Inclusive, as empresas que ainda não tinham se adaptado ao modelo de trabalho remoto foram obrigadas a dar início imediato ao processo de digitalização (uma das fases da TD), realizando mudanças culturais e tecnológicas do negócio.

Por isso é fundamental que os líderes das organizações, pequenas ou grandes, tenham claro entendimento da importância de ter uma estratégia para realizar a transformação digital, e que esse processo, necessariamente, passará pela transformação cultural da empresa. Além disso, serão fundamentais algumas mudanças-chave, tais como melhorar a eficiência do negócio, desenvolver processos digitais, tornar a comunicação mais objetiva, simplificar a execução e garantir entregas de valor.

É de fundamental importância sair do círculo vicioso de desconhecimento ou negação da transformação digital, que ignora seu potencial exponencial, mesmo nos casos que exigem a "troca do pneu com o carro andando", e estabelecer um círculo virtuoso com uma jornada de desenvolvimento gradual e digital do negócio.

Algumas ações são fundamentais para o sucesso da transformação digital. Entre elas está a necessidade de adoção das metodologias ágeis no processo de execução e na obtenção de dados para acelerar a curva de aprendizado de forma exponencial e realizar entregas dentro do *time to market*, ou seja, responder ao mercado na mesma velocidade e intensidade que o consumidor vem mudando seus hábitos e formas de consumo.

Além disso, todo profissional precisa estar preparado para protagonizar a transformação digital ou fazer parte dela. Para tanto, ter como base e filosofia o que chamo da "tríade do profissional do futuro" é fundamental, pois esses são fatores culturais que diferenciam a empresa que transforma digital da que opera digital (Figura 1.2):

Figura 1.2. Fatores que diferenciam a empresa que transforma digital da que opera digital. Fonte: o autor.

Significa desenvolver a cultura ágil de colaboração, trabalhar o *mindset* inovador e ter sempre a abordagem de execução (+ação -plano), a fim de estar pronto para se adaptar às intensas mudanças provocadas pela quarta revolução industrial e pela transformação digital.

Para entender melhor como chegar lá, vamos esclarecer que são três fases para transformação digital: digitização, digitalização e a própria transformação digital em si.

E qual é a diferença entre **digitização e digitalização**?

Existe uma linha muito tênue para distinguir um processo do outro. Há inclusive muitas situações em que esses termos se apresentam de forma ambígua, por isso vamos buscar elucidar a diferença entre eles com base nas melhores literaturas e em algumas definições e abordagens que se relacionam com o que de fato acontece na prática.

Nas mais diversas definições sobre esses termos, podemos encontrar alguns pontos de convergência: **digitização** é o termo que representa a conversão de um material de fonte analógica para um formato numérico/digital. Exemplo simples e direto: escanear um documento e criar um PDF idêntico ao físico, só que agora digital. Em outras palavras, é tudo que for transformado em digital sem realizar, pelo menos inicialmente, nenhuma mudança em relação à versão física. Este ponto é o que torna mais tênue essa linha de diferenciação, pois normalmente essa versão, agora digital, abre caminho imediato para a digitalização, que tem seu ponto de convergência nos impactos que provoca nos negócios, tendo em vista que a eficiência dos processos e o foco no cliente aumentam.

A experiência prática mostra que a digitização resulta claramente no aumento imediato da eficiência dos processos, ainda que limitado. A digitalização é a fase que usa a tecnologia para maximizar os resultados alcançados pela digitização, gerar novos avanços com inovação, tornar os processos muito mais ágeis com a automação e viabilizar ganhos exponenciais na eficiência operacional, que resultam no desenvolvimento do negócio.

A digitalização tem um potencial muito maior de alterar o modo como vivemos. Podemos identificar esse potencial quando notamos quão simples se tornou encontrar rotas para o local onde queremos ir desviando do tráfego intenso (Waze), ou mesmo o tipo de transporte que vamos usar (Uber), em qualquer lugar, a todo tempo e ao mesmo tempo.

Empresas como Uber, Netflix, Airbnb e Waze são verdadeiras demonstrações de como as fases digitização e digitalização são valiosas e significam passos firmes para realizar a transformação digital. Todas essas soluções foram desenvolvidas para permitir que pessoas pudessem realizar por meios digitais processos que só eram possíveis por meios analógicos. Com isso, evoluíram rapidamente na transformação digital, estabelecendo novos hábitos de consumo com novos modelos de negócio e oferecendo experiências únicas no uso de determinados serviços que antes eram ineficientes e/ou ineficazes, trazendo praticidade e economia para a vida das pessoas.

Para explicar a terceira e última fase, que é a **transformação digital** em si, serão apresentados os nove elementos da transformação digital definidos por alguns especialistas do MIT (WESTERMAN; BONNET; MCAFEE, 2014), sendo três etapas principais, que se desdobram em outras três específicas. O objetivo dessa abordagem é proporcionar maior conexão com a prática. São elas:

1. Transformando **experiência do cliente**
1.1. Entender o cliente
1.2. Digitalizar o meio
1.3. Meios de rápido retorno
2. Transformando **processos operacionais**
2.1. Automatização de processos
2.2. Capacitação do colaborador
2.3. Gestão do desempenho
3. Transformando **modelos de negócio**
3.1. Mudar o modo de fazer negócio
3.2. Novos negócios digitais
3.3. Globalização digital/escalabilidade

A jornada da transformação digital é muito mais sobre transformação do que sobre digital. Por essa razão é fundamental que as empresas transformem sua cultura e suas bases tecnológicas guiadas por uma estratégia que mude seu modelo de negócio e as experiências dos seus clientes, através da construção de um círculo virtuoso que molde uma nova personalidade corporativa e resulte em produtos e serviços inovadores, desenvolvidos com metodologias ágeis, para responder à velocidade das mudanças do mercado e resolver problemas reais, gerando mais valor aos usuários e consumidores.

2. Transformação ágil x transformação digital

Júnior Rodrigues
Alessandra Argona

As organizações buscam acompanhar o ritmo imposto pelas transformações promovendo mudanças internas em seus processos e estruturas, e sobretudo nas tecnologias implementadas, como forma de se obter um *time to market* efetivo.

Quando se fala em realizar uma iniciativa de transformação nesse sentido, eventualmente o foco acaba se restringindo, pelo menos em grande parte, na implementação de sistemas e recursos tecnológicos, crendo-se que tais ações irão transformar por si só o negócio. Ledo engano!

Para não ficar atrás do mercado, não perder espaço para a concorrência e até para mostrar a seus clientes que é inovadora, a empresa investe grandes montantes nas melhores tecnologias, utiliza os sistemas mais renomados e contrata os maiores profissionais do mercado. Mas, infelizmente, os resultados práticos não chegam.

Como visto no capítulo anterior, a transformação digital não pode se basear apenas nos aspectos tecnológicos, mas também considerar o negócio em si e sua estratégia, principalmente o fator humano e a cultura da organização. E é aí que surge a confusão!

Transformação digital é igual à transformação ágil?

Embora sejam conceitos diferentes, é importante ressaltar que uma transformação digital efetiva precisa ser acompanhada (ou até precedida) por uma transformação ágil, uma vez que são as pessoas que fazem a diferença no uso da tecnologia para realizar os processos de forma otimizada.

Em adição, a tecnologia se faz cada vez mais presente no dia a dia das empresas e das pessoas, tornando o ser humano de fato mais dependente dela. Sem ela, por exemplo, muitas pessoas não teriam sequer comprado itens básicos e negócios simplesmente já teriam desaparecido nos últimos dois anos.

As tecnologias digitais transformam também a maneira como encaramos a competição no mercado, como cita David L. Rogers no seu livro "Transformação Digital" (2017). Cada vez mais se compete não só com empresas rivais dos setores em que se atua, mas também com negócios de outros setores, que captam os clientes com suas novas ofertas digitais. A Magazine Luíza, por exemplo, se tornou a maior marca de varejo, impactando os pequenos comerciantes.

A transformação digital é o que ocorre, portanto, com as organizações quando elas adotam formas inovadoras de fazer negócios com base em avanços tecnológicos, aplicando-se a todo tipo de organização.

Com a Quarta Revolução Industrial e seus impactos na sociedade em geral se tornando uma realidade, como será visto no capítulo seguinte, e mudanças mais drásticas ainda impactando a forma como trabalhamos e vivemos, com a ascensão dos robôs, inteligência artificial e até da fusão homem-máquina, o ser humano busca a diferenciação da máquina naquilo que de fato o faz humano.

Igualmente, toda essa tecnologia precisa ser usada com foco na experiência do cliente no momento do desenvolvimento dos produtos ou serviços, fazendo com que haja uma verdadeira fusão dos mundos digital e físico (originando o termo ***phygital*** (AVELAR, 2021)), com jornadas do usuário que passam por ambos os mundos de forma tão perfeita e combinada que seus limites não são percebidos.

Tudo parte da colaboração das pessoas para que se possa entregar ao cliente uma proposta de valor utilizando tecnologia e dados para verificar se o caminho está correto.

Dá para perceber, portanto, o fator humano como preponderante para o sucesso da transformação digital.

E a transformação ágil fala justamente dessa mudança de um *mindset* até então mais tradicional, rígido, de comando e controle, para a forma de pensar e agir com foco cada vez maior no cliente e na colaboração nas equipes. Sem isso, de nada adianta a tecnologia!

A transformação ágil para o uso estratégico da tecnologia

É preciso que haja, portanto, uma mudança para um novo *mindset* por parte das organizações: as pessoas devem vir em primeiro lugar e ser preparadas para essa mudança.

Isso passa por uma mudança nas formas de realizar o trabalho e de atuar colaborativamente, por parte dos líderes e colaboradores, e da incorporação desse novo *mindset* em todas as áreas e níveis da empresa, partindo da alta gestão, que deve abraçar os princípios ágeis.

Os valores e princípios chamados de ágeis vêm do Manifesto Ágil, publicado em 2001 e amplamente difundido desde então. Ele busca promover maior colaboração, focando nos indivíduos, nas entregas de valor e na capacidade de adaptação, de forma consistente e sustentável, considerando a transparência, a adaptabilidade e a melhoria contínua.

Entretanto, o *C-Level* da empresa geralmente representa um desafio no processo da transformação ágil. Esta terá maior chance de êxito se houver a participação e a influência direta da alta gestão, devido à sua grande capacidade de agir, aprender e se adaptar, garantindo as mudanças de forma rápida e interativa (MUNIZ *et al.*, 2021).

De acordo com Muniz *et al.* (2020):

> *A transformação ágil em uma organização não é apenas sobre tecnologia, e sim uma nova maneira de pensar: ser mais colaborativo, mais adaptativo, mais criativo e mais integrado. Pode ser pensado de maneira gradativa, como em ondas, mas sempre planejado visando a organização como um todo.*

Portanto, para que transformação ágil ocorra de fato, não dá para focar somente em um aspecto ou área da empresa. É preciso se apoiar em alguns pilares que irão permitir a adoção da agilidade de forma completa na organização:

- ✓ Produtos de valor entregues antecipadamente aos clientes.
- ✓ Adoção de abordagens ágeis e formação de equipes colaborativas.
- ✓ Uma liderança ágil capaz de extrair o melhor das equipes.
- ✓ Uma estrutura capaz de liderar a transformação ágil na empresa.
- ✓ Uma estratégia colaborativa e adaptável às transformações.

Assim, as empresas podem se preparar de forma mais efetiva para enfrentar um mercado cada vez mais competitivo, a fim de maximizar seus resultados, buscando um *time to market* e custos menores, produtos inovadores e a satisfação de seus clientes.

Com relação à estratégia, é importante ressaltar que ela parte de um propósito claro e maior, que irá engajar as pessoas no processo de transformação (PMT, Propósito

Massivo Transformador), e de não se pensar somente naquilo que a empresa faz hoje, mas ampliar o foco para um horizonte mais distante.

Nesse sentido, a inovação se apresenta como um aspecto estratégico imprescindível e será mais detalhada no capítulo 12. Clayton Christensen (2001) considera que a inovação pode ser classificada em três aspectos diferentes: inovação de sustentação (ou manutenção); de ruptura (ou disrupção), sendo ambas baseadas em um modelo de negócio já estabelecido; e a criação de um novo modelo de negócio, em um contexto diferente.

O primeiro desses aspectos foca em vender seus melhores produtos apoiado pelos negócios já existentes, buscando mudanças evolutivas que permitam melhorias e inovar os produtos em seus aspectos funcionais.

O segundo refere-se a vender seus melhores produtos de forma nunca antes pensada (inexistente). O terceiro foca na disrupção do modelo de negócio, alterando totalmente a maneira como a organização cria, entrega e captura a entrega de valor.

Seguindo nessa linha, Steve Blank (2015) divide esses aspectos em três horizontes e destaca que o primeiro é o terreno do conhecido, um modelo de negócio onde a empresa já atua, buscando melhorias para reduzir o risco e obtendo *quick wins*.

O autor destaca, também, que há um segundo horizonte cujo objetivo é criar novos produtos, serviços ou soluções dentro do modelo de negócios em que se atua, ou até a entrada em um mercado adicional. A inovação ocorre no próprio modelo, e isso já poderia ser visto como disrupção, tornando as soluções mais simples e acessíveis a um grande público, popularizando-as a níveis até então inimagináveis (CHRISTENSEN, 2001).

Na visão de Blank (2015), o termo disrupção é usado quando se cria um novo modelo de negócios, quando a empresa arrisca e vai além do que está acostumada a realizar. Christensen (2001) considera que esse **terceiro horizonte** ocorre quando a organização se lança no terreno do desconhecido, buscando atingir novos mercados e clientes com menores custos e de forma mais efetiva.

Definir até onde vai a inovação e o quão efetivo será o uso da tecnologia é imprescindível para aumentar a possibilidade da estratégia se concretizar. Ela deve ser planejada de acordo com cada um dos três horizontes. Isso fará com que se possa concentrar na melhoria da operação atual, sem deixar de atentar para os esforços e investimentos para a realização de inovações incrementais ou disruptivas.

De acordo com Muniz *et al.* (2020), a estratégia precisa ser elaborada de forma ágil e ser acionável, ou seja, passível de iniciar sua implementação imediatamente, considerando uma abordagem adaptável às mudanças do mercado, contando com a colaboração dos times e feita de forma imersiva (em pouco dias).

Como realizar a transformação ágil?

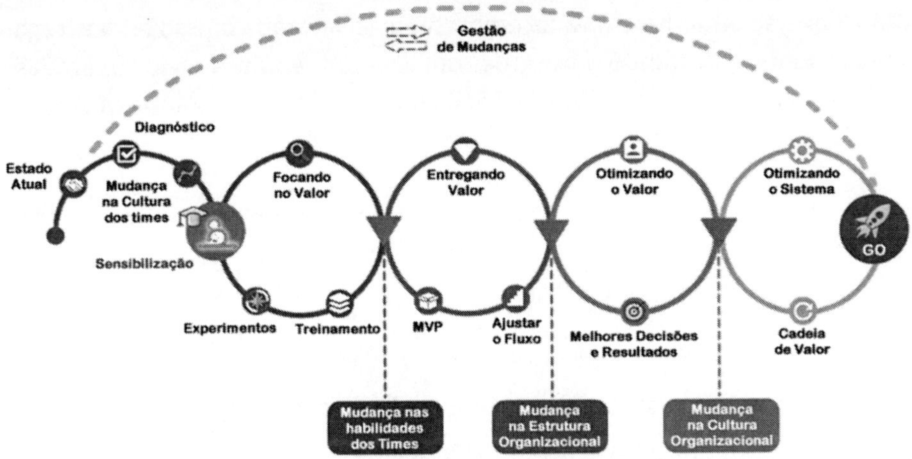

Figura 2.1. *Roadmap* da transformação ágil.
Fonte: Rodrigues (2022).

É preciso compreender que a transformação não ocorre de uma hora para outra, tampouco é um movimento linear e estanque, em que se realiza tal movimento e, depois de "implementado", se pode deitar em berço esplêndido e descansar.

A jornada é cíclica, e a todo momento será necessário reforçar algum ponto, refazer ou voltar para uma das etapas anteriores, a fim de garantir a otimização e a agilidade na organização como um todo.

Apoiado em experiência de mercado e no modelo *Agile Fluency* (AGILE FLUENCY PROJECT, s.d.), o *roadmap* da transformação ágil (Figura 2.1), mais que um mero passo a passo, fornece diversos *insights* sobre como realizar melhorias em cada um dos aspectos ali considerados.

O modelo ressalta a importância das pessoas nesse processo, considerando a questão cultural como um ponto de partida para a transformação e sendo acompanhada por uma efetiva gestão de mudanças do início até o fim.

Tendo um diagnóstico claro sobre o estado atual da organização, é possível iniciar uma mudança na cultura dos times e sensibilizar a organização como um todo para que haja um engajamento no processo de transformação.

Com a realização de treinamentos e experimentos com os times, deve-se promover um **foco no valor** para melhorar o trabalho realizado, olhando para dentro da empresa e permitindo que haja uma mudança nas habilidades das equipes.

E, então, deve-se olhar para fora da empresa, ou seja, traduzir isso em **entregas de valor** aos clientes, ajustando o fluxo de trabalho com equipes mais integradas, eliminando silos e focando em MVPs (RIES, 2012) que permitam a entrega antecipada de valor, através de mudanças na estrutura organizacional.

É possível, dessa forma, buscar a **otimização desse valor** entregue aos clientes por meio de tomadas de decisões mais efetivas e focadas na entrega de resultados, com o uso de um sistema de gestão por OKRs (*Objectives and Key Results*), por exemplo, pavimentando o caminho para uma mudança organizacional de fato.

A partir daí, a jornada passa a focar na melhoria contínua e em como será possível **otimizar o sistema** como um todo, olhando para o fluxo ou para a cadeia de valor da empresa e vendo quais são os gargalos, atrasos, desperdícios e retrabalhos que podem ser eliminados, para que se possa alcançar a agilidade organizacional e dar a adaptabilidade necessária ao negócio.

Conclusão

Embora tenha havido uma grande corrida tecnológica nos últimos dois anos, com as empresas se adaptando de uma hora para outra a uma nova realidade digital onde tudo virou *on-line*, poucas de fato extraíram o melhor dessa situação, em grande parte devido a uma falta de transformação mais ampla.

Valer-se somente de investimentos em tecnologias como gestão dos dados, nuvem e integração de sistemas, que são imprescindíveis para o tratamento do montante de dados gerados hoje em dia (e, consequentemente, para uma tomada de decisão baseada em dados dos usuários), certamente não será suficiente para o alcance dos resultados.

A transformação digital surge como um processo que usa essas e outras tecnologias para melhorar o desempenho da empresa, obter resultados superiores e aumentar a vantagem competitiva por meio de automações, uso de IA, robôs e digitalização, mas que exige uma mudança na cultura e nas estruturas organizacionais.

Ou seja, a transformação ágil foca na mudança cultural da empresa direcionando os seus colaboradores a modificar os processos tornando-os integrados, concisos e eficazes, e removendo as redundâncias e os obstáculos que contribuem para a existência de processos morosos que impactam na entrega de valor ao cliente.

Enquanto a transformação digital faz uso da tecnologia para entregar valor ao cliente de forma inovadora, a transformação ágil é a forma pela qual a empresa entrega valor ao cliente.

Dessa maneira, a combinação de tecnologia, processos e, principalmente, pessoas potencializa o resultado das transformações, desde que haja indivíduos preparados para lidar com essas mudanças, extrair o máximo de valor da transformação digital e alcançar resultados extraordinários para as organizações.

3. Da revolução industrial à transformação digital

Hermann Rego

A sociedade se transforma, se ajusta e se molda ao longo dos tempos. A influência da tecnologia na humanidade pode ser percebida praticamente "desde sempre", assim como seus efeitos. Nesse cenário, é interessante entendermos a evolução ao longo do tempo e em que contexto a transformação digital se encaixa. Devido ao volume necessário de informações que precisaria ser trazido para este capítulo, e considerando a proximidade com o tema do capítulo e do livro, faremos um corte temporal e iniciaremos nossa jornada no século XVIII, com a primeira revolução industrial.

Primeira revolução industrial

A revolução industrial mudou completamente o processo produtivo, a relação com o trabalho e a vida em sociedade, influenciando praticamente todos os aspectos da vida cotidiana da época. Por conta desses aspectos, é considerada um divisor de águas na história e na sociedade, sendo frequentemente usada como um marco temporal. Não por acaso, quando se fala de produção, indústria e evolução no trabalho, as demais evoluções foram consideradas como segunda, terceira e quarta, dando sequência à linha evolutiva.

Segundo Mendes (2018), a primeira revolução industrial ficou caracterizada pela mecanização, com o uso do vapor como força motriz. Foi possível aprimorar os processos de produção, que até então eram manuais, ampliando a produtividade.

A invenção do motor a vapor deu início ao aumento da extração de carvão, dando acesso a um tipo de energia até então não usado, que permitiu, por sua vez, uma aceleração da economia. Por meio da evolução dos meios de transporte – trens e barcos a vapor – houve também uma redução geográfica que permitiu uma evolução e alteração na forma de vida. Essa revolução gerou, à época, o início da substituição da agricultura pela indústria como alicerce central da economia.

Segunda revolução industrial

Cerca de um século depois da primeira revolução industrial, com o surgimento de novas fontes de energia (eletricidade, petróleo e gás) e a criação do motor a combustão interna, a indústria passou por novas mudanças, alterando inclusive sua forma de trabalho, com o advento de linhas de produção, protagonizado por Henry Ford e posteriormente por outros.

Iniciando na segunda metade do século XIX e terminando próximo à Segunda Guerra Mundial, esse período contempla um processo evolutivo das tecnologias que mudaram completamente a economia e a sociedade. Por conta disso, a segunda revolução industrial é tratada como um aprimoramento ou uma evolução contínua da primeira revolução industrial, já que não é percebida uma clara ruptura sociotecnológica em relação ao período anterior.

Observou-se ainda uma expansão geográfica, de forma a se espalhar por outros países além da Inglaterra e região, como Japão, Estados Unidos e Alemanha. Ocorreu concomitantemente à revolução burguesa, quando a burguesia conseguiu mudar o regime vigente, fortalecendo o capitalismo.

A maior parte das indústrias adotou máquinas mais rápidas e inclusive autônomas, reduzindo os custos de produção por conta da redução de pessoas, e aumentando a produção. O transporte também ficou mais fácil, aumentando já naquele momento a competitividade industrial. Nessa época ocorreram outros progressos essenciais na indústria química e elétrica e no consumo de petróleo e aço, que começou a substituir o ferro. Foram vistas as primeiras técnicas de automação e novidades como enlatamento de comidas e técnicas de preservação (como refrigeração mecânica).

O capitalismo financeiro acabou moldando essa fase, que também experienciou um período de muito incentivo e investimento em diversas áreas, destacando-se a medicina (surgiram os antibióticos, por exemplo). Grandes inovações incrementaram a produtividade nas indústrias – e seus lucros.

As principais inovações dessa fase da revolução foram associadas à introdução de novas fontes de energia e novas técnicas de produção, com destaque para a indústria química (início do uso de fertilizantes na agricultura etc.). O uso da eletricidade e do petróleo possibilitou o início da substituição do vapor. A eletricidade, antes usada apenas no desenvolvimento de pesquisas laboratoriais, passou a ser usada também no setor industrial. O petróleo passou a ser utilizado como combustível, e seu uso difundiu-se com a invenção do motor a explosão. Além disso, nesse período, observaram-se as evoluções envolvendo os meios de comunicação (adoção do telégrafo e telefone e mais tardiamente a invenção da televisão) e, pouco depois, novos meios de locomoção (invenção do automóvel e do avião).

Como legado nos aspectos sociais, vivenciou-se amplo êxodo rural gerando um crescimento desordenado das cidades e, consequentemente, de doenças. O aumento do desemprego causado pelo êxodo rural e pela mecanização da indústria – que trouxe a substituição de mão de obra por máquinas – culminou na constatação de duas classes sociais distintas, burguesia e proletariado.

Terceira revolução industrial

Com o avançar do século XX, percebeu-se uma nova evolução devido à presença da eletrônica, da computação, do desenvolvimento das telecomunicações e do uso da tecnologia da informação.

Nessa época foi criada a teoria da digitalização, que permitiu a conversão da tecnologia analógica para o digital, viabilizando a cópia idêntica de um item original. No contexto industrial, o surgimento dos PLCs (Controladores Lógicos Programáveis), CNCs (Comandos Numéricos Computadorizados) – usados em centros de usinagens – e os robôs mudaram o patamar de automação e eficiência industrial, tendo em vista sua capacidade de realização de trabalhos minuciosos e/ou mais detalhados de forma mais rápida e precisa, gerando mais quantidade de produção e mais qualidade nos produtos.

Percebeu-se nessa fase uma crescente integração entre tecnologia, produção e ciência, gerando consequências na relação entre o ser humano e o meio em que vivia. A crescente industrialização gerou aumento do consumo, criando assim um ciclo retroalimentado. Esse consumo gera, por sua vez, consequências no uso e na demanda dos recursos naturais – muitas vezes de forma desmedida e gerando vários impactos importantes para todo o ecossistema e para o próprio ser humano.

Nesse período, então, percebemos a consolidação do capitalismo – até por conta do colapso do socialismo no início dos anos 90. Vimos também certa melhora na qualidade de vida da população por conta dos avanços da medicina (genética, remédios etc.). Tivemos o agravamento da disparidade econômica em várias partes do mundo, aumentando a diferença entre os mais ricos e os mais pobres, com a expansão do imperialismo e o início de uma maior integração do comércio global. A consolidação do êxodo rural agravou a urbanização desordenada, potencializando cenários como, por exemplo, no Brasil, o aumento das favelas.

Por fim, mas não menos importante, por meio dessas novas tecnologias foi possível o início da exploração a mundos até então inexplorados (expedições espaciais) concomitantemente a um maior avanço nas áreas científicas, como a biotecnologia, por exemplo. Além disso, foi nessa época que o mundo passou a experimentar a adoção de uma nova fonte de energia na matriz energética – a energia nuclear – gerando novas possibilidades, mas também novos riscos ambientais e para a humanidade.

A internet, redes sociais e a chegada do século XXI

A chegada da internet de forma mais acessível à população no final do século passado gerou e ainda vem gerando mudanças drásticas na ação e no pensamento da sociedade. Tendo em vista a magnitude da mudança e a grande transformação gerada no modo de vida, na economia e nas relações humanas, rompendo com o *modus operandi* vigente, seu impacto é comparável ao causado pela primeira revolução industrial.

A internet não é "apenas" um local de acesso/repositório de conteúdo que pode ser acessível a qualquer tempo, por qualquer pessoa e em qualquer localização geográfica. Mais que isso: é um meio que permite a divulgação, classificação e organização de informações, permitindo eventualmente seu acesso e utilização por todos, viabilizando uma nova mecânica e lógica para empresas e pessoas se relacionarem. A quebra de barreiras geográficas propiciada com – e por – ela alterou o modo de vida, o relacionamento e o consumo das pessoas e empresas, bem como demandou alterações profundas em aspectos envolvendo engenharia e telecomunicações.

Inúmeros foram – e ainda são – os seus benefícios em todas as esferas da sociedade; basta refletirmos sobre como lidávamos com algumas perspectivas:

- ✓ **Estudos:** recorríamos a poucas enciclopédias e livros; hoje, temos tudo disponível a um simples *click*.
- ✓ **Comunicação entre as pessoas:** se dava majoritariamente por telefone e outros meios que geravam mais dificuldade e demora na comunicação (fax, telex, carta, rádio). Hoje, a tecnologia permite que a comunicação ocorra com extrema agilidade e facilidade, independentemente da localização geográfica e com um custo bastante acessível.

- ✓ **Relação entre as empresas:** mais presencial e com processos mais morosos e menos automatizados, passou por uma ampla transformação com o advento dos e-mails, trocas de arquivos via EDI, uso de ERPs etc.
- ✓ **Relacionamentos interpessoais:** as redes sociais revolucionaram a forma de comunicação entre as pessoas, rompendo barreiras e encurtando distâncias.
- ✓ **No contexto corporativo:** a internet viabilizou uma comunicação mais próxima e eficiente entre empresas, seus parceiros e consumidores, ajudando a viabilizar a era da experiência do cliente, com maior aproximação do público-alvo para ouvi-lo e empoderá-lo.
- ✓ **Pesquisas e acesso a informações:** catálogos em papel – que precisavam ser atualizados periodicamente, gerando custos e desperdício de material – foram substituídos por sites e similares.

Com o advento da internet, vários serviços foram surgindo com o passar do tempo, dentre os quais as redes sociais. A seguir, um *overview* sobre datas, algumas das redes sociais e informações complementares:

- ✓ 1994: surgiu a primeira rede social chamada Geocities, que permitia que cada um criasse seu próprio site pessoal.
- ✓ 1995: surgiram:
  - a The Globe, que permitia a conexão de pessoas que tivessem interesses em comum.
  - a Classmates, que é, para muitos, a primeira rede social de fato da história, já que propiciava a reunião de estudantes de diversas escolas dos Estados Unidos, compartilhando anuários e outras informações. Para outras pessoas, no entanto, o Classmates não seria uma rede social, pois não era um portal de interação entre os usuários cadastrados, comportando-se mais como uma central de dados para estudantes.
- ✓ 1996/1997: surgiu a Six Degrees, que foi o primeiro site a usar a alcunha de rede social, podendo ser considerada a iniciativa pioneira neste segmento. Trazia perfis, lista de amigos, informações sobre escolaridade, dentre outros itens. A ideia aparentemente foi lançada antes do seu tempo, pois as restrições da tecnologia da época (internet discada, fotos ainda não digitais etc.) restringia o seu uso. Vendida em 2000 para outra empresa, ainda se encontra ativa e funcional. A Six Degrees é conhecida por ter fundado um conceito adotado até hoje, que diz respeito aos círculos de amizade – pessoas conhecidas têm acesso a seus conteúdos, sendo necessário fazer o pedido de solicitação de amizade para ter esse acesso.

- 2002: surgiram:
  - o Fotolog (tido por alguns como precursor das redes de compartilhamento de fotos e ideias), que até os dias atuais ainda existe e tem cerca de 30 milhões de usuários.
  - o Friendster, que permitia fazer amizades por meio de um clique e foi a primeira rede social mais reconhecida com esse nome (tão familiar nos dias atuais), a despeito do Six Degrees.

Naquela época (final do século passado e início do século XXI), as redes sociais não tinham relevância e nem de longe o impacto social que possuem hoje. No entanto, a partir de 2003/2004, surgiram outras redes sociais que mudaram a forma das pessoas se relacionarem, tais como o MySpace, LinkedIn, Flickr, Orkut e Facebook, sendo este último mais conhecido a partir de 2007, pois até 2006 ainda era de uso exclusivo de alunos da Universidade de Stanford). Desde então, Instagram, WhatsApp, Snapchat, Twitter e, mais recentemente, Tik Tok surgiram, criando novas formas de interação e consumo de produtos e serviços, já que, em vez de depender de vitrines, posição geográfica ou localização física privilegiada, como no passado, as empresas hoje influenciam e se comunicam com seus consumidores de forma direta e proativa, fomentando demanda, ouvindo *feedbacks* e oferecendo seus produtos na distância de um *click*.

Sob outra ótica, junto a tudo que fora exposto e aos claros benefícios percebidos, surgem cada vez mais desafios e perspectivas que demandam discussões. A saber:

- Na "era dos dados", é crescente a discussão envolvendo a confidencialidade de dados e as consequências de seus vazamentos.
- As pessoas que nasceram a partir de 1994, pertecentes à chamada geração Z, são consideradas nativas digitais; cresceram cercadas pelos dispositivos digitais e não conseguem sequer pensar no mundo sem eles, tendo como "verdade" uma outra perspectiva de mundo e outras relações; as gerações anteriores têm dificuldade de se relacionar e de compreender a forma de pensamento dessa geração.
- Representando 40% dos consumidores atuais, a geração Z tem um comportamento diferente das gerações anteriores: consome e interage de forma diferente, são mais multitarefas e imediatistas e geram, com todas as suas diferenças e representatividade no mercado, um desafio adicional a todas as empresas que fazem uso da internet e das redes sociais.
- Há ainda muito pouca cultura de segurança e melhores práticas de uso, gerando uma série de golpes e roubos extremamente danosos – financeira e moralmente – a pessoas e empresas.

✓ A ausência de privacidade gera, de forma crescente, reflexos no comportamento das pessoas – é crescente o sentimento de (in)segurança das pessoas no uso da internet.
✓ Principalmente nas novas gerações, a dinâmica do relacionamento pessoal mudou drasticamente, diminuindo o contato, o diálogo e as trocas pessoais e presenciais, gerando o sentimento de pessoas estarem "presentes fisicamente, mas ausentes mental e psicologicamente".

O desafio do presente e do futuro é potencializar cada vez mais os benefícios, tratando os efeitos colaterais, numa relação de constante mutação e que ainda está sendo escrita.

Indústria 4.0

Em 1986, Drucker menciona que "a empresa que não inova inevitavelmente envelhece e declina. E em um período de rápidas mudanças como o presente... o declínio será rápido". O mundo experimentava diversas mudanças, em diversas várias frentes, e em uma velocidade até então não vista, fruto do avanço e da evolução cada vez mais rápida da tecnologia.

Na Alemanha, nos idos de 2012, surgiu o termo "Indústria 4.0", cujo pano de fundo era a modernização e o aperfeiçoamento das indústrias locais, permitindo uma melhor integração entre a produção industrial, seus processos e a alta tecnologia. Foi formado um ecossistema composto por empresas, governo e universidades, tendo a inovação e o conhecimento tecnológico como propulsores do movimento.

O resultado desse movimento trouxe os princípios e conceitos de operação *real time*, virtualização, descentralização, modularidade de serviços e orientação a serviços, por meio inclusive da tecnologia digital, internet e informação integrada. Com o passar do tempo, foi se expandindo até chegar ao cenário atual, inclusive sendo usado no Fórum Econômico Mundial para descrever o momento que vivemos na sociedade e nas indústrias. Seus efeitos alteraram e ainda alteram o ciclo de vida de produção, os processos manufatureiros, o design fabril, os sistemas de controle e as operações, aproximando – e por que não fundindo – os mundos físicos e digitais.

No contexto empresarial, os *stakeholders* (consumidores, fornecedores, distribuidores, cadeia logística, unidades fabris) passaram a ser altamente integrados e conectados digitalmente, permitindo um melhor atendimento às necessidades dos consumidores, redução de custos de produção, menor desperdício de recursos e aumento da eficiência dos processos e da operação.

Já no contexto social e relacional, enquanto consumidores, a tecnologia se transformou em algo ubíquo, compondo nosso estilo de vida e alterando nossas formas de relacionamento, consumo e vida. Não se trata apenas da incorporação de novas tecnologias, mas de alterações nas estruturas socioeconômicas, culturais, comportamentais e, como esperado, nos padrões organizacionais.

Uma das formas mais comumente usadas para se referir a todo esse cenário, tanto no contexto industrial/empresarial quanto no contexto social, é a fusão que conhecemos como transformação digital.

Podemos então entender as quatro revoluções industriais – e alguns outros marcos importantes mencionados neste capítulo – da seguinte forma:

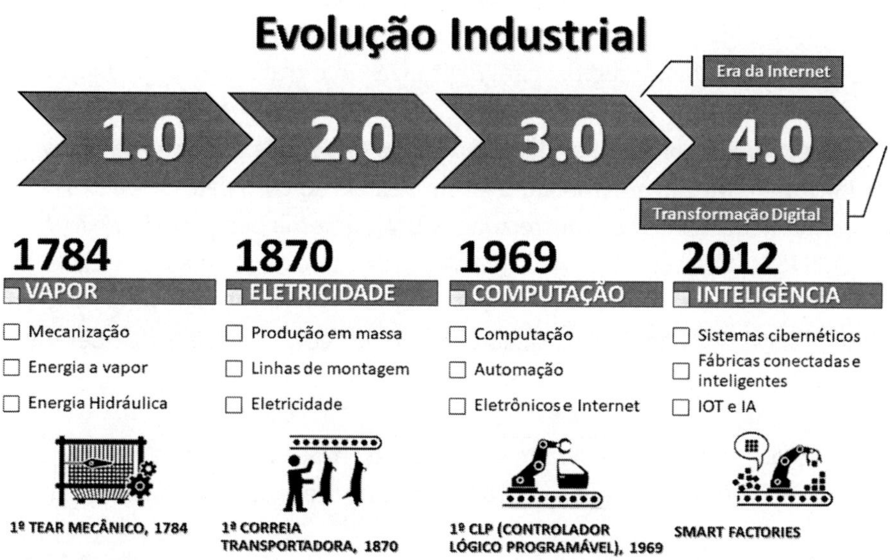

Figura 3.1. Evolução industrial.
Fonte: o autor.

Interessante observar a internet como um marco revolucionário que ocorreu entre a indústria 3.0 e 4.0, não fazendo, no entanto, parte da demonstração das evoluções industriais.

A transformação digital

Com a adoção de novas tecnologias por parte das empresas, nossa vida, nosso trabalho, nossas relações etc. ficaram mais rápidas, o volume de informações só aumenta e a probabilidade é crescer ainda mais. Além disso, há uma grande comodidade e facilidade de acesso a bens (*smartphones*, computadores, carros (aluguel)) e serviços outrora inacessíveis. Esse cenário tem, junto a outros fatores mencionados, gerado uma alteração no comportamento das pessoas, que estão mais distraídas e, paradoxalmente, mais exigentes.

De acordo com Shahyan Khan, acadêmico da Universidade de Copenhagen e um dos maiores estudiosos do tema, "transformação digital é a mudança associada à aplicação de tecnologia digital em todos os aspectos da sociedade, como governo, comunicação de massa, arte, medicina e ciência" (SALESFORCE BRASIL, 2017).

Assim, é correto entender que a transformação digital faz parte de um processo mais amplo, chamado de progresso tecnológico. Esse processo pode ser entendido por meio de três etapas/fases: digitização, digitalização e transformação digital.

Em um contexto corporativo, onde estariam as principais oportunidades de ganho com as iniciativas de transformação digital? De acordo com Salesforce Brasil (2017), em artigo chamado "O que é Transformação Digital", uma pesquisa do MIT (WESTERMAN; BONNET; MACAFEE, 2014) entrevistou líderes de negócios como CEOs, CMOs, VPs, CIOs, COOs e seu resultado demonstrou que as empresas de alta performance combinam estratégias de digitalização de negócios com diretrizes da liderança para avançar da tecnologia para a transformação.

As empresas com maior maturidade digital apresentaram um desempenho superior às demais e estão transformando digitalmente três áreas centrais das suas empresas:

- ✓ Experiência do cliente
- ✓ Processos operacionais
- ✓ Modelos de negócios

Os primeiros modelos de maturidade em transformação digital (MMTD) começaram a ser escritos/definidos por volta de 2013, portanto, em um passado ainda recente. O objetivo desses modelos seria apoiar a compreensão e estruturação dos conceitos de digitalização, permitindo estimar capacidades e maturidades atuais das empresas, em conjunto com a definição de ações para levá-las ao nível almejado.

Esse processo afeta estratégia, modelo de negócios, serviços, produtos e tecnologia da informação, bem como cultura, organização etc. Nessa fase, ainda incipiente, há diversos modelos de maturidade em construção e discussão, com pouco embasamento de pesquisa, inclusive. Boa parte desses modelos vem sendo criada por consultorias (Deloitte, Capgemini, IBM, Microsoft, PWC etc.), além de haver iniciativas fomentadas pelo meio acadêmico, porém de forma menos relevante e representativa junto ao mercado.

A tendência (ou uma mera possibilidade) é de que, no futuro, esses modelos se aglutinem em conceitos mais sólidos e padronizados, tal qual já ocorreu com modelos, melhores práticas e *frameworks* em outros cenários.

4. Lidando com os 6 Ds

Paula Karina Salume
Marcelo Werneck Barbosa

Tecnologias digitais

Os negócios digitais estão cada vez mais presentes no nosso dia a dia e já não causam tanta estranheza como há alguns anos. Atualmente, com poucos cliques, somos capazes de utilizar serviços de transporte, ver um filme, alugar uma acomodação para a próxima viagem e ouvir aquela música predileta. Exemplos clássicos como Uber, Netflix, Airbnb e Spotify transformaram a maneira de ofertar produtos e serviços ao mercado.

É importante ressaltar que ainda há grandes oportunidades para o surgimento de novos negócios, mais eficientes e mais acessíveis, especialmente em função do momento histórico em que estamos vivendo. As tecnologias digitais estão redefinindo muitos princípios básicos da estratégia e mudando as regras pelas quais as empresas devem operar para ser bem-sucedidas. Muitas limitações tecnológicas antigas, e outras de menos de 10 anos, foram removidas e novas possibilidades estão agora disponíveis. O que para muitos é uma oportunidade para outros pode ser visto como uma ameaça, sobretudo para empresas que não são capazes de se modificar e realizar o processo de transformação digital.

Assim como muitos negócios digitais decolaram, vimos também a derrocada de empresas tradicionais, tais como Kodak e Blockbuster.

A Blockbuster manteve o negócio tradicional e o pensamento linear. Mesmo tendo a oportunidade de comprar a Netflix, recusou. Já o sucesso da Netflix sinaliza as boas-vindas ao pensamento exponencial, que se refere a qualquer tecnologia que acelera em uma curva de crescimento exponencial, ou seja, dobra de maneira regular.

A taxa exponencial de desenvolvimento de tecnologias emergentes criou uma escala de mudança sem precedentes, principalmente porque muitos avanços tecnológicos estão ocorrendo simultaneamente, sendo construídos uns sobre os outros. Em todos os setores, a tecnologia muda a forma como as empresas trabalham e crescem, o que tem um impacto direto na forma como as organizações são criadas e gerenciadas (DIAMANDIS; KOTLER, 2018).

Organizações exponenciais (ExOs)

Grandes empresas tradicionais competem com uma nova geração de organizações que aproveitam o poder das tecnologias exponenciais. São as denominadas "Organizações Exponenciais" (ExOs), identificadas na obra de mesmo nome, escrita por Salim Ismail, Michael S. Malone e Yuri Van Geest, que as definiram como "aquela cujo impacto (ou resultado) é desproporcionalmente grande – pelo menos dez vezes maior – comparado ao de seus pares, devido ao uso de novas técnicas organizacionais que alavancam tecnologias aceleradas" (ISMAIL; MALONE; VAN GEEST, 2019, p. 19). As ExOs não usam centenas de pessoas e grandes instalações – na verdade, são construídas sobre tecnologias de informação, desmaterializando o que antes era de natureza física e transportando para o mundo digital, sob demanda. As ExOs possuem dois fatores importantes: i. acessam recursos que não são seus; e ii. usam a informação como seu maior ativo.

As organizações lineares acabam sempre possuindo algumas características, de acordo com Ismail, Malone e Van Geest (2019), em contraposição às organizações exponenciais, como mostra a Tabela 4.1:

Tabela 4.1. Organizações lineares x organizações exponenciais.
Fonte: adaptado de Ismail; Malone; Van Geest (2019).

Organizações tradicionais ou lineares	Organizações exponenciais
Organização *top-down* e hierárquica	Equipes auto-organizadas e autogerenciadas
Orientação a resultados financeiros	Orientação à satisfação do cliente e à entrega de um produto funcionando
Pensamento linear e sequencial	Pensamento exponencial
Inovação ocorre principalmente a partir de dentro	Inovação é parte da cultura empresarial
Intolerância ao risco	Tolerância ao risco
Inflexibilidade dos processos	Processos flexíveis e adaptáveis
Grande número de colaboradores	Pequeno número de colaboradores
Controle de seus próprios ativos	Uso de ativos digitais compartilhados
Fortemente investido no *status quo*	Orientada às mudanças

Tais particularidades podem até fazer com que as empresas tradicionais sejam eficazes em termos de expansão e crescimento quando as condições de mercado permanecem inalteradas, mas as colocam distante da capacidade de se transformarem frente às demandas. Como as grandes empresas já perceberam essa lacuna e estão cientes dessa deficiência estrutural, estão se movimentando para corrigi-la. Não são poucos os exemplos de empresas que têm aberto as suas portas via inovação aberta, conectando-se ao ecossistema de empreendedorismo e inovação por meio da criação de desafios empresariais e programas de aceleração, em busca de uma aproximação com empresas de DNA ágil, as quais inspiram nesse sentido e também oferecem soluções baseadas em tecnologias emergentes.

Ismail, Malone e Van Geest (2019), após analisarem as 100 *startups* que mais cresceram no mundo entre 2009 e 2014, concluíram que todas são movidas pelo que chamaram de Propósito Transformador Massivo (PTM), ou seja, uma declaração de propósito grande e ambiciosa, que propõe uma transformação radical e que, por sua vez, tem um papel aspiracional.

Ademais, identificaram que aquelas *startups* apresentam 10 atributos que contribuem para alavancar o crescimento exponencial. Os atributos são diferenciados em dois tipos, **ideias** e **escala**, e estão relacionados aos hemisférios racional (esquerdo) e criativo (direito) do cérebro (Figura 4.1).

Figura 4.1. Atributos da ExO.
Fonte: adaptado de Ismail; Malone; Van Geest (2019).

O bloco **ideias** (*ideas*) representa os atributos externos de uma ExO: interfaces; *dashboards*; experimentação; autonomia; e tecnologias sociais. Já o grupo **escala** (*scale*) representa os cinco atributos internos de uma ExO: equipe sob demanda; comunidade e multidão; algoritmos; ativos alavancados; e engajamento. Nem todas as ExOs possuem esses dez atributos, porém, quanto mais elas tiverem, mais exponenciais tendem a ser – pelo menos quatro desses atributos são necessários para realmente ser exponencial.

Assim, empresas com capacidade de sobrevivência e crescimento são aquelas que conseguem se reinventar e participar da mudança das regras do jogo em seu mercado. As empresas digitais, normalmente, já têm a tecnologia e a agilidade no seu DNA desde o início. Geralmente começam como *startups*, com uma estrutura horizontal e enxuta, a qual contribui para o desenvolvimento de um modelo de negócios inovador e escalável. Nessa mesma direção, empresas lineares que estão em processo de transformação digital buscam "pegar carona" nessa mentalidade, implementando práticas e parte da cultura ágil presentes nas empresas digitais.

Os 6 Ds dos exponenciais

Como já foi visto, o segredo para impactar positivamente a vida de milhões de pessoas é entender e internalizar o ciclo de crescimento das tecnologias digitais. Uma grande referência para essa compreensão é o que Peter Diamandis chamou de 6 Ds dos exponenciais. A denominação "6Ds" foi dada em referência às seis características desse modelo: digitalização, decepção, disrupção, desmonetização, desmaterialização e democratização. Essas características estão representadas na Figura 4.2 e serão discutidas a seguir.

Figura 4.2. Os 6 Ds dos exponenciais.
Fonte: adaptado de Diamandis; Kotler (2018) e Ramirez (2016).

Digitalização

A digitalização gera benefícios como redução de custos e facilidade de acesso a informações, produtos e serviços, pois a informação digitalizada é mais fácil de ser compartilhada, atualizada, registrada e distribuída, podendo se espalhar rapidamente pela internet.

O potencial da digitalização é utilizado para oferecer aos clientes serviços mais inteligentes e rápidos e moldar a transformação digital do modelo de negócios das organizações, alterando-o para um modelo baseado em ativos digitais, os quais têm a capacidade de tornar o produto da empresa conhecido e acessível por muitos clientes (SCHALLMO; WILLIAMS; BOARDMAN, 2017). Em geral, apresentam um crescimento tão rápido que são chamados de modelos exponenciais. Esse crescimento só é possível graças à maior conectividade à internet que temos atualmente e aos menores custos de infraestrutura de tecnologia da informação. Os ativos físicos, por outro lado, em geral, apresentam custos mais altos de produção, pois os custos de armazenamento, transporte e distribuição são maiores.

Os negócios tradicionais são lineares, pois exigem investimentos proporcionais ao crescimento da oferta, o que demanda tempo e dinheiro para expandir o negócio. Modelos exponenciais utilizam o conceito de ativo digital para alavancar a expansão do mercado, permitindo um crescimento desproporcional ao investimento em ativos.

Podemos citar o setor judiciário brasileiro como exemplo de digitalização. Antes, toda a tramitação processual era realizada de forma analógica, ou seja, os arquivos e documentos eram todos em papel. As atividades demandavam a participação de vários servidores, gerando dependências e atrasos nas tramitações. Importante ressaltar que a transformação digital proporcionou não somente a migração dos processos físicos para o digital, mas também a modificação do modelo de trabalho, tornando-o mais produtivo.

Muitas empresas, especialmente no contexto da pandemia de COVID-19, tiveram que alterar seus processos para que pudessem continuar atendendo aos seus clientes. Uma dessas empresas foi a Cemig, que acelerou a oferta de serviços *on-line*. Por exemplo, atualmente você pode solicitar uma ligação nova de energia pelos canais Cemig Atende Web e fazer videoatendimento agendado, além dos postos de atendimento presencial.

Decepção

Os modelos de negócios exponenciais podem experimentar, no início de seus negócios, um desempenho inferior aos modelos lineares – isso porque modelos exponenciais pressupõem inovação e os processos de inovação demandam experimentação, mensuração e aprendizado (DIAMANDIS; KOTLER, 2018; RIES, 2012). O amadurecimento desses modelos inovadores leva algum tempo, por isso persistência e adaptabilidade são necessárias para criar um modelo de negócios exponencial e escalável. A característica "Decepção" do modelo 6Ds faz referência, portanto, a esse tempo de amadurecimento necessário aos modelos de negócios disruptivos, ao investimento que é demandado no princípio e à possível demora para o negócio dar frutos.

O período inicial de crescimento pode parecer ilusório porque as tendências exponenciais não demonstram aumentar rapidamente. Dobrar 0,01 só dá 0,02, depois 0,04 e assim por diante. Nesta fase, tudo parece "zero", e o crescimento exponencial realmente só transparece decolar depois que quebra a barreira do número inteiro. Assim, o 2 rapidamente se torna 32, que então se transforma em 32.000 em um piscar de olhos (RAMIREZ, 2016). A decepção ocorre em função dessas características, pois o empreendedor tem a impressão de que seu negócio não terá sucesso e que na verdade está gastando mais do que em um negócio tradicional. No entanto, após essa etapa de amadurecimento, e ao alcançar o ponto de inflexão, o negócio começa a apresentar um crescimento exponencial.

Disrupção

Segundo Michaelis (s.d.), a palavra disrupção significa o "ato ou efeito de romper(-se), fratura ou quebra de um curso normal de um processo". Nesse sentido, os modelos disruptivos rompem com a lógica tradicional de se fazer negócios. À medida que um modelo de negócios exponencial amadurece e ganha força no mercado, como vimos anteriormente, percebe-se um crescimento exponencial. Quando observamos esse crescimento muito mais rápido do que o crescimento linear dos negócios tradicionais, dizemos que há uma oportunidade de disrupção.

No contexto da disrupção, o cenário é o seguinte: existe um mercado para um determinado produto ou serviço que é perturbado pelo novo mercado que a tecnologia exponencial cria, porque as tecnologias digitais superam em termos de custo e eficácia. Por exemplo, uma vez que você pode fazer *streaming* de música em seu telefone, por que utilizar CDs ou vinis (a não ser que você seja um apreciador)? Se você também pode tirar, armazenar e compartilhar fotos, por que comprar uma câmera e um filme? Assim, quando esses produtos "caem no gosto popular" e o ponto de inflexão de crescimento do negócio é ultrapassado, identificamos o comportamento de disrupção e rompemos com o que estava estabelecido até o momento.

Desmonetização

O software e os ativos digitais custam muito menos para ser produzidos do que os ativos físicos, e as cópias são virtualmente gratuitas. Os custos de armazenamento de arquivos digitais são extremamente baixos. Isso permite a oferta de produtos muito mais baratos que os concorrentes tradicionais ou a custo zero (geralmente apoiados por outras fontes de monetização). Negócios digitais disruptivos oferecem produtos gratuitos, sem defeitos e com ofertas imediatas (DIAMANDIS; KOTLER, 2018).

Todo esse movimento de desmonetização por meio de tecnologias exponenciais foi notado, de certa forma, por Gordon Moore, já em 1965. O pesquisador observou que o número de componentes de circuito integrado em um *chip* de computador havia dobrado a cada ano, desde a invenção do circuito em 1958. Moore previu que a tendência prosseguiria "por ao menos dez anos". Ao todo, sua previsão manteve-se precisa por cinco décadas, tornando-se tão durável que passou a ser conhecida como a Lei de Moore. A Lei de Moore afirma que a cada 18 meses o número de transistores em um circuito integrado dobra, o que essencialmente significa que a cada 18 meses os computadores ficam duas vezes mais rápidos pelo mesmo preço. Em 1975, Moore alterou sua fórmula para uma duplicação a cada dois anos, mas na nova versão continua descrevendo um padrão de crescimento exponencial. Ray Kurzweil, também um dos fundadores da *Singularity University*, ampliou ainda mais a Lei de Moore, observando que os paradigmas da informação operam da mesma maneira, o que denominou de Lei dos Retornos Acelerados.

Nesse sentido, o dinheiro é cada vez mais removido da equação à medida que a tecnologia se torna mais barata, chegando, muitas vezes, ao ponto de ser gratuita. É possível baixar qualquer número de aplicativos em um *smartphone* para acessar *terabytes* de informações e usufruir de uma infinidade de serviços a custos próximos de zero.

Novas tecnologias deram origem a novos modelos de negócios que só poderiam ter sido materializados na era digital. São empresas cuja matéria-prima ou atividade principal está intimamente ligada à internet e às plataformas ou aos recursos que se consolidaram nas últimas décadas. No entanto, apresentam diferenças quanto à estratégia de financiamento, ao tipo de venda, aos diferentes graus de interação com os usuários etc. A monetização de aplicativos é feita principalmente de duas maneiras: vender espaço publicitário dentro de uma versão gratuita do aplicativo e vender uma versão paga ou oferecer recursos pagos adicionais. Outros tipos de modelos de negócio, como *crowdfunding*, deram origem também a novas formas de financiamento dos novos negócios.

Desmaterialização

A desmaterialização consiste no desaparecimento de produtos e serviços. Os produtos físicos são substituídos por produtos digitais, trazendo os benefícios de baixo custo e/ou de fácil acesso imediato. Os custos marginais próximos de zero estão diretamente relacionados ao efeito de desmaterialização. Com o aumento da oferta de produtos digitais, a oferta de produtos físicos e o consumo de materiais e insumos são reduzidos. Os custos dos produtos digitais são significativamente menores do que os dos produtos físicos, pois não incorrem em custos logísticos, como armazenamento e transporte. A desmaterialização permite um aumento exponencial da oferta, informação e conteúdo.

Na antiga indústria da música, por exemplo, para lançar uma nova banda de rock era necessário fazer uma análise de riscos e de retorno do investimento, pois produzir e distribuir os discos exigia despesas significativas. A indústria de música baseada em *streaming* não requer custos de fabricação e distribuição, e os custos de armazenamento de faixas são desprezíveis. Assim, livros são substituídos por e-books; áudios e vídeos são substituídos por *streaming*; jornais, por plataformas de notícias; e salas de reuniões, por plataformas de colaboração. Tecnologias que antes eram pesadas ou caras – câmeras, GPS, telefones, mapas – agora estão todas em um *smartphone* que cabe no bolso.

Democratização

Devido à desmaterialização e à desmonetização comentadas anteriormente, as ofertas digitais, consequentemente, geram o efeito da democratização, que ocorre quando objetos físicos são transformados em *bits* e armazenados em plataformas digitais em volumes tão altos que seu preço se aproxima do zero, proporcionando fácil acesso à população em geral. Uma vez que algo é digitalizado, mais pessoas têm a possibilidade de usufruir.

Antigamente, os livros existiam somente em formato físico, os preços eram elevados e, em função disso, havia poucos exemplares nas bibliotecas e somente uma minoria tinha condições de adquiri-los para um acervo particular. Com a oferta de livros digitais a preços acessíveis ou até mesmo de graça, expandiram-se as condições para a sua obtenção, levando à democratização do acesso ao conhecimento. Vale ressaltar que a operacionalização do D "Democratização" passa necessariamente pelo alcance da população à tecnologia, especialmente dispositivos móveis e internet.

Nesse contexto, o que se viu foi o surgimento de um novo paradigma – o da abundância – assumindo um papel central na economia moderna, que até então tinha o modelo de escassez, ou seja, aquele baseado em recursos finitos, como única alternativa. A teoria da abundância, difundida pelos autores Peter Diamandis e Steven Kotler em seu livro "Abundância: o futuro é melhor do que você imagina" (2012), preconizou que a adoção de tecnologias exponenciais possibilita a melhoria de padrões de vida globais e apresenta alternativas distintas para os grandes problemas da humanidade.

Na perspectiva de Diamandis e Kotler (2012), campos como a biotecnologia e bioinformática, sistemas computacionais, redes e sensores, inteligência artificial, robótica, fabricação digital, medicina, nanomateriais e nanotecnologia têm o potencial de afetar bilhões de pessoas, resolver grandes desafios e reinventar indústrias. Com um otimismo sensato, os estudiosos discorreram sobre como é possível aproveitar as novas circunstâncias para ofertar produtos e serviços e transformar o mundo, permitindo que a vasta maioria da população experimente aquilo que apenas pessoas com poder aquisitivo elevado alcançavam.

Para finalizar o capítulo, fica a mensagem de Diamandis e Kotler (2018, p. 30):

> *Em tempos de mudança drástica, os grandes e lentos não conseguem competir com os pequenos e ágeis. No entanto, ser pequeno e ágil requer bem mais do que apenas entender os 6 Ds dos exponenciais e sua escala de impacto crescente. É preciso também entender as tecnologias e ferramentas que provocam essa mudança. Elas incluem tecnologias exponenciais como computação infinita, redes e sensores, impressão 3D, inteligência artificial, robótica e biologia sintética, e ferramentas organizacionais exponenciais como crowdfunding, crowdsourcing, competições de incentivo e a potência de uma comunidade adequadamente formada. [...] Bem-vindo à era dos exponenciais.*

5. Desafios e dificuldades da transformação digital

Bruno Tadeu França
Ivone Ivassaki

Conforme visto no Capítulo 1, a transformação digital envolve novas maneiras de pensar e enxergar as estratégias de negócio, focando em capacidades humanas no que diz respeito à visão de negócio, priorização da cadeia de valor, experimentações, aprendizado constante e ciclos de ajuste com base nos pontos positivos e de melhoria a partir das estratégias adotadas.

Neste capítulo abordaremos os grandes desafios, as resistências e as atribulações que podem ocorrer em uma transformação digital e como atuar nessas circunstâncias de acordo com questões que promovem a continuidade das empresas: pessoas, informações, tecnologias e finanças.

David L. Rogers (2017) diz que a dificuldade das empresas durante a transformação será a agilidade organizacional. As mudanças necessárias para identificar e resolver as questões durante essa jornada devem ser estrategicamente planejadas e acontecer de forma rápida, pois há uma necessidade de que o aprendizado rápido faça reinvenções constantemente e assim podermos dar valor ao cliente e colocá-lo no centro do nosso negócio.

De acordo com o professor Fabiano Birchal (2020), a transformação digital requer uma metodologia ou um *framework* de trabalho adequado à realidade de cada empresa, uma vez que não há um passo a passo genérico que possa ser aplicado com sucesso em qualquer organização e no cenário de negócios da empresa, para que se saiba onde se está, onde se quer e se precisa chegar, e qual o caminho, estabelecendo prioridades e um roteiro claro de acordo com as seguintes recomendações:

1. Diagnóstico de maturidade digital.
2. Análise do engajamento das lideranças.
3. Mapeamento da cultura organizacional.
4. Análise do cenário de negócios (ambiente interno e externo).

5. *Benchmarking* estratégico.
6. Sistematização e armazenamento inteligente dos dados.
7. Segurança digital.

Logo, as dificuldades para a transformação digital no Brasil são inúmeras, visto que existe uma lacuna no processo de mudança padrão que vem de séculos atrás. Em uma análise inicial, existem vários desafios com os quais a visão estratégica precisa lidar para manter o "barco no rumo certo". Veremos cada idem citado a seguir.

1. Diagnóstico de maturidade digital

Antes de falarmos por que a maturidade digital é tão essencial para a transformação digital, é importante considerar o que ela realmente é. Muitas empresas podem estar cientes da sua existência, mas não necessariamente a compreendem.

A maturidade digital mede a capacidade de uma organização de gerar valor através de meios digitais. Ela mede efetivamente o nível de implementação de tecnologia digital em uma empresa e o sucesso da empresa utilizando essas tecnologias, conforme podemos ver no artigo da McKinsey (MARTINS *et al.*, s.d.): aqueles que apresentam maior maturidade média parecem ser mais homogêneos e com maior concentração de líderes.

Para identificar a maturidade digital, a medição pode ser feita de muitas maneiras diferentes, mas geralmente é calculada ou resumida com base em áreas de valor individual, como a capacidade de usar tecnologias digitais para personalizar os esforços de marketing, ajudar a aumentar a fidelidade do cliente e incentivar novas vendas e conversões. Além disso, a empresa deve entender que identificar o seu nível atual de maturidade digital pode ajudar a encontrar áreas de crescimento e oportunidades em geral.

Não há como negar que a transformação digital está se tornando cada vez mais crucial para as empresas crescerem e desenvolverem novos negócios. As empresas líderes em maturidade digital no Brasil alcançam uma taxa de crescimento do EBITDA[2] até três vezes maior que as demais empresas – globalmente, os líderes digitais cresceram

---

[2] *Earnings Before Interest, Taxes, Depreciation and Amortization.* Significa "lucros antes de juros, impostos, depreciação e amortização" (também conhecida como "Lajida"). Trata-se de um indicador financeiro bastante utilizado para avaliar empresas listadas no mercado de bolsa de valores (REIS, s.d.).

cinco vezes mais que as demais empresas, de acordo com o artigo da McKinsey (MARTINS *et al.*, s.d.). De fato, a maturidade digital pode oferecer muitos benefícios para a eficiência operacional geral das empresas e seus clientes. Ao integrar as soluções e estratégias digitais mais eficazes, a empresa poderá oferecer soluções eficientes e confiáveis aos seus clientes, além de manter seus custos no mínimo.

Por sua vez, a empresa pode optar por repassar essas economias para seus clientes ou usá-las para aumentar a lucratividade. A maturidade digital melhora a percepção do cliente sobre sua marca, além de garantir que este tenha uma experiência simples e perfeita. Em qualquer cenário, isso oferece benefícios notáveis para o seu negócio, aumentando a produtividade e a eficiência como um todo.

Por fim, seguir um modelo de transformação digital pode promover processos de tomada de decisão mais eficazes e eficientes para muitas empresas, podendo fornecer uma infinidade de dados altamente valiosos que podem melhorar os sistemas e as soluções existentes.

2. Análise do engajamento das lideranças

A transformação digital se tornou uma das maiores prioridades de negócios nos últimos anos. Na média, a divisão dos gastos está equilibrada, com 32% destinados a despesas com desenvolvimento, 37% a custos com pessoal e 31% a investimentos. Segundo pesquisa da ABRANET (PRESCOTT, 2019), o uso de TI e os gastos e investimentos em tecnologia da informação nas empresas continuam crescendo, mesmo com a economia retraída dos últimos anos. No entanto, as organizações tendem a se concentrar no aspecto tecnológico da digitalização e ignorar sua força de trabalho humana – o coração de qualquer negócio. Esse é um erro comum que é facilmente resolvido ao concentrar seus esforços no envolvimento com seus funcionários.

A transformação digital pode ter significados diferentes para cada organização, mas o que essas iniciativas geralmente têm em comum é a integração da tecnologia digital com o objetivo de tornar o negócio mais eficiente e ágil. Esses são fatores importantes na atual economia, quando os clientes esperam que os preços sejam competitivos e o serviço seja instantâneo – sem contar fatores desafiadores como custos crescentes de materiais, funcionários, instalações e impostos.

Aplicada e controlada corretamente, a transformação digital pode atingir esses objetivos e muito mais, e é por isso que executivos em todo o mundo estão ansiosos para apresentá-la às suas organizações. No entanto, geralmente fazem isso sem pensar no impacto que terá em sua equipe. Infelizmente, é muito comum que os funcionários tenham novas tecnologias impingidas a eles pela administração, que espera que estas sejam usadas. As desvantagens de tal abordagem são inúmeras: a solução pode ser inadequada para a empresa, não ter a funcionalidade necessária ou ser incapaz de se integrar a sistemas internos e de terceiros existentes.

Um dos maiores problemas é quando a introdução de um novo sistema ou forma de trabalho não tem a adesão dos funcionários. As pessoas geralmente gostam de suas próprias maneiras de fazer as coisas e tendem a resistir às mudanças que sentem estar fora de seu controle, por não terem sido treinadas adequadamente. Elas provavelmente voltarão rapidamente para as soluções antigas, testadas e comprovadas. Do ponto de vista dos colaboradores, nada se ganhou e alguma credibilidade com a gestão foi perdida, ou seja, tais ações podem colocar em risco um projeto de transformação digital.

Desde o início, os *C-Levels* precisam comunicar seus planos de transformação digital aos funcionários e desenvolver uma estratégia para isso. Idealmente, isso deve ser feito por meio de um ponto focal central, como um portal do local de trabalho, apresentando o projeto para todos os funcionários e permitindo que eles respondam facilmente e acompanhem o que foi comunicado.

Deve ser nomeado um evangelista da transformação digital que seja capaz de atuar como um canal de comunicação bidirecional entre a equipe e a alta administração. Essa é uma função ideal para o *C-Level*, pois provavelmente já está acostumado a comunicar problemas de tecnologia ao conselho e aos gerentes.

Em seguida, deve-se procurar tratar a implementação da transformação digital de maneira semelhante ao desenvolvimento e lançamento de qualquer outro produto focado no cliente: deve-se começar conversando com a equipe para descobrir como eles fazem as coisas atualmente, explorar maneiras de trabalhar, os produtos que usam e com quem mais precisam colaborar. O ponto crítico aqui é que diferentes departamentos de uma organização podem estar trabalhando em silos e agora precisarão colaborar com outras áreas.

Se o novo sistema puder ser alinhado para apoiar os processos existentes (em vez de substituir), haverá uma chance muito maior de equipes aderirem e, portanto, de sucesso.

De posse dessas informações, as organizações podem pesquisar o mercado para encontrar as soluções que melhor atendam às suas necessidades e expectativas. Muitos fornecedores oferecerão períodos de teste para seus produtos, permitindo que figuras-chave da organização avaliem.

Finalmente, uma vez que o sistema esteja funcionando, os usuários devem ser capazes de opinar sobre como o novo sistema está afetando seu trabalho, quais melhorias podem ser feitas e informar quaisquer problemas que possam estar enfrentando. Todas as dúvidas precisam ser respondidas rapidamente pelos gerentes; caso contrário, os funcionários podem acabar recorrendo a seus próprios caminhos.

3. Mapeamento da cultura organizacional

Mapear a cultura atual da sua empresa é um primeiro passo crucial antes de projetar o estado desejado. A empresa deve entender o que há na cultura organizacional e o que realmente ela representa antes de definir para onde deseja ir, identificando o que está e o que não está funcionando.

O exercício de mapeamento da cultura da empresa é desafiador e requer capturar o real, e não a cultura oficial ou como poucos a percebem. Para mapear com sucesso sua cultura atual, a empresa deve considerar várias perspectivas, não apenas as do *C-Levels*. Reunir o grupo certo de pessoas é crucial para conhecer a cultura do local de trabalho. Os colaboradores ou equipes devem ser diversos em tempo de serviço, representação de unidades de negócios, habilidades e perspectivas. Tenha sempre em mente os seguintes aspectos:

- ✓ **Definição de metas, abordagem, cronograma e tomada de decisão.** Para o mapeamento ser eficaz, é necessário ter uma equipe responsável pela estratégia e implementação do processo geral de design da cultura ou a nova cara da empresa frente à transformação digital. Esse mapeamento precisa evidenciar o estado futuro possível e deve explorar a cultura através de uma perspectiva mais ampla e que evite o típico comitê de cultura composto por alguns funcionários de RH, CEO e dois executivos de confiança.
- ✓ **Equipe de facilitação das sessões de mapeamento de cultura.** A equipe de facilitação será encarregada de projetar e facilitar as respectivas sessões de trabalho, incluindo pré-trabalho, análise de resultados e recomendações e que possam apontar para diversas perspectivas em termos de mandato, antiguidade, formação e áreas funcionais. Os facilitadores também podem

fazer parte da equipe principal, mas isso não é obrigatório. No entanto, eles precisam trabalhar em contato próximo, mantendo a independência para evitar serem influenciados pelos membros da equipe principal. O uso de facilitadores externos também traz mais objetividade e evita jogos de poder ou a percepção de que facilitadores internos podem tomar partido.

✓ **Os membros da equipe que participarão das diferentes sessões de mapeamento.** Esse grupo corresponde à equipe que realmente trabalhará no mapeamento da cultura atual da empresa. Eles não têm opinião sobre o processo nem tomam decisões, mas desempenham um papel fundamental ao fornecer suas impressões sobre o que é a verdadeira cultura da empresa, incluindo uma representação realista das diferentes perspectivas.

Definir quantos grupos serão necessários e sua composição é uma arte e não há regra, pois depende de cada empresa e negócio envolvido e de cada projeto, pois cada um deles tem seus próprios requisitos. A natureza do desafio cultural de sua empresa o ajudará a responder a essa pergunta.

4. Análise do cenário de negócios (ambiente interno e externo)

Poucas pessoas poderiam ter previsto o ano que estamos tendo, com preocupações econômicas contínuas relacionadas à pandemia, a guerras e a diversas instabilidades econômicas no mundo.

A magnitude desses desafios simultâneos destaca a necessidade de os líderes empresariais efetuarem a análise de cenários para avaliar a prontidão da empresa para responder a uma ampla gama de situações e realizar os ajustes necessários nos negócios para quantificar possíveis mudanças em um futuro próximo e definir as forças que impulsionam essas mudanças.

Pensar em análise de cenários envolve visualizar uma série de situações potenciais, avaliar a plausibilidade de cada uma, entender os fatores que impulsionam esses dados e, finalmente, testar o quão resiliente a empresa provavelmente será em cada caso. Esse processo é diferente dos testes de estresse que são exigidos legalmente de bancos e outras instituições financeiras para garantir que eles possuem ativos suficientes em mãos para enfrentar condições econômicas severas. Enquanto o pensamento de análise de cenário envolve imaginar situações que poderiam acontecer, a questão não é adivinhar o que o futuro reserva, mas de garantir que a empresa tenha um plano de ação que possa se sustentar, não importa o que aconteça, conforme alguns elementos básicos:

- ✓ **Imaginar vários conjuntos realistas de circunstâncias.** Durante essa parte inicial do processo de *brainstorming*, os líderes empresariais devem estar abertos a desafiar a sabedoria convencional existente na empresa, mas sem perder o foco das reais necessidades, a fim de não perder tempo pensando em situações absurdas.
- ✓ **Reservar tempo para discussão.** Seu objetivo é detalhar cada cenário o máximo possível no tempo disponível, seja um período de semanas ou meses ou mesmo apenas alguns dias para identificar e trazer à tona uma variedade de perspectivas. Isso significa incluir outros líderes e partes interessadas da empresa, bem como pessoas de fora da sua organização que possam ser bem versadas no assunto.
- ✓ **Colocar o impacto potencial em números concretos.** Para que o pensamento de análise de cenário seja útil, a empresa precisa medir o impacto de uma situação específica de maneira quantificável, em vez de apenas vê-la como boa ou ruim. Portanto, incluir a perspectiva de cientistas que projetem crescimento exponencial em pelo menos alguns cenários pode mudar o que o negócio vê como uma situação futura a ser preparada.
- ✓ **Comece a discussão com um objetivo final em mente.** Lembre-se de que seu objetivo final é um plano sólido e viável para a maioria das situações que a empresa pode encontrar para transformar esse plano em realidade. Algumas perguntas ou pesquisas adicionais podem ser necessárias. Por exemplo, se a empresa ganhar um novo cliente importante, quais recursos serão necessários para garantir que ele receba o nível de serviço esperado? A empresa precisará contratar novos membros da equipe? Precisará investir dinheiro para expandir a infraestrutura ou adicionar novos recursos tecnológicos? Em caso afirmativo, quanto? Depois de conhecer esses números, a empresa pode começar a reservar o dinheiro necessário ou desenvolver um plano para acelerar as contratações de pessoal.

5. *Benchmarking* estratégico

O *benchmarking* estratégico é o processo de decidir sobre as melhores práticas relacionadas às estratégias para atingir as metas organizacionais. Ele precisa evidenciar elementos como competências essenciais, capacidade de processo, intenção estratégica e alianças. É essencial avaliar como a empresa está gerenciando mudanças externas, como concorrentes e o mercado em geral, pois seu objetivo é traçar a estratégia ideal para melhorar o desempenho organizacional.

A avaliação das necessidades e expectativas dos clientes é uma tarefa comum do *benchmarking* estratégico. Os métodos usados para coletar informações incluem pesquisas, entrevistas e o estudo de estatísticas de mercado, que permitem analisar a lacuna entre o que a empresa oferece e o que os clientes desejam, sendo possível traçar uma estratégia para fechá-la.

As comparações internas e externas podem ajudar no processo, com o apoio de um grupo com bom desempenho dentro da empresa e fornecer uma estrutura para criação de novas estratégias para grupos que não são tão bem-sucedidos. Elementos externos, como empresas concorrentes, também podem ajudar a fornecer orientação, embora geralmente não tenham as mesmas informações que estão disponíveis em grupos internos. Isso também inclui o uso de comparações com elementos para traçar novos objetivos para a organização. Tal forma de estratégia pode incluir a criação de novos serviços ou produtos e treinamento de membros da equipe para reagir às mudanças no ambiente externo. Pode ser necessário alterar processos para que estes ajudem a empresa a acompanhar sua concorrência.

Organizações bem-sucedidas em diferentes setores também podem fornecer inspiração para examinar um processo particularmente bem-sucedido ou suas práticas gerais para determinar o que a ajudou a ter sucesso.

O método estratégico é um dos quatro tipos de *benchmarking*, juntamente com *benchmarking* de produtos, *benchmarking* de melhores práticas e *benchmarking* funcional. Tais métodos podem ser usados individualmente ou em conjunto. Algumas empresas usarão todos os quatro tipos em sequência.

6. Sistematização e armazenamento inteligente dos dados

Sistematizar os dados e ter acesso a eles de maneira estruturada é o grande desafio do mundo quando pensamos no número de informações que geramos. Os dados na era digital são o vetor de inovação e não mais como da operação. No passado a grande dificuldade era a obtenção e o armazenamento dos dados. Com o advento das redes sociais e o acesso direto a clientes e consumidores, há uma quantidade riquíssima de informação para as empresas, porém os dados gerados não são estruturados nem organizados de forma que possam ser usados inteligentemente. Esse tipo de dado é considerado dado espontâneo. Com isso, surge a dificuldade dessa era: a sistematização e o armazenamento inteligente, para que dados sejam transformados em fontes de valores e em um ativo estratégico.

Dados devem ser sistematizados e organizados de forma inteligente e centralizada para que o acesso seja possível para posterior análise e uso estratégico, e para que colaborem com a melhoria de resultados e desempenho da empresa.

O incrível arsenal de informação que geramos colabora para que coloquemos o cliente como cerne do negócio. Nos últimos três anos, as empresas produziram milhões de *terabytes* de informações que dinamicamente aumentam todos os dias, mas em sua maioria são transformadas em inteligência e estratégia para os negócios. Com isso faz-se necessário pensar em dados inteligentes que alavanquem os negócios. O uso da tecnologia é urgente para entender as necessidades dos consumidores, assim como se faz importante a cultura *data-driven*.

A cultura *data-driven* tem como objetivo tratar os dados, filtrar elementos considerados úteis para a estratégia de negócios e transformá-los em informação relevante que ajude em tomadas de decisão e/ou novos negócios, colaborando também para o sucesso do cliente.

Nessa cultura "orientada a dados", envolvemos métodos científicos, estatísticos e análise por algoritmos complexos que são aplicados em gestão dos dados para extração de informações estratégicas dos dados estruturados para o negócio.

Essa cultura garante a sobrevivência das empresas diante de novos consumidores. Com esses dados aprende-se mais sobre o seu comportamento e oferece-se uma experiência única, criando uma jornada objetiva para eles.

A forma inteligente de acesso e armazenamento dos dados é um grande desafio com a mudança de pensamento do analógico para o digital. O autor Rogers (2017) usou a tabela a seguir em seu livro para fazer uma comparação de como dados na era analógica eram vistos e como devem ser vistos nesta era:

Tabela 5.1. Mudanças nos pressupostos estratégicos, da era analógica para a era digital. Fonte: Rogers (2017).

Analógico	Era digital
Dados são dispendiosos de gerar nas empresas	Dados são gerados continuamente em todos os lugares
O desafio dos dados é armazená-los e gerenciá-los	O desafio dos dados é convertê-los em informações valiosas
As empresas usam apenas dados estruturados	Os dados não estruturados são cada vez mais úteis e valiosos
Os dados são gerenciados em departamentos operacionais	O valor dos dados é conectá-los entre departamentos
Os dados são ferramentas para gerenciar processos	Os dados são ativo intangível importante para criar valor

A visão de dados sob a perspectiva de negócios ajuda na tomada de decisões para inovar produtos ou serviços existentes e conhecer o comportamento do seu cliente. A unificação desses dados é crucial. Não deve existir uma célula de dados, e sim dados integrados como um organismo único.

7. Segurança digital

Desde o escândalo de Edward Snowden em 2013, onde foram compartilhados documentos secretos de vigilância do governo americano, uma das maiores preocupações das grandes corporações é em relação aos dados vulneráveis e ao uso de informações pessoais na era da tecnologia.

Na transformação digital, com o uso massivo de novas tecnologias e os processos digitalizados, se torna necessário pensarmos o futuro da privacidade e criarmos um plano estratégico de segurança digital. Com essa vulnerabilidade dos dados, nossas principais dores são: *zero trust*, *defense in depth* e *cloud security posture management*.

Vamos falar um pouco delas:

- ✓ ***Zero trust***. É o modelo de segurança de rede baseado em processo de verificação de identidade. Acontece a verificação explícita da validação de usuários e dispositivos que estão autorizados a acessar aplicações e dados. Inclui a validação de identidade do usuário, localização, integridade do dispositivo, classificação de dados e anomalias. As políticas dinâmicas podem ser baseadas em risco de tempo limitado para equilíbrio da segurança e produtividade de quem solicita o acesso. Faz conclusões antecipadas minimizando danos de violações e faz detecção de ameaças.

✓ ***Defense in depth***. É a abordagem de gerenciamento de riscos de segurança que define várias camadas de controles de segurança (dados, aplicação, computação, rede, perímetro, identidade e acesso, segurança física) em um ambiente de TI. Quando um ataque à segurança não for detectado por uma camada, as camadas adicionais ficam em alerta para garantir que as ameaças não passem, resolvendo assim o problema de vulnerabilidade devido a tecnologia, pessoas ou operações. Segundo o relatório de violações de dados da Verizon (2022), foi registrado um aumento considerável no número de ataques envolvendo *phishing*, engenharia social e *ransomware*, ratificando que há um número considerável de vazamento de dados (em 2021, cerca de 5.248 casos), o que deve acender ainda mais o alerta quando falamos de segurança digital na camada de dados. Recomendamos fortemente que os seguintes produtos e soluções estejam nos planos estratégicos de segurança: antivírus, segurança em *gateway*, *firewall*, gerenciamento de correções e *backup*/recuperação.

✓ ***Cloud Security Posture Management* (CSPM)**. É a aplicação do processo para identificar e remediar de forma proativa os riscos de segurança na nuvem a partir de avaliações da postura de segurança e conformidade. Com os diversos ataques de *hackers* e vazamentos de informações, a segurança digital é um dos maiores desafios dos *C-Levels*, pois preservar os dados é o grande cerne das empresas. Consiste em dar a responsabilidade da camada de infraestrutura para o provedor de nuvem, já que possui centenas de certificações e controles que dificilmente um *datacenter* privado teria. Já o usuário é responsável pela configuração de serviços seguindo as regras do negócio. Dependendo do tamanho e da diversidade de provedores, deve existir automação para essas configurações e políticas.

Segundo a CNN Brasil (JANONE, 2021), o número de ataques cibernéticos cresceu 220% no primeiro semestre de 2021 em comparação ao mesmo período de 2020. Em média, as empresas brasileiras totalizaram um gasto de mais de 2,8 milhões de reais para resgatar seus dados após sofrerem ataques de *ransomware* (ROMER, 2021; CONVERGÊNCIA DIGITAL, 2022).

A implementação da proteção de dados, criptografia e rotina de *backup* e *disaster recoveries* são alguns assuntos de que devemos tratar quando falamos em segurança digital, mas o principal deles é o desenvolvimento do planejamento estratégico de segurança.

Investimentos em soluções tecnológicas e em times de segurança onera a jornada, mas é fundamental para a proteção de dados sigilosos e sensíveis.

Conclusão

Esses desafios devem proporcionar oportunidades que atendam a diferentes necessidades, recursos e capacidades para atingir o auge da transformação digital e cumprir seu *roadmap*. Os problemas e oportunidades são diferentes para cada empresa, com perspectivas, ações e intervenções que produzem resultados diferentes, em diferentes grupos e economias, portanto não há como padronizar a metodologia e muito menos os *frameworks* – estes serão apenas referências para que cada empresa possa aplicar de acordo com seu tempo e necessidade.

No entanto, há certos princípios fundamentais que todas essas instituições compartilham, e há certos aspectos de sua experiência que são comuns, como a mudança do ambiente de informação e as tecnologias suportando o negócio com a utilização de dados.

Queremos que as empresas repensem suas culturas para que a jornada da transformação digital seja a mais objetiva possível e que os grandes desafios virem histórias para novos capítulos que iremos contar. E que principalmente a tecnologia seja vista como algo muito humano. Os talentos na transformação digital são o grande norte para que os desafios sejam superados.

Esperamos que este capítulo auxilie os *C-Levels* na construção das suas ondas de jornada de transformação digital com o menor impacto possível, assim absorvendo seus melhores talentos e implementando os melhores recursos tecnológicos.

6. Transformação digital ou falência?

Andreia Rodrigues Azevedo
Luiz Eduardo Labriola
Anderson Gonzaga de Souza

Vamos iniciar este capítulo mostrando empresas brasileiras que faliram por motivos diferentes e como a transformação digital pode ser correlacionada com essas situações.

Falências

Banco Nacional

Como não lembrar do piloto Ayrton Senna com o boné do Banco Nacional? Mesmo falido há 16 anos, a marca do Banco Nacional ainda tem força.

> *Após a falência, os ativos do Banco Nacional foram adquiridos pelo Unibanco (hoje Itaú) e os passivos ficaram para o Banco Central. Este processo, porém, não parece ter arranhado a marca, mesmo após ser eliminada pela do Unibanco. Quando a empresa fecha as portas, sua marca se deteriora porque ela perde a referência principal. Isso não acontece com o Banco Nacional pois a marca ainda tem esta referência. (TERRA, 2011)*

Não é objetivo deste capítulo fazer uma "autópsia" do Banco Nacional, mas de forma resumida vale destacar sua atuação em marketing e o motivo da sua falência. O Banco Nacional era muito agressivo numa época embrionária do marketing esportivo no Brasil, criando uma imagem de marca querida dos brasileiros. O banco faliu por insolvência criada por processos de fraudes na sua parte contábil, chegando a ter prejuízo de 581% sobre o seu valor contábil (ANTUNES, 2020).

TV Manchete

Outro exemplo é a extinta TV Manchete. Foi um importante canal de TV no Brasil que produziu novelas como: Dona Beija (1986), Kananga do Japão (1989), A História de

Ana Raio e Zé Trovão (1990), Amazônia (1991), Tocaia Grande (1995) e Xica da Silva (1996). Ficou no ar por 16 anos, sendo responsável por revelar artistas como Xuxa Meneghel e Angélica, que posteriormente mudaram para a Globo e se tornaram as maiores estrelas das décadas de 90 e 2000. Segundo o site DCI (GOMIEIRO, 2022), a empresa acumulou dívidas e processos administrativos. Em maio de 1999, último mês do canal no ar, a empresa devia mais de seis meses de salário a mais de 1.500 funcionários, além de possuir um grande passivo trabalhista e fiscal.

Você deve estar se perguntando o que isso tem a ver com transformação digital, certo? Vamos responder!

Em conversa em um evento executivo, um dos autores deste capítulo ouviu a seguinte frase: "não faz sentido você iniciar a transformação digital na sua empresa se o seu 'feijão com arroz' não está bem feito". Esse feijão com arroz pode ser associado a *compliance*, como ocorreram nos casos da TV Manchete e do Banco Nacional. Segundo a Forbes (ALLBUSINESS, 2022), *compliance* é uma parte crucial na transformação digital. Deloitte (BALASUBRAMANIAN, s.d.) afirma que riscos e *compliance* são funções que normalmente ficam para o final do processo de transformação.

O que isso tem em comum?

Ninguém quer fazer negócio com empresas que não estão em *compliance*, ou que veladamente não fazem o "básico" das suas operações. Os consumidores estão procurando cada vez mais empresas que tenham propósito. Exploração de trabalhadores, animais e recursos naturais não renováveis em troca de preço mais baixo tem sido cada vez mais recusado pelo mercado. Nós, como clientes, não queremos manter relacionamento com empresas que possuem valores diferentes dos nossos – imagine empresas que não estão em conformidade.

Indo um pouco além, não é sustentável organizações criarem produtos de alto valor agregado se você tem uma estrutura frágil por trás. A proposta da transformação digital, com seu relacionamento com cliente, parceiros, empresas, fornecedores e todo o ecossistema de forma geral, não sustenta uma jornada duradoura que tenha um ambiente com "falta de transparência". No caso da TV Manchete e do Banco Nacional, criaram produtos e marcas de alto valor agregado sem uma estrutura adequada que suportasse seu crescimento e suas obrigações.

Como já entendemos que estamos em um cenário que vai além da adoção pura e simples de tecnologia, e que requer uma mudança de cultura organizacional para corresponder aos novos comportamentos sociais, fica claro que quem não acompanha essa nova realidade perde oxigênio, e isso pode ser fatal.

As pessoas anseiam por novidades, buscam empresas que lhes entreguem valor, que resolvam suas dores, tenham propósito – e isso necessariamente passa por um melhor aproveitamento do tempo, esse artigo de luxo cada vez mais cobiçado. Potencializar o tempo do seu consumidor é vital, e isso só é possível com a transformação digital, que tem em seu arcabouço o uso de dados atualmente acessíveis e disponíveis para apoiar e direcionar as mudanças em proporção jamais vista nas revoluções industriais anteriores.

Outro exemplo brasileiro de corporação que não entendeu o dinamismo necessário para se manter na liderança foi a Mesbla, que iniciou suas operações em 1912 e viveu seu período áureo a partir da década de 1960, quando o varejo brasileiro viu a expansão das lojas de departamento. Em 1999, a dificuldade de compreender o surgimento de um novo consumidor, que exigia um atendimento mais especializado, a levou à falência. Cabe destacar que, com um pouco mais de duas décadas, empresas faliram por não se adaptarem ao novo momento, mesmo em uma época em que o processo de globalização estava em expansão. Tal fato só reforça a importância de as empresas terem a transformação digital como um meio para sobrevivência.

Avançando na história, vivemos uma brusca mudança de cenário mundial ocorrida a partir de 11 de março de 2020, quando a OMS (Organização Mundial da Saúde) reconheceu o estado de pandemia de COVID-19, causada pelo novo coronavírus (SARS-COV-2).

O mundo inteiro deparou com a interrupção do comércio e dos serviços, provocada pela decretação de *lockdown*, obrigatoriedade de distanciamento social e proibição de atendimento presencial em estabelecimentos que reuniam muitas pessoas, como shoppings, academias, escolas e restaurantes.

Com a necessidade de manter a economia em movimento, as empresas e os governos precisaram se reinventar, e a transformação digital, que já era uma tendência, tornou-se essencial para a sobrevivência dos negócios e para a manutenção da atuação do estado, provocando a aceleração de projetos que estavam previstos para ocorrer de três a cinco anos e impulsionando sua implantação para meses e até semanas.

Vendo seus planejamentos anuais caírem em descrédito do dia para a noite, e desafiados pela necessidade de reação rápida, empreendedores nunca viveram tão intensamente os mundos VUCA e BANI.

De acordo com o Volume 5 do *Global Interconnection Index* (GXI) (EQUINIX, s.d.), principal fonte de dados e *insights* do mercado sobre interconexão e seu impacto crescente no mundo digital, confirmou-se que a pandemia desencadeou uma mudança muito impactante no aumento da demanda por serviços digitais e acelerou em vários anos a necessidade de digitalizar modelos de negócios, promovendo a modificação da cultura corporativa, sendo esse fator decisivo para evitar a falência. Para os líderes digitais, vivenciar anos de crescimento em questão de meses aumentou sua vantagem. Para as organizações que adotam a abordagem de seguidor, onde a transformação digital ainda estava na lista de tarefas, a disrupção pareceu muito diferente. Os modelos de negócios ainda estavam principalmente ligados a limitações físicas, e as empresas se viram perdendo o controle sobre a produtividade dos negócios, a cadeia de fornecimento, o engajamento do cliente e, potencialmente, sua posição no mercado.

Muitos segmentos definitivamente foram confrontados com a questão: transformação digital ou falência.

Os pedidos de falência por parte das empresas brasileiras tiveram aumento de 12,7% em 2020, mas foi no mês de dezembro que essa condição veio a piorar: segundo dados da CNN Brasil (HERÉDIA, 2021), os pedidos e as falências decretadas dispararam 38,1% e 30,4%, respectivamente.

Tabela 6.1. Variações nas falências e recuperações judiciais.
Fonte: adaptado de Liberato (2021).

Variações nas falências e recuperações judiciais		
	2020/2019	Dez. 2020/dez. 2019
Pedidos de falência	12,70%	38,10%
Falência decretadas	1,90%	30,40%

O indicador de falências e recuperações judiciais é alimentado com a apuração dos pedidos mensais registrados na base do SCPC (Serviço Central de Proteção ao Crédito), com origem em fóruns, varas de falências e Diários Oficiais e da Justiça dos estados.

As micro e pequenas empresas são maioria no levantamento, com cerca de 85% do total de falências em 2020. Entre os setores da economia, os serviços responderam por 40% dos fechamentos, sendo os mais atingidos pela pandemia.

Mudar para não falir

Como explicado no Capítulo 1, a transformação digital vai além da tecnologia. Não são ações isoladas ou mudanças pontuais na empresa e no seu modo de operar, é muito além disso – tem que transformar o negócio e a cultura corporativa com o uso da tecnologia.

No Brasil, em meio à crise sanitária enfrentada, as compras *on-line* subiram de 19% para 34%, conforme estudos da Consultoria Kantar (EQUIPE FOCUS, 2020). Observamos, então, que a pandemia causada pela COVID-19 mudou muito os hábitos de compras dos consumidores.

Migrar para o *e-commerce* tornou-se uma necessidade urgente para empresas de todos os portes.

Segundo informações do Portal Stefanini Group (SALINO, 2021), os 27 estados do Brasil tiveram aumento no *e-commerce*, e 17 desses estados ficaram acima da média nacional, com um aumento de 137%.

Para além do *e-commerce*, e visando praticar a essência da transformação digital, é necessário que as empresas a incorporem em seu DNA e sejam capazes de não apenas entregar produtos ou serviços, mas oferecer uma experiência incrível aos seus clientes, pois a quantidade de dados gerados pode (e deve) ser analisada, tratada e revertida em um patamar superior de entrega e satisfação.

Aplicativos de entrega, como iFood, por exemplo, usam esses dados e oferecem os seguintes recursos que podem refletir em uma melhor experiência:

- ✓ **Recomendação inteligente:** o primeiro módulo apresenta as últimas lojas que receberam pedidos e o segundo mostra o que é recomendado.
- ✓ **Busca por categorias:** além das categorias e suas imagens estimulantes, o iFood mostra também as cinco últimas buscas feitas para ajudar na escolha de algo que o cliente comeu nos últimos dias. É uma forma de agilizar o processo de quem já sabe o que quer e pede sempre a mesma coisa.
- ✓ **Tempo de entrega e distância entre o restaurante e a casa do cliente**: informações muito relevantes para o processo de escolha.
- ✓ **Fácil navegação no cardápio:** a subnavegação fixa durante a rolagem da tela ajuda a pessoa a ir diretamente para a categoria do seu interesse.

- ✓ **Confirmação de pagamento:** o endereço é a primeira informação que aparece para ser conferido e permite ser editado. Logo em seguida, eles apresentam o tempo de entrega, o pedido realizado e a forma de pagamento.

As lojas *on-line* têm acesso a uma fonte inesgotável de dados para explorar, buscando a entrega de serviços personalizados para os clientes, através de tecnologias como:

- ✓ ***Omnichannel*:** utilização de diversos canais para estabelecer uma interação personalizada, otimizando o contato com os clientes e tendo como objetivo principal proporcionar a melhor experiência para o consumidor, não importando o canal (*on-line* ou *offline*) utilizado no processo de compra, conhecido como *omni-device*.
- ✓ **Mobilidade:** além de buscar comentários sobre os produtos, os consumidores utilizam os *smartphones* para comparar preços e ofertas. No final, as aquisições acabam acontecendo por meio desse dispositivo.
- ✓ **Escaneamento de medidas do corpo:** o consumidor utiliza o *smartphone* para escanear as suas medidas corporais. Em seguida, essas informações são enviadas para a loja virtual, que logo apresenta produtos que se encaixam nos moldes pessoais do comprador.
- ✓ **Precificação inteligente:** as lojas virtuais rastreiam o comportamento do público-alvo e o cenário do mercado concorrente. Esse monitoramento cruza dados coletados de diferentes fontes e permite melhor precificação.
- ✓ **Coleta de dados sobre os consumidores:** permite descobrir o DNA de consumo dos clientes. Essa tecnologia coleta várias informações demográficas, comportamentais e do estilo de vida dos consumidores. Com base nisso, as lojas virtuais conseguem criar um relacionamento personalizado com os clientes.
- ✓ **Transparência na logística:** inteligência para gerenciar o relacionamento com o cliente e permitir um *delivery* seguro, com baixo custo e aumentando a capilaridade.

Em síntese, observamos que é possível não apenas evitar a falência como aumentar a escala de serviços e/ou venda de produtos, tendo como aliada toda a reestruturação que a transformação digital proporciona, tanto nos processos internos quanto no comportamento de todos os atores. Melhorar a experiência do cliente em itens como qualidade, agilidade, facilidade, personalização e entrega de valor são atributos essenciais para empresas dispostas a inovar em seu segmento, alcançando seu objetivo enquanto atividade econômica que legitimamente cumpre seu papel gerando empregos, garantindo uma existência digna às pessoas e fomentando de forma sustentável a sociedade.

Bônus

O Plurall é uma plataforma de estudos e ensino *on-line* para alunos, responsáveis, professores e coordenadores. Acessível, prática e organizada, a inovadora solução acompanha os alunos 24 horas por dia, podendo ser acessada pelo celular, *tablet* ou *desktop*. Nesse *podcast*, Ana Clara Gonzaga, Gerente de Governança Ágil, e Bruno Brusco, *Head* de produtos da Plurall, comentam a importância da governança e gestão de produtos em um mundo digital.

Acesse o QR Code para saber mais.

<https://open.spotify.com/episode/5HB4so1zaR8d2y2IcEtQ8z?si=yce ySvmLSMmqXuoEDI7cyA&utm_source=native-share-menu>

(Moderador: Anderson Gonzaga)

PAN é um banco brasileiro, com sede na cidade de São Paulo, controlado pelo BTG Pactual. Atua nas áreas de cartões de crédito, crédito consignado, financiamento de veículos, investimentos de renda fixa e banco digital. Também oferece serviço imobiliário e de adquirência, por meio de aquisições de empresas como a Brazilian Mortgages e Brazilian Securities. O banco possui 60 postos de atendimento, abrangendo todas as capitais e principais cidades brasileiras. Simone Kawamura Etner comenta os desafios da gestão de portfólio e agilidade, assim como os aprendizados nessa jornada.

Acesse o QR Code para saber mais.

<https://open.spotify.com/episode/4RfC1a5SyEGoBhL08mvGex?si=kF vD5pknRHWa0E-rJUy7JQ&utm_source=native-share-menu>

(Moderador: Anderson Gonzaga)
Fundada em 1996, a Viveo é líder na fabricação e distribuição de materiais e medicamentos, com produtos e soluções para todo o Brasil. Com capital 100% nacional, possui a própria frota, mais de 40 unidades operacionais e centros de distribuição em todas as regiões do Brasil e 4.571 colaboradores diretos. Henrique Saeta, Gerente de RH, e Cintia Drehmer, Diretora de Recursos Humanos e ESG, compartilham os desafios da Viveo na jornada de transformação digital e como eles estão trabalhando a cultura organizacional.

Acesse o QR Code para saber mais.

<https://open.spotify.com/episode/0IfBV34fscrGCvgcxXDdfK>

PARTE II. TRANSFORMAÇÃO DIGITAL TEM MAIS A VER COM PESSOAS DO QUE COM TECNOLOGIA

7. Por que transformação digital é mais relacionada a pessoas do que a tecnologia

Juliana Arruda
Cimária de Almeida Pinto
Bruno Tadeu França

Recentemente vimos o mundo mudar drasticamente. Com a pandemia, tivemos que modificar a forma de trabalhar: do presencial para o remoto. E, com isso, mudamos também a forma de estar e perceber o mundo. Talvez você já tenha ouvido falar sobre o mundo VUCA antes, mas e o mundo BANI?

Em meados dos anos 90, após a Guerra Fria, as forças armadas norte-americanas se viram diante de uma nova realidade, em que não existia mais um único inimigo, mas uma realidade diversa, passando, assim, a ter que lidar com a incerteza de seu propósito. Nesse cenário, surge o conceito de Mundo VUCA, do inglês: *Volatile*, *Uncertain*, *Complex*, *Ambiguous*, ou seja, um mundo caracterizado pela volatilidade, incerteza, complexidade e ambiguidade. A partir dos anos 2000 esse conceito passa a ser adotado amplamente pelo mercado para denominar o contexto vivido de instabilidade, insegurança e transformações rápidas, principalmente tecnológicas.

Porém, olhar o mundo pelas lentes VUCA passou a se mostrar insuficiente com a continuidade da digitalização em larga escala e com a pandemia de coronavírus em 2020. Passamos então a nos aproximar do conceito do Mundo BANI, criado em 2018 pelo antropólogo norte-americano Jamais Cascio, que significa *Brittle*, *Anxious*, *Nonlinear* e *Incomprehensible*, ou, em português: frágil, ansioso, não linear e incompreensível.

A volatilidade do mundo atingiu níveis tão intensos que as coisas e as situações passaram a se tornar frágeis, impermanentes. O excesso de informações e todas essas incertezas exacerbadas nos trouxeram medo e insegurança, com isso a "ansiedade" entrou em cena, caracterizando o modo como as pessoas se sentem ao lidar com esse cenário. A ansiedade interfere no modo como as pessoas vislumbram suas trajetórias pessoais e profissionais e, em casos extremos, dificulta a construção e a busca por seus propósitos. O aumento da complexidade diminuiu a linearidade com que os fatos acontecem e a relação direta entre causa e efeito ficou frágil. Além disso, não existe mais um padrão único para identificar possíveis soluções para os problemas. Vivendo em um mundo frágil, ansioso e não linear, com o constante aumento do volume de informações e inovações, do rápido avanço tecnológico e da velocidade de criação de novos dados, o conceito de ambiguidade é substituído, e passamos para um estágio de incompreensão (dos eventos, das decisões e dos processos).

É importante trazermos esse componente histórico para entender a transformação digital através de outra perspectiva, na qual percebemos que o alto investimento em tecnologia, isolado, não é suficiente para garantir o sucesso dos negócios. É preciso considerar as pessoas envolvidas nessa jornada, pois a transformação digital é muito mais sobre mudança de mentalidade, é sobre inovação e sobre estar preparado para lidar com todas as mudanças.

Mas você já parou para pensar por que a transformação digital tem mais a ver com pessoas do que com tecnologia? Porque o capital humano é o ativo mais importante das empresas! E quando falamos de pessoas nesse contexto, estamos considerando tanto clientes e funcionários quanto a comunidade.

Toda a sociedade vem sendo impactada em diversos aspectos pelas jornadas de transformação digital, seja na mudança de estruturas socioeconômicas, de padrões organizacionais e até mesmo de leis. A rápida expansão da conectividade tem trazido ganhos significativos em termos de produtividade, saúde, educação e qualidade de vida. Mas sabemos que esses ganhos não são percebidos e vividos por todos da mesma forma, pois ainda vivemos em uma grande desigualdade social. Na medida em que a transformação digital impacta a vida da sociedade, afeta também como as empresas precisam se relacionar com as comunidades ao fazer negócios.

Na era digital, percebemos que cada vez mais os clientes deixam de ser passivos, de ser o alvo de vendas, e se tornam cada vez mais conectados com a marca, pois interagem, demandam, avaliam e se influenciam mutuamente. Os *millennials*, geração de jovens nascidos entre a década de 80 e começo da década de 90, anteciparam algumas das mudanças e tendências que estavam por vir na forma de consumir. A geração Z, composta por jovens que nasceram entre os anos de 1995 e 2010, diferentemente das anteriores, já nasceu com a tecnologia em mãos. Eles são muito ativos na internet e destacam-se pela capacidade de ser multifocais, podendo usar até cinco telas de uma única vez (TVs, telefones, computadores, relógios inteligentes etc.). São predominantemente usuários de celulares e já representam uma grande parcela dos consumidores na atualidade, mudando continuamente a forma de consumo. Conhecer o que os clientes valorizam, como as gerações se comportam e como se relacionam com a tecnologia é fator decisivo para a transformação digital e o sucesso dos negócios.

Quando olhamos para os impactos nos diferentes grupos de profissionais, percebemos que a transformação digital, através do surgimento de novas tecnologias e ferramentas, do avanço da inteligência artificial e da realidade aumentada, possibilita novos níveis e maneiras de colaboração entre as equipes, novas formas de obter informações para resolver problemas, bem como quebra barreiras na empregabilidade, permitindo a contratação de talentos em qualquer lugar.

Porém, para que essa jornada aconteça nas empresas, é preciso criar um ambiente propício para o surgimento da mentalidade digital, com cultura e políticas que incentivem e possibilitem a inovação, e uma estrutura organizacional que permita às pessoas serem colaborativas e criativas, onde a informação flua, mesmo remotamente, e que, durante o processo de identificação e solução de problemas, o erro seja visto como parte do processo de aprendizado e não como algo a ser punido.

Nossa experiência em projetos de transformação digital tem corroborado a indicação dos especialistas quando afirmam que adotar uma abordagem centrada nas pessoas é a melhor estratégia, pois são elas que farão a transformação, através de sua mentalidade e ações inovadoras.

Mas como podemos adotar uma abordagem centrada nas pessoas?

Antes de tudo, envolvendo de maneira efetiva os *stakeholders*, ou seja, todos aqueles diretamente interessados (de colaboradores a investidores, incluindo governos e organizações de todos os tipos). Cada grupo de *stakeholders* terá um papel e uma influência diferente no processo, por isso é importante identificar quem são, o que os motivam, quais são seus interesses e receios, tanto atuais quanto futuros, e determinar a melhor forma de envolvê-los e engajá-los no propósito da transformação.

Em seguida, é preciso garantir que a liderança tenha a iniciativa e a responsabilidade de patrocinar o processo de transformação. Uma liderança desconectada da cultura da empresa, que não incentiva a adoção de novas ferramentas e tecnologias e que não considera a necessidade de integrar a tecnologia às pessoas, não contribui de maneira efetiva para a jornada da transformação digital. A liderança é a principal responsável por disseminar a mentalidade digital, por incentivar e dar abertura para que as pessoas sejam criativas e inovadoras e por garantir que as informações e o conhecimento cheguem às pessoas.

Além disso, implantar um programa de transformação digital demanda que as equipes possuam as competências e os conhecimentos necessários. Cada vez mais é requerido das pessoas que elas sejam capazes de usar novas tecnologias e inteligência de dados para gerar melhores decisões e que também sejam entusiastas de ferramentas que permitam análise e solução de problemas de forma automatizada e integrada. Por isso, é especialmente importante que as empresas invistam esforços na preparação das pessoas, que estruturem planos de desenvolvimento, treinamentos e qualificações que permitam aos funcionários ampliarem não só suas competências técnicas, mas também comportamentais.

Dessa forma, quando citamos que a transformação digital está mais relacionada a pessoas é pelo fato da necessidade de conhecermos quem são nossos clientes, como eles se posicionam, o que valorizam e como podemos oferecer a eles a melhor experiência. É também pelo fato de termos consciência que a forma como cada empresa faz negócios impacta diretamente a sociedade em que está inserida. E, por fim, pelo fato de entender que precisamos gerar o conhecimento necessário para tornar as pessoas inovadoras e protagonistas da transformação. Pois, quando as pessoas estão preparadas, amplia-se a capacidade para o surgimento de ideias inovadoras e para o entendimento e a solução de problemas e situações adversas. Com conhecimento, informação e suporte da liderança, os funcionários poderão entender o que é esperado deles nessa transição e aumentar seu grau de comprometimento e engajamento com a transformação digital.

8. Novas competências para o profissional da economia digital

Thiago Barcellos Diniz

"E ali logo em frente, a esperar pela gente, o futuro está...", diziam os versos de Toquinho em "Aquarela". O homem, com sua inquietude e curiosidade, busca, incansavelmente, transformar o mundo ao seu redor através do seu olhar, de suas experiências e de sua imaginação com a ambição de cruzar mundos até então vistos como paralelos: o universo e o metaverso[3].

Com uma rápida pesquisa no Google, podemos achar algumas definições etimológicas da palavra universo, tais quais "o mundo todo", "todas as coisas", "tudo junto" e o que parecia "tudo" foi abalado por algo "além" do "tudo" – o metaverso. É assim nos últimos anos, mais precisamente após a popularização da internet: quando olhamos para o digital vemos a velocidade da transformação humana.

Uma característica importante da economia digital é ser exponencial, reforçando a tese da abundância. Não há necessidade de estoque. Um bom exemplo disso são os serviços de *streaming*, que são a transmissão de conteúdo pela internet sem a necessidade de o usuário fazer *download* para seu dispositivo ou até mesmo comprar o disco físico, podendo acessá-lo em qualquer hora de qualquer lugar pagando uma quantia "pequena" por isso. Essa exponencialidade também traz um lado ruim, pois torna-se muito mais difícil a gestão (e o controle) de toda essa abundância. Ela democratiza e torna acessível o seu conteúdo.

Essa democratização e distribuição da economia digital traz mais acesso a serviços bancários através das *fintechs*, mais automação e autonomia às máquinas através da inteligência artificial, mais trocas entre países através de plataformas de *e-commerce* e digitalização da moeda, enfim, traz avanços para toda a sociedade. Contudo, nem

---

[3] Metaverso é um espaço virtual que permite socializar, trabalhar, jogar, comprar e fazer outras atividades de forma digital. A palavra é formada pelo prefixo "meta", que quer dizer "além" em grego, e "verso", que se refere ao universo. Permite irmos além do universo conhecido.

tudo são flores. A frase de Yuval Harari, "quando você crescer, talvez não tenha um emprego...", *a priori* assustadora, nos faz pensar nessa economia e sobre as competências necessárias para esse ambiente de transformação acelerada. Para Harari (2018), temos que nos questionar se o ser humano terá a energia e a resiliência necessárias para uma vida com tantas mudanças onde o estresse da volatilidade do mercado de trabalho e das carreiras passa a ser global.

Nesse contexto, não há como imaginar o futuro do trabalho e as competências humanas sem antes analisar a relação homem x máquina e a obsessão de seu criador, o homem, na busca de copiar cada movimento, cada análise, cada predição de suas ações para suas criaturas automatizadas, as máquinas. Devemos compreender que todo trabalho que possa ser feito por uma máquina (geralmente, trabalho repetível) não deveria ser um trabalho humano, pois seria um desperdício de capacidade intelectual.

Já são realidade próteses conectadas ao cérebro que desempenham movimentos através de impulsos e transformam homens em ciborgues. Pensar em órgãos artificiais nos faria pensar em máquinas "ganhando vida"? Até onde a imaginação e a criatividade humana podem ampliar essa relação?

Para novas possibilidades, e uma nova mentalidade, precisamos desprogramar nossas mentes do aprendizado milenar que é necessário ter sucesso para ser feliz. Segundo Shawn Achor (2012), essa fórmula está incorreta. Quando a felicidade vem antes do sucesso, a busca pelo sucesso sem propósito, sem empatia e sem coragem leva as pessoas ao esgotamento mental e à falta de engajamento, reduzindo os resultados das organizações que valorizam esse modelo. Diante desse contexto, podemos dizer que não será tarefa fácil para os profissionais lidar com essa transformação digital. Podemos identificar competências para essa mudança de paradigma organizacional.

Em tempos digitais, onde a informação é farta e diversas opiniões sobre qualquer tema estão disponíveis a poucos cliques, nossa **capacidade de pensar e ter consciência** é colocada à prova e, mais do que nunca, precisamos acreditar que tudo começa com uma dúvida e que não há verdade absoluta. Essa capacidade deverá ser a competência que filtrará a informação da desinformação. Nosso grande diferencial humano em contraponto à inteligência artificial é conhecer, reconhecer, autoconhecer, sentir, vivenciar, experimentar.

Coragem significa agir com o coração, porém dentro das organizações somos bloqueados pelos medos de errar e de ser imperfeito. Essa é a competência que nos fará romper o "status quo" e trazer o novo. Apenas quem tem coragem consegue avançar no desconhecido. E como escreveu brilhantemente Rubem Alves (2005):

> *Somos assim: sonhamos o voo, mas tememos a altura. Para voar é preciso ter coragem para enfrentar o terror do vazio. Porque é só no vazio que o voo acontece. O vazio é o espaço da liberdade, a ausência de certezas. Mas é isso que tememos: o não ter certezas. Por isso trocamos o voo por gaiolas. As gaiolas são o lugar onde as certezas moram.*

É inevitável pensar que as ações coletivas reduzem o medo – somos mais corajosos quando estamos em grupo. Dentro das organizações e para a transformação digital, a coragem para avançar e provocar mudanças é extremamente necessária, pois o medo nos imobiliza e nos mantém presos em nossas zonas de conforto.

O futurista Paul Saffo (s.d.) descreve uma mudança de era que é a transição de uma economia produtora para uma economia criadora e nos faz pensar em como criar valor em um mundo conectado onde a tecnologia e a abundância de informação irão suplantar o dinheiro para se tornar o principal modo de discurso, desmonetizando o valor das coisas e democratizando o acesso a elas. Para ele, as empresas mais bem-sucedidas serão aquelas que aproveitarão os menores atos criativos. Veja que não estamos falando dos maiores atos criativos no futuro, estamos falando dos menores – e para ter a visão desses atos é necessário retomar o nosso instinto natural: a **criatividade**. Viemos a este mundo com essa configuração inicial e com o passar dos anos fomos desaprendendo a ser criativos, fomos encaixotados e direcionados a não questionar o *status quo* e a forma como os processos, as estruturas, as relações, o trabalho, o ensino, o mercado, as hierarquias e a nossa falta de liberdade nos foram impostos.

De forma simples, podemos exemplificar um dos clássicos momentos de bloqueio da nossa habilidade criativa: os pais, ao verem sua criança brincando com uma caixa, criticam a brincadeira dizendo que caixa não é brinquedo. Ora, caixa pode ser qualquer brinquedo, carro, casa, nave... é nossa criatividade transformando a brincadeira. Na medida em que vamos crescendo, vamos deixando de lado nossa habilidade de ter um olhar diferente para propor algo novo. Portanto, a criatividade precisa ser desbloqueada, pois é uma das mais importantes competências nessa economia digital e para a transformação digital.

Empresas vencedoras como a Pixar dão muito valor à autoexpressão da criatividade. Para Ed Catmull (2014), no processo interativo de criação, o *feedback* saudável e sincero entre os integrantes da equipe faz toda diferença e gera um sentimento de exuberância, irreverência, ou mesmo extravagância que é parte integrante do sucesso da empresa, aumentando o alcance da criatividade e inserindo essa competência na cultura organizacional. Para este autor, o imprevisível é o terreno no qual ocorre a criatividade. Nesses ambientes desconhecidos em que somos levados pela criatividade é necessário quebrar o tabu do erro, pois falhar faz parte dessa competência e trabalhar com mudanças é o significado de criatividade. Ed Catmull (2014) diz que a criatividade individual é ampliada pelas pessoas a sua volta. Ela exige controle menos rígido, aceitar riscos, confiar nos colegas e limpar o caminho de qualquer coisa que crie medo.

Diante do contexto de transformação digital e toda a organização da informação, uma das maiores dificuldades entre as empresas, principalmente na medida em que elas crescem, é ter uma comunicação eficiente e eficaz. A **comunicação** é o elo, a conexão entre as pessoas e as máquinas. É a competência que transcreve, do nosso pensamento para a nossa ação, o que será feito para atingir a estratégia organizacional e melhorar a nossa relação com o outro. Nessa transformação digital através de inteligência artificial, *machine learning* e gestão dos dados, aumentamos a produtividade e a intensidade na relação com a tecnologia e, também, muda drasticamente a forma como nos comunicamos. Essa mudança e a diversidade de canais de comunicação fazem com que nossos esforços para que a mensagem seja transmitida e cumpra o objetivo sejam ainda maiores.

Da mesma forma que a comunicação pode ser dissipada com velocidade e em multicanais, ela pode esvaecer, perder sua força e gerar desinformação ou notícias falsas. Dentro das organizações a competência comunicação tem importante ação na era da hiperconexão – se antes usávamos cartas, telefone, fax e tínhamos uma demora no retorno, hoje, muito além do e-mail, temos aplicativos colaborativos, telefone celular, mensagens instantâneas, redes sociais, *e-commerce* que nos informa a cada segundo onde está nossa compra, fazendo com que essa comunicação seja imediata, instantânea. Lidar com essa hiperconexão com respostas instantâneas será um dos grandes desafios em uma cultura imediatista que reduz a presença humana através de *chatbots*, ou seja, robôs que conversam usando inteligência artificial, gestão de dados e *machine learning*.

Como podemos perceber, as mudanças serão propagadas em uma curva exponencial e adaptar-se é uma questão de sobrevivência já preconizada no século XIX por Charles Darwin, que dizia que as espécies evoluíam e se adaptavam para sobreviver às adversidades do ambiente. Em "Origem das Espécies" ele diz que se o ser variar de alguma forma ligeiramente positiva para si mesmo, terá mais chance de sobreviver. A adaptação está em nosso instinto, mas é necessário termos a competência **resiliência**, a capacidade de continuar seguindo em frente apesar das adversidades, promovendo como grupo ou indivíduo uma adaptação após esse cenário de transformação. É necessário sermos incansáveis nessa busca por um ambiente melhor. A capacidade de se erguer a cada falha, aprendendo com o erro ou lutando para melhorar e transformar o ambiente, será de suma importância para lidar com os efeitos exponenciais dessa economia digital.

A resiliência é um motor que nos moverá diante desse cenário de mudanças. Com ela podemos manter um ciclo de aprendizado contínuo, reaprendendo, recriando, ressignificando e redesenhando a vida e os processos. É com esse motor que podemos avançar, errar e consertar.

Nesse mundo de transformação exponencial e incertezas radicais, muitas questões continuarão sem resposta, mas há uma certeza: não podemos mudar nada sozinhos. Sem colaborarmos uns com os outros, nem as organizações nem a sociedade irão prosperar. Há um provérbio africano que diz que "é preciso uma aldeia inteira para educar uma criança".

A grande constatação é que não há novas competências para os profissionais da economia digital. O que há são velhas competências, que porventura foram bloqueadas, inativadas ou esquecidas dentro da nossa configuração inicial e que precisamos trazer de volta. Despertar o que já está dentro de nós e dentro de nossa comunidade ou organização, trazendo com empatia essa relação colaborativa, usando nossa capacidade de pensar e ter consciência, nossa coragem, nossa criatividade, nossa comunicação e nossa resiliência para enfrentar todos os desafios. Não haverá futuro sem colaboração. Comecei o capítulo com Toquinho e terminarei com Emicida, em seu poderoso verso: "tudo, tudo, tudo que nós tem é nós!"

9. A influência do *lifelong learning* no processo de transformação

Davi Xavier Rodrigues

Qual aprendizado intencional você experimentou recentemente?

Navegar por essa pergunta é a essência de um *lifelong learner*, um aprendiz ao longo da vida. Agora imagine alterar a questão para a primeira pessoa do plural em um contexto de comunidade.

Quais aprendizados intencionais nós experimentamos hoje nas nossas organizações?

Com o processo de transformação acelerado, ambas as questões se tornam cada dia mais essenciais, e não saber respondê-las pode ser sintoma grave de uma carreira em perigo ou até mesmo de uma organização em declínio.

Aprender a aprender, o único caminho

> *A habilidade de aprender mais rápido que seus concorrentes pode ser a única vantagem competitiva sustentável. (Arie de Geus)*

Há mais de duas décadas Arie de Geus já apresentava em seu livro "Living Company: Habits for Survival in a Turbulent Business Environment" (1997) que um dos principais pilares para tornar uma empresa viva, duradoura e próspera era por meio da aprendizagem. Mais de dez anos depois, Edward D. Hess publicava o livro "Learn or Die: using science to build a leading-edge learning organization" (2014) cuja premissa é praticamente uma versão mais detalhada da frase de Arie de Geus: a única vantagem competitiva sustentável de uma organização é **garantir que as pessoas tenham as ferramentas, a motivação e o apoio para aprender melhor e mais rápido que seus concorrentes**.

A premissa continua mais viva do que nunca e foi reforçada pelo Fórum Econômico Mundial no Relatório do Futuro do Emprego por meio de uma lista com as **10 habi-**

lidades mais importantes para 2025 (WHITING, 2020), sendo as duas primeiras da lista: "**Pensamento analítico e inovação**" e "**Aprendizado ativo e estratégias de aprendizagem**". Além da lista de habilidades divulgada, o relatório mapeou que, dos respondentes, 40% precisam de requalificação nos próximos seis meses e que **até 2025 pelo menos metade dos trabalhadores do mundo necessitará se reinventar como profissionais.**

Porém, enquanto a importância da aprendizagem é constantemente reconhecida e reforçada dentro das nossas organizações, **a forma como colocamos em prática ações de aprendizagem ainda é limitada por modelos baseados em comando e controle**, como treinamentos formais, formações obrigatórias, avaliações de desempenho desmotivadoras e planos de desenvolvimento individual não priorizados.

A essência desse problema está na compreensão do que é de fato aprender. Um exemplo clássico que ilustra essa situação é a metodologia 70-20-10 (MARQUES, 2019), que considera que 70% do aprendizado acontece por meio de experiências no dia a dia do trabalho, 20% por meio de interações com outras pessoas e 10% em conteúdos e programas formais de treinamento.

A metodologia é amplamente comunicada, mas ao analisarmos os esforços de uma organização para traduzir o método em ações reais o quadro inverte e a grande maioria das práticas de desenvolvimento é direcionada para produção de conteúdos e programas formais de treinamento.

A situação fica ainda pior quando descobrimos que o próprio criador da tese, Charles Jennings, afirma que os números eram muito mais uma referência do que frutos de uma pesquisa. O que ele acredita ser o correto está mais próximo de 75-24-1. Ou seja, a boa notícia é que atualmente nossas organizações alocam a maior parte da energia em modelos de aprendizagem com muito potencial de melhoria.

Dentro desse cenário surge a questão que está mobilizando empresas do mundo todo: **se o modelo de aprendizagem que nos trouxe até aqui não é mais suficiente, quais são nossas opções?**

A resposta pode estar em apoiar a jornada de aprendizagem ao longo da vida dos colaboradores, e o primeiro passo para esse processo é **abraçar o aprendizado intencional como a principal habilidade para nos tornarmos quem queremos ser e criarmos as organizações que desejamos.**

Para entender na prática o processo de aprendizagem ao longo da vida e como podemos ser protagonistas dessa jornada, convido você a explorar três artefatos:

- ✓ A luneta, para enxergar a jornada com as lentes do aprendizado intencional.
- ✓ A bússola, que apoia na escolha do que aprender e nos direciona para a ação.
- ✓ O mapa, para planejar, experimentar e adaptar a jornada constantemente.

A luneta e as lentes do aprendizado intencional

Apaixonados pela aprendizagem e curiosos natos já devem ter brincado com uma luneta, ou até mesmo pesquisado sobre seu funcionamento. De forma resumida, ela é constituída de duas lentes, uma ocular e outra objetiva, que, quando colocadas uma na frente da outra, separadas por uma certa distância, fazem com que objetos distantes possam ser focados e vistos como próximos.

Com esse artefato em mãos, nossa jornada de aprendizagem ao longo da vida se torna mais prática e objetiva por meio de duas lentes que possibilitam novas visões sobre o que é aprender e a importância do aprendizado intencional.

> *A explicitação de um conhecimento por meio de uma performance melhorada. (Conrado Schlochauer)*

É assim que Conrado Schlochauer (2021), um dos maiores especialistas do Brasil em cultura de aprendizagem, define o que é aprender.

Na prática, posso ler diversos livros sobre transformação digital, participar de um curso sobre metodologias ágeis e "maratonar" centenas de vídeos sobre o tema, mas enquanto eu não externalizar isso para o mundo participando de um *squad*, colocando a mão na massa e tornando tangível o que está dentro de mim, o aprendizado não é real e pode ser facilmente esquecido.

O convite da primeira lente é assimilar que aprendizagem **coloca conhecimento para fora, não para dentro.**

Agora relembre o seu processo de aprendizagem desde a infância até os dias de hoje, o quanto de conhecimento você colocou para fora e foi significativo para se tornar quem você se tornou. Desde crianças temos um vínculo com o aprender baseado na terceirização: primeiro nossa família define o quê, quando e onde iremos estudar;

depois a escola nos guia pela jornada do aprender; ao entrar em universidades podemos escolher o tema central do curso, mas as disciplinas e os formatos das aulas são conduzidos por professores, coordenadores e orientadores.

Como resultado, a maioria das pessoas, ao iniciar sua carreira no mercado de trabalho, carrega a expectativa de que a empresa é responsável pelo seu desenvolvimento e recebe pouco estímulo para decidir seus próprios objetivos de aprendizagem e criar jornadas de desenvolvimento de forma autônoma.

Some a falta de autonomia com o aumento exponencial da complexidade do futuro do trabalho, tecnologias emergentes e a necessidade urgente de requalificação profissional e teremos de um lado **milhões de colaboradores desmotivados, desengajados e com dificuldade de alocação e, do outro, milhares de organizações com falta de profissionais qualificados, programas de aprendizagem fracassados e metas com baixa probabilidade de ser alcançadas.**

A nōvi, primeiro e principal estúdio de cultura de aprendizagem do Brasil, defende que "a aprendizagem só é realmente efetiva e transformadora se for informal, social, autodirigida e vinculada ao contexto de cada um". Conrado Schlochauer ainda complementa que "para o aprendizado ocorrer ao longo da vida de maneira integrada à rotina de qualquer um, precisamos colocá-lo em um ambiente de descoberta e prazer" (2021).

O convite da segunda lente é reconhecer que todo **aprendizado intencional é autodirigido.**

Dicas práticas

- ✓ **Como aprendiz:** separe tempo para refletir sobre sua relação com a aprendizagem, construa hábitos de aprendizagem e tenha cada dia mais autonomia na sua jornada.
- ✓ **Dentro de organizações:** reforce a cultura de aprendizagem por meio de narrativas que incentivem o aprendizado autodirigido, lideranças que fomentem a aprendizagem no ambiente de trabalho e valorize as práticas de aprendizagem informal.

A bússola e a jornada de aprendizagem

Agora que temos a luneta com as lentes da aprendizagem intencional, nosso olhar para a aprendizagem reforça **a importância e a urgência do tema. Aprender é mais sobre externalizar transformação do que adquirir conteúdo. Quanto mais autonomia colocarmos no processo de aprendizagem, melhor será nosso planejamento, engajamento e resultado.**

Imagine a sobreposição dessas lentes como uma luneta que o apoia a entender aonde podemos chegar e quais são os caminhos possíveis que podemos percorrer. E dentro de tantos caminhos ter uma bússola em mãos é o segundo elemento para apoiar nossas jornadas como *lifelong learners*.

Definir nossos objetivos de aprendizagem de forma intencional não é algo com o que estamos acostumados – como vimos anteriormente, geralmente outros decidem o que precisamos aprender e mesmo quando escolhemos podemos cair na armadilha de centralizar nossos esforços em um tema genérico, na ação imediata e não na nossa real intenção.

Imagine que após conversar com amigos e colegas de trabalho você decida iniciar uma jornada de desenvolvimento pessoal. Para nortear seus passos você pensa em escolher um tema ou uma pergunta base – e saber lidar com essa escolha é a grande virada de chave de um *lifelong learner*. Essa definição será sua bússola, criará um norte mental de tal forma que suas próximas escolhas conscientes e inconscientes serão moldadas por ela.

Caso esse norte não seja tão importante, sua jornada de aprendizagem poderá ser deixada de lado. O mesmo acontece se não estiver contextualizada com desafios reais do dia a dia. Na prática, os objetivos temáticos acabam em formato de livros não lidos e cursos *on-line* comprados e pouco aproveitados.

Na prática, ninguém quer aprender a mexer no Excel; as pessoas querem tomar melhores decisões com base na análise de dados. Ninguém quer aprender a usar o PowerPoint; elas desejam criar apresentações comerciais persuasivas e com alto potencial de venda.

O convite da bússola é entender o que desejamos aprender e quais as reais intenções dessa necessidade, com momentos recorrentes de questionamentos sobre se estamos indo na direção certa ou estamos nos perdendo da jornada.

Dicas práticas

- ✓ **Como aprendiz:** desenvolva hábitos de aprendizagem que apoiem sua jornada e a utilização da sua bússola interior. Uma boa forma de começar esse processo é experimentando o desafio de 30 dias de hábitos de aprendizagem propostos por Alex Bretas (s.d.). É um e-book gratuito que navega por categorias como meta-aprendizagem, autocuidado, disciplina, organização, escuta, criatividade, humildade, compartilhamento e ação.
- ✓ **Dentro de organizações:** aproveite iniciativas como PDI (Plano de Desenvolvimento Individual) e avaliação de desempenho para ressignificar a relação de aprendizagem dos colaboradores, incentivando que cada dia mais as pessoas sejam capazes de identificar suas necessidades e criar jornadas de aprendizagem autodirigidas.

O mapa: planejamento e experimentação constante

Uma das principais mentalidades que a transformação digital nos trouxe é o processo de iteração: em vez de planejar cronogramas longos e entregas de grandes projetos, podemos ouvir e mapear as necessidade dos nossos clientes, realizar pequenas *sprints* com entregas pontuais, realizar diversos testes, coletar percepções e utilizar os dados para aprender, melhorando nosso produto e na sequência repetir todo o processo.

Realizar um modelo de desenvolvimento de produto durante longos meses, sem interação com o cliente para mapear suas dores e mudanças constantes no percurso, com o objetivo de entregar o melhor resultado possível pode parecer um absurdo, mas é exatamente o que acontece com as jornadas de aprendizagem que muitos vivem dentro e fora de organizações.

Na prática, as organizações tentam criar programas de desenvolvimento com o melhor conteúdo e experiência possível. Acabam criando mapas detalhados com jornadas longas e ações que muitas vezes não estão contextualizadas com os desafios das pessoas.

Um caminho possível é pararmos de seguir mapas prontos e criarmos nossos próprios mapas. Nossas organizações, em vez de entregar mapas detalhados, deveriam ajudar seus colaboradores a criar seus próprios mapas.

Alex Bretas e Conrado Schlochauer estruturam de forma simples e intuitiva as fontes de aprendizagem em quatro categorias: conteúdos, experiências, pessoas e redes. O

CEP+R, como é chamado pelos mais íntimos, funciona como um convite recorrente para diversificarmos nossas fontes e explorar novas formas de aprender.

Unindo as fontes de aprendizagem com ciclos contínuos podemos criar um mapa que facilite a próxima semana ou quinzena da nossa jornada e ao final de cada percurso percorrido poderemos fazer uma retrospectiva com nossos principais aprendizados, renovar nosso repertório e nos prepararmos para repetir todo o processo novamente.

Como consequência, nosso desenvolvimento pessoal passa a ser incremental e a cada ciclo de aprendizagem percorrido nos tornamos não apenas profissionais melhores, mas também *lifelong learners* melhores.

Dicas práticas

- ✓ **Como aprendiz:** após definir um objetivo, faça ciclos semanais de aprendizagem diversificando sua jornada por meio de conteúdos, pessoas, experiências e redes. De tempos em tempos reveja o objetivo e faça os ajustes necessários. Durante a jornada realize pequenas entregas compartilhando o que aprendeu com outras pessoas e reforçando quais são suas evidências de aprendizado.
- ✓ **Dentro de organizações:** crie espaços para que as pessoas troquem ideias sobre seus objetivos de aprendizagem, coloque mais energia no apoio às jornadas individuais do que na criação de grandes programas genéricos e arrisque novas propostas por meio de pequenos experimentos de aprendizagem.

10. Diretoria de pessoas no processo de transformação cultural da organização

Rodrigo Oneda Pacheco

O pensar e o agir digitalmente é consequência de um ambiente propenso ao desenvolvimento e ao respeito na geração de novas ideias. Esse ambiente é composto de estímulos físicos e psicológicos que, quando somados, são capazes de criar hábitos de cocriação que deixarão os profissionais envolvidos ainda mais estimulados para o seu trabalho.

Neste capítulo, reforçaremos que a cultura digital vai além da tecnologia por si só e que depende, e muito, do fator humano na sua composição.

Dada essa importância, quando falamos sobre cultura digital, é importante ressaltarmos as premissas do aprendizado como alicerce dessa cultura. Nesse sentido, quando exploramos os atributos de uma cultura de aprendizagem, podemos observar a predominância de características como a exploração, a expansividade e a criatividade, fundamentais para o sucesso de uma organização com pensamento mais digital.

Em culturas onde predomina o aprendizado, seus ambientes se tornam mais convidativos e são compostos por pessoas de mentes abertas que compartilham novas ideias, tendo mais propensão ao risco e às novas possibilidades de experimentação.

De forma geral, é possível identificar a curiosidade como a natureza desse tipo de cultura, com a inovação, o conhecimento e seu compartilhamento dentro da organização como grandes evidências.

Nessas empresas, as suas lideranças, estimuladas e promovidas pelo departamento de recursos humanos, têm mais probabilidade de levar as pessoas a repensar mais. Ou seja, em empresas com essa prática, a norma é que os funcionários saibam o que não sabem, duvidem de métodos utilizados e permaneçam curiosos por novidades a serem testadas.

Em um mundo cada vez mais digital, ambíguo e complexo, as respostas às mudanças precisam ser ágeis e orientadas ao aprendizado, se submetendo ao erro e à humildade intelectual de reconhecê-lo para dar o próximo passo.

Inclusive, existem evidências de que as corporações que mais inovam e cometem menos erros são aquelas baseadas em uma cultura de aprendizado. Um exemplo, nesse caso, é o maior envolvimento do cliente final nos processos de entendimento do problema e até na validação de possíveis soluções. Sempre que esse envolvimento é antecipado, o risco de gerar maior custo de tempo e dinheiro se torna menor, pois você tende a resolver o problema certo para a pessoa certa sem muitos recursos.

O desenho a seguir ilustra essa lógica:

Figura 10.1. Custo do aprendizado ao longo do tempo.
Fonte: Rogers (2017).

E se tem uma coisa que influencia, e muito, a base de uma cultura assim **é a segurança psicológica**. Iremos falar sobre este tópico mais à frente.

Cultura digital orientada a conexão e a colaboração

Empresas com comportamentos digitais, ou seja, que transferem para a tecnologia seus processos fundamentais, tendem a fortalecer seus organismos internos a partir de diferentes adversidades que surgem diariamente: uma nova oportunidade de negócios; um novo mercado a ser explorado; uma nova aquisição ou até um novo produto ou serviço a ser experimentado. No fim, tudo se torna um grande espaço de iteração e validação constante para que a evolução de cada passo envolvido em vitórias rápidas oriente as tomadas de decisões.

Além disso, outros desafios se tornaram reais no início dessa década. Com a consolidação de novos modelos de trabalho em razão da pandemia de COVID-19, o desafio para as empresas passa a ser conceder, aos seus colaboradores, acesso com mais facilidade ao seu próprio trabalho, dando abertura para o que precisa ser feito com mais flexibilidade.

Além disso, há o desafio do engajamento como um todo, principalmente com os **conteúdos** fornecidos para a atuação desses colaboradores – mantendo-os informados a partir de uma curadoria correta e ligada a uma boa capacidade de *storytelling*.

Conteúdos estes que podem ser procedimentos regulatórios determinantes para a manutenção da operação, assim como outros processos mais rotineiros ligados à cadeia de valor da empresa, como a comunicação interna, o departamento financeiro, a área de tecnologia, a área de gestão de pessoas, a área de compras, de produtos e serviços etc.

Com a flexibilidade e o engajamento junto aos conteúdos fornecidos, a disponibilização de recursos que permitam a **customização** do seu fluxo de trabalho, principalmente quando falamos de viagens, papéis, responsabilidades e horários flexíveis, se torna essencial nesse contexto.

E, por fim, dois últimos elementos mais enraizados a tudo isso, mas que valem o reforço de suas importâncias são a capacidade de **conexão e colaboração** uns com os outros, principalmente para compartilhar conhecimentos – fazendo e respondendo perguntas com clareza e objetividade e dando recursos para a colaboração de maneira remota e assíncrona.

No fim, estamos colocando a cultura organizacional como a principal oportunidade de evolução. Essa oportunidade passa pela permeabilidade dentro da nossa hierarquia, garantindo que as informações sejam coletadas, reunidas, analisadas e compartilhadas em todos os níveis organizacionais a partir das novas oportunidades digitais que vivenciamos.

Na condição de fortalecer o ambiente interno para a evolução desses fatores citados anteriormente, há outros desafios tão importantes quanto para serem trabalhados. Entre outras coisas, a **redução da hierarquia** sobre os controles é especial.

Principalmente para organizações com alto fator de comando e controle, com base em raízes culturais que influenciam diretamente o jeito de trabalhar como um todo, esse desafio é ainda maior.

Ambientes determinados pela influência do comando e controle têm o respeito às normas compartilhadas e à estrutura da organização em si como grandes alicerces da sua cultura. Em ambientes assim, a rotina costuma ser metódica, com as pessoas precisando se adaptar às regras e atuando conforme os padrões internos.

Em uma cultura digital, esses fatores ainda têm sua relevância, contudo com uma flexibilidade visando a "ambidestria organizacional". Segundo Kurtz e Varvakis (2013), o conceito de ambidestria diz respeito à capacidade da empresa de tirar o melhor proveito dos ativos existentes de forma a produzir lucro e, simultaneamente, explorar novas tecnologias e mercados para configurar e reconfigurar recursos organizacionais existentes, bem como novas oportunidades, como parte da estratégia de dar mais espaços aos colaboradores para inovação, para a curiosidade e para questionamentos.

Um exemplo bem simples e que pode ser a realidade de muitas empresas é a restrição a sites como o YouTube. Normalmente, o departamento de TI inibe ou restringe o acesso ao YouTube por questões que vão desde o aumento da eficiência operacional dos colaboradores até a segurança corporativa em si.

Essa resistência organizacional acaba restringindo oportunidades de conexão e cooperação entre os colaboradores. No fim, infinitas possibilidades de aprendizado são desperdiçadas pela influência da hierarquia e suas diretrizes.

Com isso, podemos dizer que, na condição de uma cultura digital cada vez mais presente no nosso dia a dia, é preciso que a liberdade dos colaboradores não seja contestada, uma vez que eles precisam da conexão e da colaboração para a melhor execução de suas funções – independentemente do canal ou do recurso à disposição.

A evolução das competências em meio à evolução dos modelos de negócios

Outra forma de criarmos ambientes que possam estimular a participação dos nossos colaboradores em um contexto cada vez mais digital é a revisão e o aprimoramento constante das competências técnicas e comportamentais esperadas.

Na construção de uma estratégia de negócios de longo prazo, prevê-se a necessidade de profissionais capacitados em competências que levem a organização para esse futuro desejado.

Nesse sentido, mapeamentos de competências técnicas e comportamentais se tornam essenciais para identificarmos o que, como e quando precisaremos esperar que o colaborador se capacite – e, claro, o montante financeiro que isso envolverá.

Uma vez que aprender tudo é humana e financeiramente inviável, prioridades são necessárias para definir, junto ao colaborador e à estratégia de negócio, o que se espera capacitar dentro de um determinado período.

Em essência, com o mapeamento, a área de recursos humanos precisa:

1. Identificar as principais competências técnicas que levarão o negócio da organização ao estágio desejado.
2. Permitir que a liderança gere a criticidade de cada competência, considerando um cenário de seis ou 12 meses.
3. Determinar um número máximo de competências para capacitação, respeitando as condições financeiras da organização assim como as condições do ser humano integrante do time.
4. Definir objetivos de aprendizagem claros e coerentes com o profissional capacitado, deixando claro quais são os objetivos que esse colaborador precisará alcançar ao ser treinado.

Um exemplo: se a estratégia dos próximos 12 meses contempla a expansão dos negócios para uma região de países que falam a língua inglesa, espera-se que o profissional evolua seu domínio no inglês dentro dos próximos seis a oito meses. Como saberemos que esse profissional se desenvolveu, além dos certificados e das notas da sua capacitação? Uma forma seria simular a venda de produtos para um cliente fictício natural dos EUA para que ele possa avaliar e argumentar a respeito da oferta.

O mapeamento das competências atuais e o seu *gap* comparado ao estágio desejado dará ainda mais respaldo para a evolução dos colaboradores considerando a estratégia da organização. E mais do que isso: saber o que esperar, como medir e o quanto investir será fundamental para que haja respeito ao colaborador e suas condições de trabalho.

Um outro desafio, muitas vezes visto em empresas mais tradicionais, é a alta dependência de empresas terceirizadas. Apesar da facilidade e da agilidade que isso possa trazer para o negócio, o abismo das competências pode se tornar ainda maior com o tempo.

Quando mal estruturada, a terceirização influencia diretamente na capacidade da organização de aprender novas competências. Com isso, uma das consequências é a dificuldade no desenvolvimento do pensamento estratégico entre os colaboradores.

Uma das formas de amenizar tais dependências é, entre outras coisas, criar uma rede de trocas internas capaz de disseminar o conhecimento concentrado em alguns especialistas para mais pessoas da organização.

Essa rede é ainda mais estratégica quando somada à estratégia do mapeamento de competências. Por meio desse mapeamento, você consegue identificar quais são os especialistas, os entusiastas e os iniciantes de cada competência e articular conexões entre eles para fomentar o aprendizado organizacional.

Isso se torna possível quando você cria redes de interesses em comum, dando a estas total autonomia e reconhecimento pela promoção de conteúdo interno, evitando a sobrecarga dos departamentos de desenvolvimento e capacitação, assim como outras áreas de recursos humanos como um todo.

A influência da liderança nesse contexto

O patrocínio das iniciativas e a conscientização das oportunidades por parte da diretoria de recursos humanos são essenciais na construção de uma cultura digital. E deve ser muito mais do que falas em reuniões ocasionais ou publicações pontuais nos canais de comunicação interna da empresa. Esse patrocínio precisa ser diário, empírico, gerando engajamento e motivação com os demais colaboradores a favor da iniciativa em diferentes momentos e para o maior número de pessoas possível.

A diminuição da distância entre diretores e colaboradores fortalece a estratégia organizacional como um todo e mantém vivo o entendimento sobre o caminho que a empresa quer tomar nos próximos anos.

A presença de um diretor ou de uma diretora à frente de uma iniciativa, se expondo com uma fala e um posicionamento a favor de uma estratégia, buscando abrir portas entre outras áreas e diretorias, garantindo que o entendimento seja o correto, fortalece as intenções e as expectativas geradas sobre a cultura digital.

Somando-se a evidências práticas, por meio de exemplos diários que demonstrem comportamentos e atitudes ligados à cultura digital, a diretoria se mostrará ainda mais coerente no seu posicionamento, dando um respaldo ainda maior para o trabalho dos demais colaboradores.

Nesse posicionamento cada vez mais ativo e propositivo da diretoria quando falamos sobre construção de uma cultura mais digital, ressaltamos a importância de garantir que o fluxo de participação seja mútuo.

Ou seja, que o fluxo permita à diretoria contribuir e agregar valor para as discussões ao mesmo tempo que garanta espaço para todos gerarem suas opiniões. Esse espaço é fundamental para a inclusão de diferentes formas de pensamento que poderão agregar valor ao objetivo como um todo.

Uma das maneiras de a liderança influenciar positivamente a construção de uma cultura digital é formar um contexto psicologicamente seguro.

E assim perguntamos: a hierarquia da organização é composta por líderes que estão mais abertos ao diálogo ou que são mais resistentes às diferentes opiniões?

Antes de mais nada, é importante ressaltar que, como parte da natureza do seu papel, uma liderança é necessária, pois sempre podemos enfrentar momentos de conflitos e até possíveis indecisões. Na sua condição de tomador de decisão, a sua palavra final sempre é a mais decisiva para o negócio.

Porém, esse processo de decisão precisa ser sempre um ato isolado e individualista dessa liderança? Não há casos em que a colaboração seria bem-vinda?

Como a liderança poderia ser mais inclusiva visando conquistar prestígio e respeito e dar mais voz para a sua equipe?

Em um contexto cada vez mais complexo e cheio de nuances nem sempre vistas para uma tomada de decisão, o perfil de liderança que busca no respeito dos seus subordinados a colaboração tende a facilitar muito mais do que a dominar e anular o comportamento de alguém.

Essa liderança está muito mais pautada pela condução e facilitação de diálogos, criando aberturas com os seus liderados e dando ainda mais espaço para erros, estando sempre aberta para ouvir diferentes pontos de vista para situações complexas.

Em vez de criar ambientes recheados de politicagem, com punhaladas nas costas e uma vigilância constante sobre seus 'adversários internos', a liderança por prestígio cria um espaço seguro no qual a contribuição do grupo é considerada, o que fortalece a confiança.

Vale a pena reforçar que nada disso invalida a hierarquia. A grande maioria dos grupos de pessoas nas organizações acaba funcionando melhor quando há uma cadeia de comando estruturada.

Contudo, o verdadeiro olhar que precisamos ter aqui não é escolher entre a hierarquia ou a diversidade em si, mas sempre unir ambas na tomada de decisão.

Quando a tomada de decisão é complexa, os colaboradores precisam processar e sintetizar um grande volume de informações, além de considerar diferentes cenários futuros possíveis.

E é nesse momento que fará sentido a segurança psicológica: para permitir diferentes ideias e contribuições. Quanto mais criarmos espaços seguros para contribuir quando falamos de problemas complexos, menos pontos cegos teremos sobre aquele desafio e as chances de encontrarmos boas soluções serão ainda maiores.

11. Como o *middle management* pode travar a sua transformação

Marcos Rodrigues

A **transformação digital cultural** surgiu da necessidade de atender às solicitações de clientes com dinamismo, produtividade e flexibilidade. Note que tem nome e sobrenome, é **digital cultural** e não somente digital como muitos acham – isso quer dizer que o objetivo é mudar a cultura e as pessoas ditando novos comportamentos e nova forma de pensar, como citado no Capítulo 7.

A tecnologia é o caminho e a ferramenta para promovermos a mudança da cultura organizacional, focarmos nas pessoas (clientes e funcionários) e assim entregarmos valor constante para o nosso cliente.

Essa transformação emergiu como uma alternativa para combater os obstáculos que grandes *players* de tecnologia da informação (TI) enfrentavam com o uso das técnicas tradicionais de gestão, como o famoso modelo cascata, até que foi percebido por diversos nichos de negócio que a solução não está confinada apenas no mundo da tecnologia. Diversas organizações dos mais variados setores perceberam que isso não é só coisa de TI.

Tradicionalmente, a gestão das organizações é dividida em **três níveis**: estratégico, detentor do conhecimento das decisões e dos rumos que tomaremos (onde estão o presidente, os diretores e os sócios da empresa); o tático (*middle management*), que recebe as informações da camada estratégica com a missão de dar ritmo, realizar a gestão, avaliar e possibilitar o cumprimento das metas estabelecidas pela camada superior (composto por gerência, coordenação e supervisão); e o operacional, onde estão todos os executores da empresa (quem de fato põe a mão na massa).

Muito embora informações importantes não cheguem até a camada operacional, são seus membros que vivem os problemas da organização.

Quando adotamos a filosofia ***Lean*** e modelos **ágeis**, requeridos para a transformação digital cultural, o que se pretende é eliminar a forma de trabalho em feudos e compartilhar a maior quantidade possível de informações, permitindo que todos possuam a mesma visão e trabalhem orientados para uma mesma direção, possibilitando que inclusive a camada operacional possa se auto-organizar de acordo com o ritmo necessário e na melhor forma de trabalho possível para alcançar os objetivos estratégicos determinados.

A camada estratégica define os rumos com foco único baseado nos caminhos exigidos pelo mercado e pelas impressões operacionais colhidas e compartilhadas pelo *middle management*, que orquestra os times operacionais para promover o sincronismo de esforços necessários para atingir os objetivos estratégicos.

Independentemente da estratégia adotada para a transformação, seja uma mudança global imediata ou setorial elegendo um piloto, **os líderes passam a ser maestros, servidores e incentivadores justamente do trabalho contínuo, fluido e escalado**. Todos da organização devem estar voltados para o resultado e com foco comum em gerar o maior valor percebido para o seu cliente.

Normalmente, é mais fácil os times operacionais absorverem rápido as mudanças e estarem mais aptos a abandonar o modelo tradicional e adotar a nova cultura. Porém, não é raro, nesse momento, depararmos com gerentes experientes acostumados a fazer o seu trabalho do mesmo jeito há anos, que chegaram a um ponto de estagnação profissional. Estes são os que mais resistem em mudar, e justamente os responsáveis por influenciar a nova cultura.

Todas as camadas da organização devem ser conduzidas ao entendimento da nova forma de trabalho e pensamento, entretanto **os líderes são os que deverão mudar primeiro o seu *mindset***. Devem evoluir para ser de fato os líderes de que os times precisam e não mais exercer o papel de "chefe" – agora eles passam a ser agentes de mudança e facilitadores, sejam coordenadores, gerentes, diretores ou presidentes, uma vez que são parte da engrenagem organizacional.

Esses gestores têm a missão de entender bem a estratégia global, transmiti-la ao operacional e dar-lhe todo o suporte para trabalhar com o fluxo de valor, que é base para a filosofia ***Lean***, promovendo entregas de valor para o cliente/organização. Por isso **o líder deverá desenvolver características como capacidade de persuasão, empatia, escuta ativa, negociação, humildade e confiança**, que darão subsídios para de fato mentorar seus times.

Os problemas com prazos, manutenção de requisitos de diferentes produtos e uma possível falta de integração entre os times serão resolvidos com essa abordagem e forte atuação da média gestão, que deve se preocupar em gerar novos líderes para isso.

Ao implantarmos a transformação digital cultural, o líder deve ser o agente disseminador das seguintes virtudes:

1. **Confiança.** Deve-se estabelecer um ambiente de confiança. As pessoas precisam confiar umas nas outras, e o líder deve inspirar o time. Quando há crise de confiança tudo desmorona.
2. **Respeito.** Devemos respeitar as diferenças, saber ouvir e refletir sobre as divergências de opinião. O líder deve respeitar a individualidade de cada integrante do time e não pensar que conduzirá uma gestão linear.
3. **Transparência.** Não pode haver conversas paralelas e informações escondidas. O líder não pode esconder o "jogo". Isso evita má interpretações, fofocas e constituições de silos. Quanto maior a transparência na comunicação melhor.
4. **Integridade.** Faça e pratique o que fala! Integridade é a palavra de ordem para todos do time e condição principal para o líder desempenhar o seu papel. Pessoas e times em que se pode confiar trazem e conquistam a segurança e a confiança necessárias para o sucesso.
5. **Autonomia.** A autonomia está muito ligada à liberdade, seja na maneira de se expressar expondo sua opinião, propondo soluções, errando ou incentivando a evolução. Para ter liberdade o líder deve dar autonomia para as pessoas que estão envolvidas no processo.

Após conhecermos virtudes e comportamentos desejados da gestão, como acontece na prática? Há riscos? Sim, caso o gestor seja resistente às mudanças, não conseguirá evoluir no seu trabalho e principalmente deixará de influenciar e promover o engajamento de suas equipes na mudança comportamental necessária para toda a transformação cultural da organização.

Não há espaço para o modelo de gestão centralizado e escondido atrás do operacional que muitas vezes os líderes tradicionais promovem. No novo modelo o líder deve saber descentralizar o esforço e a decisão; é preciso que todos da equipe reconheçam o seu papel dentro da estratégia maior da alta gestão. O líder deve ter espaço na sua agenda para cuidar dos seus colaboradores, que são de fato suas ferramentas de trabalho.

O líder, sozinho, não faz nada – e o mesmo vale para uma equipe sem liderança. Cada um tem o seu papel, que é importantíssimo para atingir o objetivo coletivo. Cabe ao líder facilitar o trabalho do time para que a estratégia organizacional seja traduzida no operacional, com as pessoas sendo motivadas e orientadas corretamente.

Com o posicionamento adequado e forte atuação da liderança, sua organização só tem a ganhar, **trabalhando uniformemente com as atividades sincronizadas, bem cadenciadas e com foco único**, sem travas no processo tão pesado, mas gratificante, que a mudança cultural exige.

Case

Tive a oportunidade de ver na prática essa pressão e mudança no *middle management* durante a jornada de transformação cultural em uma grande instituição financeira.

Em uma das nossas vilas, instituídas no processo de transformação, deparamos com um gerente que estava em preparação para ser o *Value Stream Manager* (VSM) do empreendimento. Profissional com mais de 20 anos de atuação na instituição, era muito experiente, no entanto muito amarrado aos processos e procedimentos instituídos, respaldando-se na máxima "sempre funcionou assim, por que deveríamos mudar?".

O gestor dizia que essa história de inovação e agilidade era coisa de modinha, que iria "comandar" o time da forma que ele conhecia e dava resultado há anos, que ninguém iria dizer a ele como fazer e que não seria permitido que o seu pessoal ficasse participando de reuniões improdutivas que ele não autorizava.

Entretanto, como quase sempre, a decisão pela transformação digital cultural vinha de cima e fazer diferente não era uma opção válida. Assim, nós, os *coaches* que estávamos ali para amparar, montamos a estratégia de envolver o gestor na filosofia *Lean* e no modelo ágil. Detectamos os principais problemas enfrentados por ele e os produtos esperados da vila, e então montamos uma solução amparada em *Lean* e *agile*.

A todo momento ele intervinha inadequadamente nos times, não aceitava de forma alguma a ideia de times auto-organizados, e as reuniões de ritos nem pensar. Foi quando tivemos um reforço: um dos diretores se aproximou do nosso empreendimento e passamos a fazer reuniões constantes (*daily*) somente com os líderes, incluindo o *middle manager* problemático.

Nessas reuniões passávamos a ordem do dia, estimulávamos que todos compartilhassem as tarefas das suas equipes e um apoiasse o outro, inclusive um ajudando o outro. Consegui, com o apoio do diretor, marcar reuniões *one-on-one* com o gerente em questão, e nessas reuniões ele foi estimulado a analisar como as coisas estavam acontecendo, para onde deveríamos ir, como ele poderia cooperar, o que ele esperava do time e, em contrapartida, o que o time esperava dele para continuamente entregarem valor.

Conforme os resultados positivos foram aparecendo, ele foi se envolvendo. Estimulamos o gerente a investir em conhecimento, estudar o assunto, participar de fóruns de discussões, *workshops* etc. Enfim, ele se viu envolto pelo conhecimento teórico e prático da coisa, o que o levou a interagir mais com outros membros da média gestão que estavam passando pelo mesmo e principalmente com os times que estavam sob sua gestão.

Hoje esse mesmo gestor é um dos principais defensores da filosofia *Lean* e do modelo ágil na organização e se sente muito satisfeito em sempre dar o seu testemunho de como foi a sua jornada nessa transformação digital cultural.

12. Navegando no mundo VUCA com inovação

Cleyton Leal

Contexto atual, o mundo em que vivemos

Em 1990, foi desenvolvido pelas forças armadas norte-americanas um modelo chamado VUCA.

Esse termo passou a ser utilizado no mundo dos negócios em um momento em que as tecnologias se transformam a cada instante, as incertezas e mudanças se tornam constantes e vivemos em um ambiente complexo considerado o "novo normal".

As empresas devem se adaptar a esse novo normal para competir e sobreviver no mercado. Esse modelo afeta diretamente a maneira como as empresas planejam o futuro, tomam decisões e gerenciam seus riscos.

Os pilares do mundo VUCA são:

- ✓ ***Volatility*** **(Volatilidade):** o momento presente é muito dinâmico, volúvel, veloz e efêmero, não segue padrões previsíveis, e por isso não podemos buscar no passado as soluções para o futuro. Isso demanda adaptações rápidas e precisas como forma de manter os planos fazendo sentido, mesmo com as mudanças de cenário.
- ✓ ***Uncertainty*** **(Incerteza):** o ambiente instável mudará seus planos em diversos níveis. A alta conectividade entre pessoas, processos e plataformas gera uma relação de dependência que afeta os planos de curto, médio e longo prazos. Nesse cenário, ter pessoas com opiniões realmente diversas faz a diferença. Outras vivências podem trazer uma forma diferente de lidar com determinados problemas.
- ✓ ***Complexity*** **(Complexidade):** este termo remete às inúmeras variáveis que afetam nosso dia a dia. No entanto, um mundo mais complexo requer soluções mais simples. Precisamos aprender a lidar com a não linearidade das situações.

Se tentarmos lidar com todas as variáveis de maneira complexa, correremos o risco de perder o *timing* para solucionar o problema.

✓ ***Ambiguity* (Ambiguidade)**: este termo significa a falta de clareza sobre o significado, a causa e as circunstâncias de um acontecimento. Por esse motivo, muitas vezes, não há uma resposta certa para nossas questões, pois tudo é ambíguo. O que realmente importa é que a decisão tomada faça sentido para a situação e traga eficiência. Não podemos sustentar uma visão tão maniqueísta na vida real.

Esse ambiente VUCA que vivemos hoje muda a perspectiva de como gerenciar nossos modelos de negócios, exige líderes que atualizem sempre suas competências e que seja garantido o aprendizado contínuo, rápido, eficiente e econômico.

Organizações devem implementar modelos de inovações que permitam gerenciar estratégia/visão, liderança/gestão, processos/estrutura e culturas/pessoas, trazendo mais vantagens aos principais fatores e pilares de competitividade e inovação, que são diminuição do custo, aumento da qualidade, melhor tempo de resposta e flexibilidade (SIMANTOB, 2006).

Essas mudanças têm sido tão aceleradas que a capacidade de mudar tornou-se, por si só, uma importante vantagem competitiva. Muda-se através da inovação.

Inovação

J. M. Roberts, em "O livro de ouro da história do mundo" (1998), nos mostra que inovar é inerente à nossa natureza humana. Foi essencial para nossa sobrevivência e predominância.

Inovação existe desde os primórdios de nossa própria existência e já tem feito novas empresas, negócios ou produtos existirem e deixarem de existir de acordo com novos ciclos. Até hoje, nós passamos por quatro grandes eras da inovação:

✓ **Primeira era – Gênio inventor**: pessoas que conseguiram contribuir para as mais diversas áreas de desenvolvimento tecnológico, mudando assim o mundo.

✓ **Segunda era – P&D**: centros de pesquisa e desenvolvimentos dentro de empresas ou organizações com equipes e desafios técnicos na busca de novos produtos e/ou soluções.

✓ **Terceira era – Capital de risco e *startups***: aglomerados de inovações instigados por um ecossistema de inovação no Vale do Silício e em Boston.

✓ **Quarta era – Inovação corporativa:** grandes empresas que, a partir de um foco em inovação, buscam, além de suas fronteiras internas, soluções que agreguem valores aos seus consumidores e possam ser um novo modelo de negócios.

Estar buscando o próximo passo, o diferencial, uma nova realidade e principalmente o diferencial competitivo é o que move o mundo dos negócios. Esse sentimento de ambição deve fazer parte das empresas, mas buscar essa inovação através de perguntas que possam ajudar a sobrevivermos nesse mundo VUCA não é tão simples. São necessários pessoas, processos, recursos e esforço.

Mesmo que os executivos considerem inovar essencial, são poucas as organizações que obtêm êxito ao inovar. "Sem criatividade não se alcança inovação" (KOTLER, 2011). Inovar é fundamental para que a empresa mantenha seus diferenciais competitivos ou descubra novos diferenciais. Como disse Drucker (2000) em sua pesquisa, a inovação deve ser um hábito diário, que faça parte da rotina dos funcionários de uma empresa. Acrescenta que a inovação, para ser eficaz, deve ser simples e objetiva, tendo como ponto de partida objetivos bem pontuais.

Há diversos autores que destacam a importância da inovação. Por exemplo, em 1942, Schumpeter descreveu a inovação como "destruição criativa", sendo fundamental para o crescimento das organizações. Segundo Jelinek (1997), inovação é um processo que necessita revisões constantes de seus fundamentos e da participação coletiva dos envolvidos. Chandy e Tellis (1998) relacionam a inovação com tecnologias capazes de fazer serviços ou produtos com foco na melhoria do desempenho e, consequentemente, valorizados pelos consumidores. Johannessen e Olsen (2009) argumentam que a inovação é o recurso mais estratégico para as empresas, pois a complexidade no meio ambiente dos negócios está crescendo junto com a necessidade de informação externa na criação de inovação. Para Rosenfeld e Servo (1991), a inovação está associada com a criatividade. A criatividade é considerada um apoio fundamental para a inovação e um exercício mental que dá espaço ao surgimento de novas ideias e conceitos que são apropriados, úteis e acionáveis, contendo originalidade e novidade, fatores essenciais para a inovação. Wallas (2014) entende que o processo criativo consiste em quatro fases distintas: preparação, incubação, iluminação e verificação. Segundo Von Stamm (2003), a inovação incentiva o processamento extra da saída do processo criativo (a ideia), permitindo explorar seu valor potencial de acordo com o desenvolvimento.

Podemos dizer que a inovação é um resultado de criatividade, exploração e experimentação.

Há alguns tipos de inovação sugeridos por grandes autores. Christensen (2015) sugere separá-la em inovação de sustentação e disruptiva. Hamel (2002) classifica em inovações incrementais e radicais. Francis e Bessant (2005) defendem que há quatro categorias que abrangem a inovação: paradigma, produto, posição e processo.

Transformação digital

A transformação digital se resume na capacidade que a empresa tem de se adaptar à quarta revolução industrial (conforme visto no Capítulo 3). Para alcançar uma nova posição nesse novo mundo em que vivemos, as empresas precisam fazer uso da tecnologia para melhorar seu desempenho e estar prontas para viver em um mundo VUCA. Essa mudança gera impactos na estrutura da organização, e em metodologias, processos, indicadores e pessoas.

Segundo David L. Rogers em seu livro "Transformação Digital" (2017), a transformação digital tem cinco domínios fundamentais: clientes, competição, dados, inovação e valor.

Os clientes não são mais apenas consumidores de produtos criados pelas empresas, eles passam a ser um *drive* de inovação, como uma extensão da marca e como geradores de informações valiosas para a tomada de decisão.

Nossos competidores não são exatamente as empresas que têm o mesmo modelo de negócio, mas empresas que dão soluções para as necessidades dos clientes. O competidor do shopping center A não é apenas o shopping center B, mas também as lojas *on-line* e até mesmo empreendedores que vendem seus serviços por redes sociais.

Dados passam a ser o novo ouro, ou podem ser, se as empresas aprenderem a usá-los de forma a produzir informações úteis. Ferramentas como gestão dos dados criam condições para uma melhor leitura dos dados e tomada de decisão com critérios e estatísticas. Os dados são componentes fundamentais de como todas as empresas devem funcionar, se diferenciar nos mercados e agregar valor.

Os produtos passam a ter constante evolução com base nas respostas dos consumidores a eles. Essa nova mentalidade permite inovar de forma mais barata, testar de forma mais rápida e escalar de forma orgânica, sempre evoluindo o produto para que ele sempre seja novo.

A principal diferença que a transformação digital traz é a forma como as empresas podem agregar valor aos seus clientes.

As empresas devem se concentrar em como se transformar digitalmente para que tenham todas as condições necessárias para poder inovar e fidelizar os seus consumidores com produtos e serviços que entreguem não somente uma solução para um problema específico, mas que agreguem um valor que seja único.

Para suportar essa nova realidade, é necessário que as empresas ajustem suas estratégias de TI e analisem onde devem trabalhar para suportar os novos negócios digitais, transformar talentos, métodos, metodologias e outros elementos estabelecidos para que o foco seja o negócio em si.

A liderança de TI deve ter a capacidade de responder a futuras transformações digitais e de pensar em como novas tecnologias podem agregar valor às áreas de negócios – por exemplo, explorar arquiteturas em nuvem e tecnologias emergentes ao gerenciar apropriadamente o que é fundamental e o que são tecnologias disruptivas. Os líderes empresariais devem ser educados sobre como essas tecnologias podem atender aos negócios e trazer benefícios e valor.

O impacto da transformação digital no departamento de TI

Há uma grande mudança na forma como fazemos as coisas, do ponto de vista social, comercial ou profissional. Para se adaptar a esse mundo VUCA, a gestão do departamento de TI precisa entender o seu novo papel.

Como Marcus Vinicius Giorgi escreveu (2018): "no cenário atual das organizações, está mais que claro que todas esperam mais do CIO e do seu time, principalmente assumindo um papel de liderança nessa nova fase da transformação digital. Os CIOs terão que saber exatamente o que suas lideranças estão pedindo a respeito das suas necessidades e metas, e em muitos casos assumir um papel proativo e protagonista para a chamada 'digitalização' das empresas".

O papel do departamento de TI é enxergar essas mudanças e se adaptar a essa nova realidade, entender que precisa se alinhar ao negócio e ser um parceiro estratégico para ajudar a empresa a inovar e alcançar seus objetivos. Instigar a mudança através da adoção das melhores práticas de mercados, como metodologias ágeis e automatização dos processos, e da busca de informações que possam gerar ideias disruptivas.

Como estar preparado para a transformação digital?

É importante lembrar que o departamento de TI tem diversas atribuições e gerenciá-las ao acrescentar inovação na estratégia passa a ser um desafio muito grande.

Por isso, nossa resposta para este tópico será dividida em três partes: redução do débito técnico, governança e inovação.

Como nós tratamos da digitalização do processo dos clientes para que obtenhamos uma transformação digital, nós trataremos a primeira questão, redução do débito técnico, a partir da camada de aplicações.

Isso se faz necessário, pois o caminho da tecnologia é passar a usar o máximo de serviços possíveis no modelo *as a service* ou "como serviço". Uma medida de que é essa a tendência é o aumento do consumo de plataforma como serviço (*Platform as a Service* – PaaS), que deverá crescer 46% no Brasil entre 2021 e 2022, segundo a IDC (2021).

Quanto mais eu me movo para uma plataforma como serviço, menos camadas de infraestrutura eu devo gerenciar. As que ainda dependem de um gerenciamento da própria empresa podem ser otimizadas para, através de uma implementação de desenvolvimento ágil, como *DevOps*, permitir o gerenciamento da infraestrutura como código.

A implantação de *DevOps* traz automação e reduz os conflitos de *Dev* e *Ops*, acelerando e protegendo o valor entregue para o negócio, gerando criatividade para inovar, mas mantendo a estabilidade do ambiente e com foco na entrega de qualidade. Isso por si só gera benefícios ao negócio – por exemplo, segundo a McKinsey (BOSSERT; IP; STARIKOVA, 2015), há um aumento de 20% de produtividade, 200% mais velocidade de entrega, 33% de redução de riscos e problemas de resiliência e até 50% de diminuição de custos operacionais. Isso se dá porque o *DevOps* se baseia em três pilares:

1. **Fluxo:** tem o objetivo de acelerar o desenvolvimento. Os princípios vão desde tornar o trabalho visível, limitar o trabalho em andamento até ter uma infraestrutura como código, integração, entrega e implantação contínua com testes automatizados.
2. ***Feedback*:** tem o objetivo de gerar *feedback* rápido em todos os estágios do fluxo de valor. Os princípios vão desde corrigir o problema quando eles acontecem até telemetria e estratégias de *deploy*.

3. **Aprendizado e experimentação:** tem o objetivo de gerar confiança e potencializar o aprendizado contínuo. Os princípios passam por uma cultura justa e segura e por difundir conhecimento usando testes automatizados como documentação.

Logo, para reduzir o débito técnico, o primeiro passo é entender quais são as aplicações ou necessidades do negócio. A Análise de Matriz Time pode ser um forte aliado para entender essas dimensões (VAN DER ZIJDEN; SWANTON, 2019).

Essa visão já se aproxima do negócio e ajuda a entender qual é o serviço que, ao reduzir o débito técnico, traz maior ganho para o negócio. A Matriz Time avalia o valor de negócio das aplicações no eixo X do quadrante e a condição técnica do serviço no eixo Y do quadrante. Com essa análise, é possível definir qual a estratégia correta para cada serviço, de acordo com as quatro estratégias definidas a seguir:

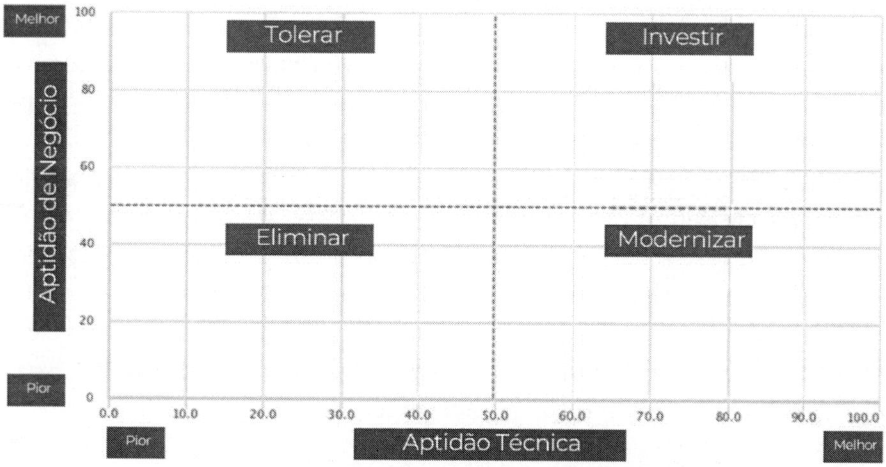

Figura 12.1. Balanceamento de negócio x aspectos técnicos.
Fonte: adaptado de Van Der Zijden; Swanton (2019).

1. **Eliminar:** o quadrante inferior esquerdo é uma parte essencial do ciclo de vida do software, mas costuma ser esquecido. Ele analisa os aplicativos de baixa qualidade e baixo valor comercial. Às vezes, isso pode ser muito óbvio – o aplicativo está fora do ar, leva muito tempo para consertar, pode haver apenas uma pessoa que sabe usá-lo e quando essa pessoa está de férias o mundo inteiro está fora do ar. Ninguém o usa, exceto por uma pessoa em um dia do mês. O maior desafio é quando essa pessoa é alguém como seu CEO ou CFO. É aqui que você precisa de argumentação para encerrar o aplicativo e liberar seus recursos.

2. **Tolerar:** o quadrante superior esquerdo revela áreas onde há um aplicativo de alta qualidade, mas de baixo valor comercial. Por ser de alta qualidade, não há muito tempo ou dinheiro investido para dar suporte a esta aplicação específica e está fornecendo uma certa quantidade de valor. Como o valor não é desprezível, ele está sendo usado e não custa muito manter as luzes acesas – essas aplicações devem ser toleradas. Você não deve aumentar seu nível de investimento, mas, ao mesmo tempo, não deve desperdiçar recursos para eliminá-lo. Está servindo ao seu propósito e é bom o suficiente.
3. **Modernizar:** o quadrante inferior direito é um pouco mais difícil de identificar porque tem mais nuances. É semelhante a investir, mas é de baixa qualidade e alto valor. A empresa está definitivamente usando o aplicativo e pode articular seu valor. O problema é que a TI está morrendo de medo desses aplicativos. Pode haver um alto custo de suporte, falta de conhecimento, falta de código-fonte ou uma variedade de fatores diferentes que tornam a manutenção cara. Portanto, em vez de continuar com as despesas, você deve migrar esses aplicativos. Muitas vezes, isso é confundido com investir, mas investir é pegar um aplicativo atual e aprimorá-lo ou acrescentá-lo. Migrar é tentar recuperar o valor em outro aplicativo. Um grande exemplo disso que vemos com frequência é o Lotus Notes. Ele fornece valor comercial distinto para colaboração, mas é muito caro de manter, pois o conjunto de habilidades para gerenciá-lo está ficando mais raro e você tem menos pessoas capazes de suportá-lo. Portanto, em vez de investir na construção de um ambiente Lotus Notes maior ou contratar mais desenvolvedores Lotus Notes (o que seria um investimento), recomendamos a migração. Identifique uma tecnologia semelhante em que você possa obter 80% ou mais da funcionalidade e avance para ela. Estabeleça um caminho de migração para uma tecnologia que seja mais semelhante ao que você já possui no ambiente. No exemplo do Lotus Notes, mudar para o Microsoft SharePoint proporciona muitas funcionalidades das quais você precisa, bem como a integração com o Exchange.
4. **Investir:** o quadrante superior direito é a análise de aplicativos de alta qualidade com um valor comercial muito mais alto. Você tem o melhor dos dois mundos aqui. A aplicação é estável, não requer muito suporte, é bem arquitetada e você tem o código-fonte. Melhor ainda: a empresa realmente a usa. Isso nos ajuda a fazer coisas como reduzir o número de funcionários, aumentar o rendimento, melhorar a qualidade dos dados e aprimorar os processos de negócios. Existe um valor atribuível e reconhecível. Essas são as aplicações nas quais vale a pena investir ainda mais para obter retornos ainda melhores ou reduzir mais custos.

Uma vez feita essa análise, é necessário priorizar as aplicações. Recomenda-se aqui definir uma estratégia considerando, uma vez mais, as prioridades do negócio. Aspectos como ROI, impacto, vantagens e importância são primordiais. Avaliar a prioridade e o retorno é sempre um desafio. A técnica mais adequada aqui é usar uma das ferramentas utilizadas na metodologia *Scrum*, que é o *poker planning*.

O *poker planning*, ou planejamento com pôquer, se baseia em números Fibonacci. Cada aplicação tem que ser avaliada de acordo com um dos números Fibonacci (1, 2, 3, 5, 8 e 13) para cada um dos aspectos definidos. A partir daí, é possível fazer uma média de impacto de cada aplicação e começar por aquela que gera mais impacto.

O ideal é que essa aplicação seja migrada para uma arquitetura voltada para os microsserviços, com bases de dados desacopladas. Isso garantirá maior eficiência, segurança, custo, qualidade, agilidade e flexibilidade.

A partir de uma arquitetura voltada aos microsserviços, a empresa passa a ter o poder de conectar diversas aplicações de maneira efetiva e segura com um API *Gateway*. Além disso, é possível configurar *data lake*, gestão de dados, *machine learning* e inteligência artificial com os dados gerados a partir dessas aplicações em microsserviços.

Essa redução de débito técnico leva a uma governança mais eficiente. A extração de dados dessa nova arquitetura é muito melhor, e montar KPIs que gerenciam performance, monitoram o risco e avaliam outros indicadores importantes fica mais fácil, além de garantir ações automáticas de prevenções a fraudes e ciberataques.

Definir um bom *framework* de metodologia para atender ao negócio, como ITIL®, é fundamental. A metodologia permite evolução constante e principalmente a estabilidade necessária para as aplicações e a infraestrutura, além de garantir um gerenciamento de novas demandas, projetos ou ideias. A execução dessas novas demandas, projetos ou ideias passa a ser mais simples também, uma vez que aplicações baseadas em microsserviços são melhores para evolução e manutenção – o que nos leva à inovação.

A inovação virá sempre do negócio. O papel do departamento de tecnologia é estar envolvido a nível estratégico e contribuir com a inovação. Claro que assim que se define que um novo produto deve ser lançado, que uma nova solução deve ser criada ou que uma evolução faria sentido, a metodologia de gerenciamento de demandas, que garante a governança, e a arquitetura baseada em microsserviços passam a ser fatores fundamentais para sua execução.

O departamento de tecnologia deve estar envolvido a nível estratégico e ter as estruturas e/ou capacidades preparadas para contribuir com a inovação. Parte fundamental disso é ter uma infraestrutura em nuvem, aplicações com uma arquitetura voltada para microsserviços e uma esteira de *DevOps* madura. A infraestrutura em *cloud* permite a escalabilidade e elasticidade necessárias para que a tecnologia atenda ao negócio. Se unirmos essa infraestrutura em nuvem com uma boa arquitetura corporativa que priorize aplicações em microsserviços, é possível implementar integração contínua e *deploy* contínuo, que automatizam todo o ciclo de desenvolvimento e testes e garantem que o lançamento de novas funcionalidades e aplicações seja feito com maior agilidade, qualidade e segurança. Esse aumento de produtividade e qualidade tem um impacto poderoso na eficiência do departamento de TI.

Se unirmos isso às reduções de custos que um ambiente bem arquitetado traz, temos um impacto significativo no EBITDA das empresas.

PARTE III. REORGANIZANDO A ESTRATÉGIA EM TORNO DOS FLUXOS DO VALOR – TORNANDO AS EMPRESAS MAIS ADAPTÁVEIS PARA RESPONDER ÀS MUDANÇAS DE MERCADO

13. Estratégia corporativa – Como se adequar a um cenário de mudanças constantes

Coaracy Gomes da Silva Junior

Estratégia e transformação digital são temas muito discutidos, redefinidos, reconsiderados, mortos e ressuscitados no século XXI. Apesar de toda a exposição ao debate, da dedicação de grandes estudiosos e de investimentos, ainda existe muita dificuldade em encontrar uma convergência mais homogênea em relação a esses assuntos.

Não pretendo trazer teorias ou definições sobre estratégia, mas compartilhar uma visão sobre o período que estamos vivendo e o papel da estratégia como catalisadora para nossa adaptação ao mundo da informação a um "*click* de distância". Minha expectativa é provocar uma reflexão sobre o nosso lugar no contexto da transformação digital e nossas interações com todos os outros elementos desse emaranhado de espaços sociais em que convivemos. Procuramos estar próximos, mas ao mesmo tempo existe uma força de repulsão a essa aproximação, gerando a necessidade de criar um equilíbrio nesse contato, uma forma de comunicação mais objetiva em um ambiente onde a informação transita muito mais rápido que a nossa capacidade de compreensão e adaptação. Acredito que um dos caminhos para superar esse desafio é evoluir o estudo e o uso da estratégia.

O historiador israelense Yuval Harari em seu livro **Sapiens (2011)** faz uma análise muito interessante sobre o que nós, *homo sapiens*, fizemos para superar todos os outros animais, inclusive outros seres humanos. De acordo com seus estudos, nós saímos da situação de seres totalmente irrelevantes para o topo da cadeia alimentar e consequentemente o domínio do planeta por conta da nossa capacidade de cooperar de forma irrestrita e flexível com grandes grupos de outros *homo sapiens*.

Diferentemente de outros animais, para criarmos coisas e trabalhar em conjunto não precisamos, como os chimpanzés, de um conhecimento íntimo entre os indivíduos. Esses animais somente cooperam em grupos cujos membros possuem intimidade em seu convívio, podendo assim distinguir exatamente os seus comportamentos. Essa forma de contato limita a capacidade de cooperação. Segundo Harari, não veremos milhares de chimpanzés cooperando para ir a um estádio de futebol – isso geraria um caos absurdo. Porém, nós, *homo sapiens*, conseguimos ir a um estádio, organizar nossa entrada e saída desse ambiente, assistir a um jogo onde as regras são aceitas por todos e na maioria das vezes de forma muito pacífica.

Isso somente é possível porque utilizamos uma habilidade que nenhum outro ser vivo apresentou até hoje: a capacidade de criar narrativas, histórias elaboradas e complexas que são aceitas como verdade, mesmo não existindo nenhuma evidência no mundo físico de que sejam um fato. Cultura, religião, moral, ética, direitos humanos e tantos outros fatores que consideramos nosso diferencial em relação a outros animais não existem objetivamente – são uma camada de conhecimento que criamos entre nossos pensamentos e a realidade física que nos cerca.

Mas para que essas narrativas possam atingir o maior número possível de pessoas e sejam aceitas como verdade, como é o dinheiro ou o direito civil, utilizamos técnicas para criar histórias com o objetivo de organizar essas ideias – e uma dessas técnicas é a estratégia.

Estratégia pode ser entendida como uma forma de pensar, organizar e orientar nossos pensamentos para atingir um determinado objetivo. Alisson Vale, em seu livro "A Fórmula da Eficácia" (2020), apresenta uma equação, que ele chama de fórmula da eficácia: cria-se uma hipótese e dentro de um período de tempo, através de ações de um indivíduo ou grupo, chega-se a um resultado que alimentará, através de *feedbacks*, um novo ciclo de hipótese e validação. Esse período entre uma hipótese e sua validação, a estratégia, é um dos conhecimentos fundamentais.

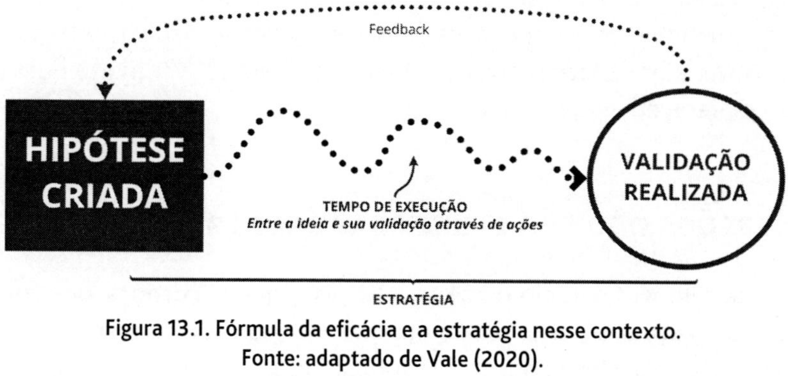

Figura 13.1. Fórmula da eficácia e a estratégia nesse contexto.
Fonte: adaptado de Vale (2020).

O que a transformação digital mudou em nossa percepção?

Em uma observação objetiva, a transformação digital não mudou as regras que regem nossas relações com o ecossistema que nos cerca ou nossas interações sociais. A comunicação, por exemplo, continua sendo feita entre um emissor e um receptor, através de uma mensagem com uma codificação conhecida entre ambos. A necessidade de se alimentar, fazer exercícios físicos, interagir com outras pessoas etc. continua existindo. A grande transformação ocorreu nas nossas narrativas, em como estamos elaborando nossas histórias e as verdades que estamos assumindo.

A velocidade com que a informação transita no mundo digital é algo realmente espantoso na história humana. Nosso tempo de absorver uma informação, entender essa narrativa e criar um significado antes de retransmiti-la ficou mais curto e consequentemente mais intenso. Nossa tecnologia criou uma situação onde nossas histórias precisam ser formuladas e disseminadas mais rápido, e de forma mais simples, para serem aceitas como verdade, pois já existem milhares de outras histórias bombardeando as pessoas o tempo inteiro.

Ao longo do livro temos defendido a ideia de que transformação digital é mais que tecnologia, é mudança de comportamento. É uma nova tecnologia que conseguimos estudar e entender de forma objetiva. Com treino e adaptação de uso, conseguimos em pouco tempo utilizar celulares, *smartwatches*, realidade aumentada, ferramentas para reuniões virtuais etc. Porém, mudar nossas narrativas, as verdades que estão enraizadas no nosso subconsciente, é muito mais difícil.

Precisamos de estratégias fundamentadas na adaptação. Aceitar que elas precisarão ser repensadas em ciclos de *feedbacks* cada vez mais curtos. Um exemplo simples do nosso cotidiano são os vendedores de rua em grandes centros urbanos: quando começa a chover eles vendem capas de chuva e se o sol estiver muito quente eles se readaptam e oferecem água gelada.

Organizações não são grandes blocos maciços

No final do século XIX e início do século XX as grandes corporações começaram a se solidificar graças ao aumento da procura por bens de consumo e à expansão da vida urbana, que acelerou desde a revolução industrial na Europa e se expandiu globalmente. Essas organizações necessitavam de uma nova forma de gerir os seus recursos físicos e humanos, algo mais estruturado e organizado. Nesse cenário surge o que ficou conhecido como a administração científica.

Essa forma de administrar organizações através de modelos científicos, com pensadores como Taylor, Fayol, entre outros, usando de observação e mensuração como direcionadores das ações para atingir os objetivos dessas corporações, apresentou resultados positivos desde os primeiros anos de sua utilização. Esse sucesso foi tão marcante que ainda hoje, passados mais de 120 anos, muitas organizações (arrisco dizer a maioria) ainda utilizam os seus princípios e práticas.

Nesse contexto, a estratégia sempre foi elaborada pensando nas organizações como um bloco único, rígido, imaginando um mundo linear como as linhas de produção utilizadas pela Ford para construir seus automóveis. O cenário era de um enorme mercado esperando respostas e soluções de seus desejos e necessidades, e as organizações com seus bens e serviços indicando a direção do que consumir. O conceito de estratégia aplicado inicialmente foi inspirado no modelo militar. Todos dentro da organização deveriam seguir uma estratégia predefinida por um pequeno grupo, ou por uma pessoa, para atingir um resultado preciso, um número predefinido.

Essa visão sofria uma forte influência do pensamento do século XIX, mas o novo século trouxe uma mudança tão brusca que não encontramos nenhum paralelo em nossa história. Passamos o século XX desconstruindo tudo ao nosso redor: ideologias, fé, conhecimento científico, a mente humana e nossas relações sociais. E quando olhamos tudo que desmontamos e tentamos montar novamente, percebemos que não se encaixavam exatamente como antes – o TODO é maior que os elementos que o compõem. Descobrimos que existia uma parte do todo que não estávamos observando. Esse novo elemento eram as interações entre as partes, esse fator imaterial que nos une.

O estudo sobre sistemas, seu comportamento e influência no mundo que nos cerca é um dos conhecimentos mais importantes que estamos desenvolvendo desde meados do século XX e que melhor explica os comportamentos e dinâmicas de nossa sociedade. Entendendo melhor o comportamento humano através de nossas interações, começamos a perceber um novo rumo da sociedade moderna, um caminho onde queremos mais espaço para individualidade, mas onde a cooperação entre indivíduos cada vez mais distantes fisicamente e socialmente tem aumentado de forma exponencial. Estamos cada vez mais expostos a novas ideias e diferentes informações, criando novas necessidades e desejos, aumentando o conflito entre o individual e o coletivo.

Chegamos ao século XXI em uma sociedade à procura de bens e serviços mais individualizados, mais próximos de seus desejos e muito mais efêmeros. Hoje a produção de milhares de itens completamente iguais e padronizados não são uma receita de sucesso estratégico para as organizações. Sempre existem exceções às regras e alguns mercados ainda se comportam dessa forma gerando resultados expressivos para os investidores, mas a pergunta não é "se", mas "quando" essa situação irá mudar.

Organizações não são "grandes blocos rígidos". Na verdade, elas se assemelham mais a um monte de pequenas pedras empilhadas, de tamanhos diferentes e que estão encaixadas umas às outras de forma não linear. Essas formas de agrupamento são mais flexíveis, podem ser movimentadas e reagrupadas de diferentes maneiras, em diferentes lugares e dos mais variados jeitos. Essa fragmentação é uma força das organizações para a era digital.

Ao pensar nas estratégias das organizações, é importante entender como as partes interagem. Quais os motivadores que as aproximam? Como equilibrar objetivos individuais e coletivos dentro e fora das organizações?

Os modelos estratégicos utilizados no passado e ainda hoje geram grandes resultados e devem ser considerados, mas suas respostas aos desafios da era digital estão cada vez mais restritas, limitadas pela rigidez e pela falta de adaptação às volatilidades dos sistemas sociais que compõem e envolvem as organizações.

Pensamento sistêmico e as estratégias para as organizações na transformação digital

Nicolau Maquiavel em **O Príncipe (2001)**, em sua introdução, utiliza uma frase que considero muito ilustrativa para nossas reflexões sobre estratégia: "é preciso subir ao monte para conhecer a planície e percorrer a planície para conhecer o monte".

Organizações precisam entender as interações entre suas partes e as dinâmicas que regem esses encontros para definir narrativas estratégicas.

A administração científica utilizava o pensamento mecanicista para orientar suas estratégias. Era uma forma de pensar e entender o mundo como algo linear, orientado ao determinismo em suas análises, objetivos e avaliação de resultados.

No século XX começamos a olhar o mundo sob uma nova perspectiva, a do pensamento sistêmico. Tudo ao nosso redor, físico ou não, está interagindo com outras coisas, influenciando e sendo influenciado nessas interações. Segundo Senge (2006), "um sistema é um todo percebido cujos elementos mantêm-se juntos porque afetam continuamente uns aos outros, ao longo do tempo, e atuam para um propósito comum".

Esse entendimento traz uma visão diferente de como as organizações devem pensar suas ações, como suas narrativas estratégicas devem ser contadas para atingir um maior número de pessoas dentro e fora da organização, sendo aceitas como verdade e orientando as ações a um resultado comum.

Seguindo nosso raciocínio de que organizações não são grandes blocos, podemos considerar que cada parte é um subsistema do sistema organizacional, interagindo com outros subsistemas para criar um resultado comum à organização. Cada um desses subsistemas é composto por indivíduos com os seus objetivos pessoais, que influenciam e são influenciados diretamente pelo objetivo do grupo. As interações entre esses grupos criam o resultado da organização.

Para Peter Drucker (1984), "planejamento estratégico é um processo contínuo de, sistematicamente e com o maior conhecimento possível do futuro contido, tomar decisões atuais que envolvam riscos; organizar sistematicamente as atividades necessárias à execução destas decisões e, através de uma retroalimentação organizada e sistemática, medir o resultado dessas decisões em confronto com as expectativas alimentadas".

Estratégia é a cola que une todas as peças. Ela conta histórias que criam um objetivo, algo abstrato que só existe em nossas mentes, que direciona esforços físicos e intelectuais para construir um bem ou serviço que atende a pessoas fora do sistema da organização.

Segundo David Rogers (2017), a transformação digital age sobre cinco domínios:

- ✓ Clientes
- ✓ Competição
- ✓ Dados
- ✓ Inovação
- ✓ Valor

Esses domínios não são novidade em planejamentos estratégicos como variáveis de análise do mercado. O que mudou foi a velocidade e a volatilidade que eles assumiram com a transformação digital. As estratégias precisam estar prontas para variações aleatórias de objetivos e resultados, identificando fragilidades e oportunidades nessas variações.

Nos próximos capítulos alguns assuntos serão analisados com um olhar mais apurado:

- ✓ **Como executar estratégias** – Ao criar uma estratégia, significa que criamos uma narrativa que precisa ser difundida e aceita como verdade para gerar engajamento em ações para atingir objetivos.
- ✓ **Cliente no centro** – A transformação digital trouxe mais velocidade para o volume de informações que afetam diretamente os clientes e as organizações. Vivemos um período onde, segundo o sociólogo Zygmunt Bauman (BAUMAN, 2001), "o foco maior está na autoafirmação do indivíduo que da sociedade".
- ✓ **Facilitando o crescimento escalável do negócio** – Como podemos, com estratégia e pessoas, aumentar a geração de valor através de oportunidades de negócio? Como aliar estruturas adaptáveis a realidades em constante mudança?
- ✓ **Gestão da mudança no dia a dia das organizações** – Estratégia é velocidade de adaptação. Como tratar a evolução contínua e criar uma cultura que se adapta.

Para sobreviver à transformação digital, as organizações precisam caminhar mais entre planícies e montes, uma transição cada vez mais complicada em um terreno instável e repleto de desafios e oportunidades, dependendo das estratégias adotadas. A realidade molda os objetivos, que por sua vez orientam as estratégias.

14. Execução da estratégia

Cláudio Barizon

Recorrentemente, percebemos uma certa dificuldade de as organizações colocarem suas estratégias em prática. Comportam-se como grandes blocos inflexíveis, negligenciando a interação entre as partes, conforme visto no capítulo anterior. As organizações transformam o seu planejamento estratégico em uma lista de tarefas e projetos a ser cumprida pelas equipes independentes, com metas conflitantes entre elas, e buscam controlá-las de perto para saber se as entregas estão sendo efetivamente realizadas.

Nesse contexto, podemos apontar três das principais dores que as organizações buscam endereçar em seus processos de governança:

- ✓ como acompanhar melhor os projetos;
- ✓ como medi-los; e
- ✓ como usar mais e melhor o *feedback* dos clientes.

Muitas organizações recorrem, inclusive, a consultorias especializadas em busca de métodos para implantar o modelo de gestão de projetos perfeito e o melhor controle sobre a realização dos projetos que foram previamente determinados e distribuídos pela organização de forma *top-down*. Esse cenário apresenta, portanto, a estratégia já "transformada" em projetos. O interesse da diretoria é saber se e como os projetos estão andando.

Por mais que pareça clara a necessidade de garantir que os objetivos definidos pela estratégia sejam efetivamente cumpridos, é para a entrega dos projetos que estão viradas todas as atenções. Isso mostra como é difícil as organizações largarem a forma mais tradicional de planejar os projetos. E é para essa mudança de abordagem e a necessidade de rever esses conceitos que gostaríamos de chamar a atenção.

Como sabemos, o nosso mundo está cada vez mais complexo e acelerado. Muitas vezes não temos as respostas para os problemas dos nossos clientes e nem eles mesmos sabem ao certo o que querem. Existem ainda situações em que os clientes nem sabem ainda que têm um problema. E é aí que estão as grandes oportunidades, principalmente no que diz respeito à criação de produtos e serviços inovadores e novos modelos de negócio.

Por mais brilhante que seja o corpo de executivos de uma organização, essa "transformação direta" de estratégia para lista de projetos a ser cumprida pode não resultar nas metas esperadas. Muitas das respostas que essas empresas buscam não estão prontas. Elas precisam ser descobertas. Trata-se, portanto, de estabelecer um processo de experimentação para aprendizado contínuo, mantendo os ouvidos bem abertos aos *feedbacks* dos clientes. Esses *feedbacks* fomentam o aprendizado e fazem a organização evoluir com ofertas de produtos e serviços melhorados ou novos. Não é à toa, portanto, que muito se fala hoje em dia da necessidade de colocar o cliente no centro das atenções, que é o principal pilar da transformação digital.

Premissas equivocadas

Queremos discutir uma abordagem melhor para as organizações encontrarem uma forma mais eficaz de avaliar se elas estão alcançando os seus objetivos ou atingindo a estratégia determinada. E isso não será feito avaliando se os projetos estão em dia ou dentro do escopo ou do prazo. Não é acompanhando o esforço das equipes nas realizações desses projetos que vamos ter essas respostas. Mas é o que acontece ainda em muitas organizações.

É mais comum do que talvez devesse ser atualmente as empresas, ao buscarem apoio e consultoria no mercado, pedirem uma "fórmula mágica" para melhorar o acompanhamento de seus projetos e seus relatórios de status. Gerir o "triângulo de ferro" de projetos e seus três vértices (escopo, prazo e custo) é uma prática mais tradicional ainda muito usada como medida de sucesso. Mas, olhando para esses parâmetros, será que podemos saber se estamos no caminho correto? Será que vamos conseguir a receita esperada ou a satisfação do cliente, por exemplo? Isso apenas seria verdade se tivéssemos a garantia de que o planejamento está absolutamente correto. Mas será que está? Quem pode garantir?

Para não ficarmos apenas com as práticas mais tradicionais, podemos também avaliar como uma prática ágil pode construir uma premissa que nos gere a percepção de estarmos no caminho certo. Para ilustrar, podemos resgatar uma boa discussão ocorrida no LinkedIn sobre entregar valor para o cliente. Nela, um agilista começou escrevendo: "para quem tem dúvida do que é entregar valor para o cliente, veja a dica do *podcast* XYZ (nome fictício): valor é software em produção".

Essa é uma referência direta a um dos princípios do Manifesto Ágil: "software funcionando é a medida primária de progresso". No entanto, precisamos avaliar esse ponto com muito cuidado. Da mesma forma que a premissa anterior, "software em produção" ou funcionalidade ou projeto entregue não significa necessariamente valor entregue para o cliente ou para a própria organização. Cabe resgatar uma máxima bem conhecida de Peter Drucker, guru da gestão moderna: "não há nada tão inútil quanto fazer eficientemente o que não deveria ter sido feito".

Até porque, em muitas situações, as definições do que será entregue partem dos *stakeholders* da própria organização ou do *Product Owner*. Muitos já trabalham na área há muito tempo, conhecem seus produtos, seu mercado e acham que sabem o que o cliente quer. E isso pode até ser verdade. No entanto, está longe de representar um indicador confiável de sucesso ou uma verdade absoluta: esses *stakeholders* não conseguem prever efetivamente o que gera resultado.

As organizações precisam entregar projetos ou resultados?

A resposta para essa pergunta é fácil. Seja através dos métodos tradicionais ou ágeis, precisamos entender melhor quais indicadores precisam ser trabalhados para garantir a entrega da estratégia e seus objetivos. Senão, como vimos, partiremos de premissas equivocadas.

Mudar essa situação não é trivial, pois existe toda uma memória "muscular" que faz com que a organização entregue como sempre fez. A mudança de abordagem para a busca constante de entrega de resultados alinhados à estratégia tem um ponto de partida muito bem definido: o propósito da organização.

Cada vez mais as organizações estão entendendo a importância de construir, lapidar e disseminar o seu propósito. As empresas que começam o difícil processo de transformação ágil e digital têm o propósito como a pedra fundamental, que vai determinar a direção e fincar os valores que vão orientar a todos os que querem embarcar nessa jornada.

É muito importante, assim, que o propósito esteja claro e que a estratégia direcione os objetivos da organização e, consequentemente, as ações das equipes na busca pelos resultados esperados ou além deles. Então, para alguns, falar sobre propósito, missão, visão e valores parece ser fundamental. Para outros, porém, nem tanto: preferem aquelas frases de efeito, construídas no planejamento estratégico, que são emolduradas na parede e não são usadas para mais nada.

Essas palavras, contudo, se bem empregadas, mais do que mostrarem a direção, têm o poder de engajar as pessoas: os colaboradores, as equipes, as lideranças e, principalmente, o cliente. Por isso mesmo, o propósito, mais especificamente, precisa ser trabalhado, entendido, absorvido e disseminado por toda a organização. E fora dela!

A pandemia de COVID-19, que chegou ao Brasil no início de 2020, é um exemplo. De um dia para outro o trabalho remoto virou a única alternativa de manter o mundo funcionando. Tivemos uma demanda sem precedentes por profissionais com novas competências comportamentais e técnicas, especialmente no setor de tecnologia. Muitas empresas que insistiam em ter o colaborador dentro dos escritórios para ter controle sobre ele precisaram se adaptar e flexibilizar.

Esse novo contexto forçou as empresas a perder um pouco do controle que tinham sobre o colaborador, o que acelerou a transformação digital em alguns setores. O grande desafio é as empresas não só definirem, mas disseminarem seus propósitos para dentro e para fora da organização.

Mas, afinal, o que é propósito?

Resumindo muito e indo direto ao ponto, o propósito representa "para quê e para quem existimos". Se deixássemos de existir, que falta nós faríamos? Como podemos inspirar?

Ao falar em propósito, não dá para não referenciar o ótimo livro "Organizações Exponenciais" (ISMAIL; MALONE; VAN GEEST, 2019). Ele identifica como surge uma organização exponencial, termo cunhado na Singularity University e que identifica "aquela cujo impacto é desproporcionalmente grande comparado ao de empresas similares, em função do uso de novas técnicas organizacionais, que alavancam as tecnologias aceleradas".

Esse tipo de organização pensa grande e tem o que o autor chama de Propósito Transformador Massivo ou PTM, que é uma declaração aspiracional e inspiradora. Não se trata do que a empresa faz, mas o que ela aspira realizar. São declarações que, segundo o livro, "pretendem capturar os corações e mentes, as imaginações e ambições das pessoas de dentro e, principalmente, de fora da organização. A transformação radical é o objetivo fundamental, que empurra a empresa para frente, buscando inovação e levando os resultados da organização a outros patamares" (ISMAIL; MALONE; VAN GEEST, 2019).

Talvez, portanto, não seja à toa que algumas organizações são tão reconhecidas mundialmente, pois lapidaram e disseminaram seus PTMs. Veja os exemplos a seguir:

- ✓ **TED:** ideias que valem a pena disseminar.
- ✓ **Google:** organizar as informações do mundo.
- ✓ **Singularity University:** impactar positivamente um bilhão de pessoas.
- ✓ **World Top 20 Project:** educar todas as crianças do planeta.
- ✓ **Tesla:** pioneirismo no futuro dos automóveis.
- ✓ **SpaceX:** pioneirismo no futuro das viagens espaciais.

Entregando a estratégia

Depois que deixamos o propósito claro e definimos as diretrizes estratégicas, está na hora, então, de definir que projetos serão feitos, certo?

Não. Não é bem assim! Porém, como vimos no início do capítulo, algumas organizações, depois da definição estratégica, juntam as suas áreas e determinam quais projetos serão feitos. E aí começa a linha de produção.

ALINHAMENTO ESTRATÉGICO

Figura 14.1. Propósito com *drive* da estratégia.
Fonte: o autor.

Normalmente, um projeto pode ter dependência de várias áreas até chegar em quem vai efetivamente fazer a entrega. Muitas vezes é a TI, a operação da empresa ou o marketing. Mas, via de regra, as empresas fazem seus controles com cronogramas até a entrega final ao cliente. Só nesse momento, inclusive, é que vamos saber se a solução é aderente ao que o cliente necessita de fato.

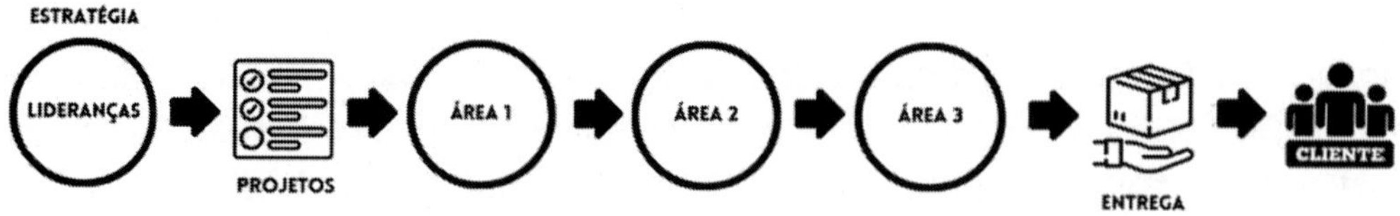

Figura 14.2. Cascateamento mais tradicional da estratégia até as entregas.
Fonte: o autor.

Buscando melhorar a eficiência desse processo, muitas empresas vão atrás da agilidade. Implantam o *Scrum* ou o *Kanban* em suas equipes com o objetivo de ganhar mais velocidade e fazer mais entregas. Mas a agilidade não é sobre velocidade. Não é disso que se trata quando buscamos fazer a transformação ágil (BARIZON, 2020). Porém, é isso o que acontece normalmente. As lideranças querem que as equipes façam mais e com mais eficiência. Em alguns lugares, essas empresas buscam inspiração em *squads* e criam equipes multidisciplinares. Mas, ainda assim, muitas querem que essas equipes trabalhem como fábricas. O pedido ou o projeto já chega definido para ser implementado. Então, resta às equipes tentarem fazer mais e melhor. Sempre.

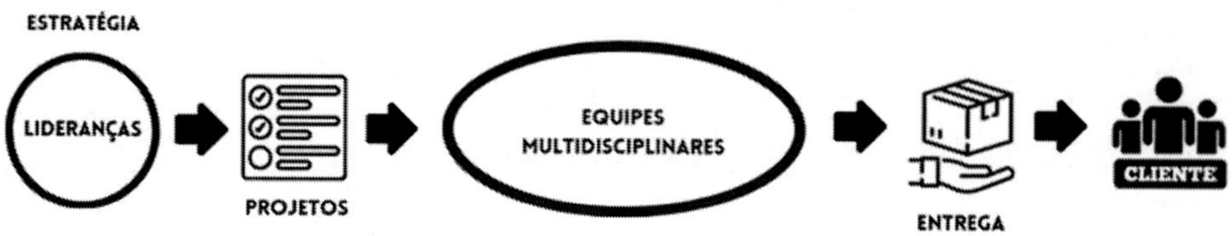

Figura 14.3. Cascateamento da estratégia até as entregas através de uma estrutura "ágil".
Fonte: o autor.

E é por isso que muitas pessoas acabam buscando novas empresas para trabalhar. Elas não se engajam. Estão fazendo apenas as entregas encomendadas, sem espaço para criatividade ou inovação. O foco, independentemente da abordagem (tradicional ou ágil), é trabalhar a eficiência, buscando a melhor performance possível para fazer as entregas com qualidade e o quanto antes, pois existe a expectativa e, muitas vezes, a crença de que essas entregas vão alcançar os resultados esperados. Por isso, inclusive, é tão difícil para algumas organizações abandonarem o modelo de comando e controle.

Um outro ponto negativo desse modelo é o orçamento. Esses projetos são estimados no fim do ano fiscal para serem implementados no ano seguinte e o dinheiro fica provisionado, esperando a realização. Quando acaba o ano, quantos projetos foram realmente realizados? E aquele dinheiro todo que ficou parado, aguardando o investimento? Existem ainda áreas que, para não "devolverem" o dinheiro e poderem minimamente repetir ou levar o orçamento para o outro ano sem descontos, acabam "queimando" o dinheiro, fazendo qualquer coisa só pra usá-lo a tempo de fechar o ano. E isso não parece uma boa prática, certo?

Um modelo que vejo funcionar melhor para as empresas que realmente estão buscando criar novos modelos de negócio ou encantar os seus clientes, além de usar muito melhor o potencial de suas equipes, é quando a estratégia não é transformada em projetos, mas em objetivos e metas. É quando esses objetivos e metas são compartilhados com as equipes que podem avaliar a melhor forma de alcançá-los, com a sua multidisciplinaridade e seu talento.

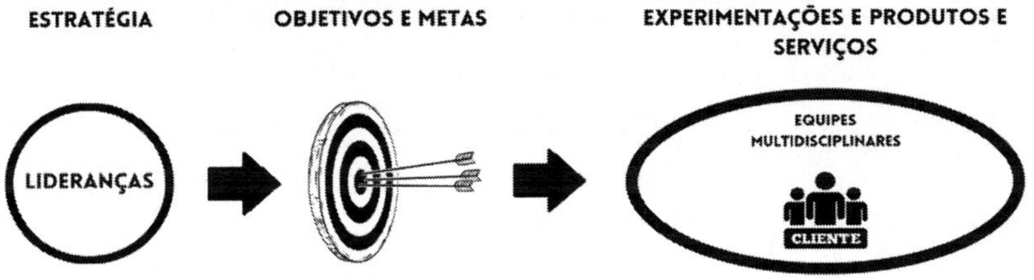

Figura 14.4. Transformando a estratégia em objetivos e metas para só então identificar as entregas. Fonte: o autor.

Neste caso, repare, não chega uma demanda formatada para ser produzida e entregue. Chegam objetivos e metas, que são combinados, inclusive, com a participação da própria equipe. E essa equipe vai descobrir como chegar lá.

Naturalmente, isso envolve conhecer bem o cliente, seu mercado, seus números e suas necessidades. Envolve poder realizar experimentações para verificar se seus resultados e as métricas estão alinhados com os objetivos definidos e dentro das metas estipuladas. Se estiverem, ótimo! É a hora de pisar no acelerador. Se não estiverem, a equipe precisa reavaliar e acertar o rumo analisando novas experimentações. Estamos falando de equipes e organizações que aprendem rápido, com experimentos, métricas e foco no cliente.

Isso não quer dizer que trabalhar assim seja uma garantia automática de sucesso. Mas, por outro lado, muitas das empresas que tiveram um crescimento exponencial trabalham dessa forma. Vejam que se trata de um modelo bem aderente às dores que vimos no início do capítulo.

Recapitulando, o primeiro ponto foi como acompanhar os projetos. Só que, agora, não estamos mais acompanhando os projetos. Estamos perseguindo um objetivo traçado e muitas vezes não sabemos ainda a melhor maneira de atingi-lo. Por isso, as equipes não devem receber a solução para ser implantada, mas o problema. Com equipes talentosas, multidisciplinares e que experimentam e aprendem, a chance de conquistar e extrapolar as metas é grande.

O segundo ponto diz respeito às medições. Veja que não estamos medindo o esforço da equipe. Estamos agora medindo os resultados através de métricas, que devem ser estipuladas na partida e que podem ser revistas sempre que necessário.

Por último, o terceiro ponto é como usar mais e melhor o *feedback* dos clientes. Nesse modelo, o cliente precisa participar ativamente da evolução do processo, das experimentações, em prol da melhor forma de atendê-lo e que gere os resultados esperados dentro dos objetivos. Mas isso passa por uma mudança de abordagem e de mentalidade. E está aí a grande dificuldade em fazer essa abordagem funcionar. Não é fácil, mas tem muita gente fazendo. Falaremos um pouco mais sobre como colocar o cliente no centro no próximo capítulo.

Objetivos e metas como a cola entre a estratégia da organização e a satisfação do cliente

A imagem a seguir liga os pontos do que vimos até então. Existem vários *frameworks* que podem ser usados desde as camadas mais estratégicas (o PORQUÊ fazer) até aqueles para o dia a dia das equipes (o COMO fazer).

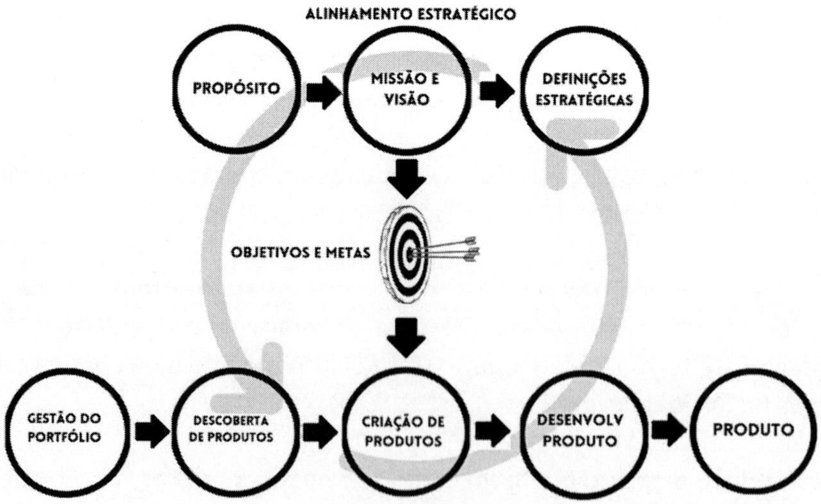

Figura 14.5. Objetivos e metas como a "cola" entre a estratégia e as iniciativas/entregas.
Fonte: o autor.

A cola para fazer isso acontecer não são os projetos! É necessário entender bem o QUE tem que ser feito. E, na maioria das vezes, isso precisa ser descoberto ainda. Essa cola que liga o estratégico ao operacional são os objetivos e as metas traçadas para buscar o resultado desejado. Existem algumas práticas para fazer isso funcionar bem. Um exemplo são os OKRs.

No entanto, independentemente da prática, e apesar de ser um conceito bastante simples de se entender, essa adoção não é fácil. Ela pode esbarrar em várias barreiras, como uma cultura mais tradicional, uma estrutura organizacional mais hierárquica e dura, além da falta de patrocínio e envolvimento das lideranças, por exemplo.

Porém, com disciplina para criar uma cadência, esse é um processo que viabiliza um grande alinhamento da empresa e foco nos objetivos. A partir daí, é possível conseguir resultados que excedem as expectativas, muitas vezes até de forma surpreendente. É o que conseguiram as organizações exponenciais. Vale notar que a utilização desse modelo não é garantia para construir uma organização exponencial. Por outro lado, porém, as organizações que chegaram lá e se tornaram exponenciais utilizaram essa abordagem.

Um resumo não prescritivo

- ✓ A opinião dos *stakeholders* não garante o sucesso dos projetos.
- ✓ Entrega de projetos não deve ser medida de sucesso. Quando isso acontece, o foco fica restrito à eficiência, e, muitas vezes, a gestão quer acompanhar a evolução, medindo o esforço da equipe, o que não é legal.
- ✓ Fundamental a organização trabalhar e engajar a equipe no **propósito**, definir e deixar clara a **estratégia** e determinar os **objetivos** e **metas**, para que as equipes busquem os resultados alinhados.
- ✓ Quando isso acontece, o foco é na entrega de valor para o cliente e para o negócio. Ou seja, na sua eficácia para atender efetivamente aos clientes.
- ✓ Nesse modelo, a abordagem passa a ser de **experimentação**, de **medição dos resultados**, que retroalimenta o processo e o faz evoluir, oferecendo cada vez mais soluções alinhadas às **necessidades dos clientes**.
- ✓ Para que isso aconteça, é necessária uma nova abordagem, uma nova mentalidade.
- ✓ É fundamental que as **lideranças** entendam seu papel mais estratégico, criando um ambiente mais adequado, desenvolvendo as capacidades necessárias

e servindo às equipes para que elas possam, com mais autonomia, buscar os resultados.

✓ Implantar uma prática como os OKRs, por exemplo, privilegia a definição de objetivos e metas e viabiliza essa visão – parece simples, mas não é fácil. E não é mesmo! É importante ter disciplina nesse processo para permitir o alinhamento de toda a empresa e foco naquilo que foi definido como objetivo.

15. Cliente no centro

Jones Ferreira
Leandro Luiz Branco

Conforme falamos no capítulo anterior, o cliente no centro é peça-chave para execução e adaptação da estratégia da empresa. Entretanto, é comum as empresas fazerem isso de forma desorganizada: investem tempo e muito dinheiro mapeando personas e fluxos sem conseguir transformá-los em ações que influenciam a estratégia da empresa e o desenvolvimento de novos produtos e serviços, permanecendo focadas em indicadores operacionais ou de projetos.

É natural empresas se organizarem em torno de processos rígidos, deixando de lado os interesses do cliente e o seu propósito. Muitos clientes, e algumas vezes os próprios funcionários da empresa, não conseguem entender: qual é a proposta de valor da companhia? A ausência de uma proposta de valor adequada às necessidades do cliente gerará experiências negativas. Muitos clientes conquistados por meio de pesados investimentos em captação de *leads* acabam percebendo que o produto ou serviço não faz sentido para o seu propósito e deixam a empresa.

Em geral, as organizações estão evoluindo suas visões e experimentando novas formas de colocar o cliente no centro das decisões do negócio. Ao final da revolução industrial tínhamos uma produção massiva, onde a preocupação com o cliente era inexistente e o objetivo era colocar qualquer coisa a qualquer custo no mercado, pois alguém iria comprar. Passamos depois pela era da qualidade e da eficiência, onde não bastava mais colocar qualquer produto no mercado a qualquer custo, era necessário ser durável e ter um preço adequado. Na era da distribuição em massa, os produtos precisavam estar disponíveis para consumo na maior quantidade de mercados possível para que os clientes pudessem comprar e atender aos seus desejos. Por fim, chegamos na era da experiência.

Nenhum dos atributos anteriores deixou de ser requisito, mas eles pararam de ser fonte única de satisfação para os clientes. Sem preço e qualidade mínima o produto nem acessa determinados mercados. Na era da experiência, os clientes buscam produtos exclusivos que não se restringem mais a um produto físico, mas também a serviços que despertam o senso de pertencimento e alinhamento de propósitos. O cliente não quer mais apenas consumir o produto; ele quer se conectar com a empresa, fazer parte dela, e nenhum cliente vai querer se conectar a uma empresa que não esteja alinhada aos seus valores.

Kotler e Pfoertsch (2008) colocam a proposta de valor acima do posicionamento central da oferta. Os autores citam o exemplo da Caterpillar, tradicional fabricante de tratores e afins, cuja essência é "ser confiável". No entanto, a promessa vai além de uma máquina de qualidade. Como proposta de valor, os esforços incluem peças e equipamentos complementares com preços razoáveis, serviços adequados e um prazo de garantia prolongado. "...proposição é uma declaração acerca da experimentação que os clientes obterão a partir da promessa de mercado da empresa" (KOTLER; PFOERTSCH, 2008, p. 185).

Ao visitar um site, seja ele institucional, seja uma loja *on-line*, o consumidor busca entender como aquela empresa pode ajudá-lo a resolver o seu problema. A proposta deve ser visível, não somente no site da empresa, mas também na forma como a empresa se organiza para atendê-lo em toda a sua jornada.

Não é difícil encontrar empresas que investem em sites maravilhosos, que geram experiência magníficas, mas na hora da entrega o produto não é recebido no prazo, chega avariado e, se ocorre algum problema, a empresa não entrega o serviço adequado. A experiência do cliente ocorre em todo o fluxo de valor e não somente na compra – embora geralmente as empresas se organizem de forma vertical ou intrafuncional, o fluxo de valor do cliente é horizontal ou interfuncional. No capítulo a seguir detalharemos um pouco mais sobre mapeamento de fluxo de valor. Larentis e Gastal (2004) afirmam que uma empresa deve aprender sobre os mercados e os clientes-alvo, compreendendo o que os seus clientes entendem por valor, em quais aspectos específicos a empresa deve focar seus esforços mercadológicos, quão bem ela entrega valor sob a ótica do cliente e o que os clientes possivelmente irão valorizar no futuro.

Conhecer o cliente que está no fluxo de valor da empresa é a peça-chave para adaptação das estratégias da empresa e certamente vai abrir possibilidades de novos modelos de negócios e serviços. São três os fatores importantes para conexão com o cliente: quem é o seu cliente? Quais são as suas necessidades? Quais são os seus desejos? Com isso, as empresas estão em uma constante luta para realmente conhecer seu cliente não apenas por "achismos", mas através de dados, fatos e informações reais desse cliente.

Dados como ferramenta para tomada de decisão

Existem diversas técnicas e ferramentas que podem nos ajudar a ter mais conhecimento. Mas coisas simples podem ser feitas sem muito esforço: tudo inicia com uma análise de quem são os clientes principais, no aspecto emocional de maior conexão com a marca, financeiro de maior lucratividade e aqueles que geram menor custo de administração da relação. Características como idade, sexo, profissão, recorrência de consumo e região de moradia proporcionarão excelentes *insights* que deverão influenciar o desenvolvimento de produtos e serviços.

Analise o comportamento dos seus clientes nas redes sociais e quem está o influenciando (celebridades, família, amigos?); seu formato de comunicação (formal ou informal); se possui redes corporativas, quais produtos/serviços mais consome da sua empresa e com qual finalidade de uso etc. Analise como identificar o real problema desse cliente.

Converse com a equipe que está todos os dias junto ao cliente, agrupe e transforme conversas, sentimentos e percepções em dados para que todos possam conhecer e usá-los para tomar decisões. Não tenha vergonha, pergunte por que ele compra da sua empresa e também por que não comprou. Essas serão informações essenciais para entender a jornada do cliente. Por exemplo, o NPS (*Net Promoter Score*), que é uma técnica simples, pode ser aplicada rapidamente: em uma escala de 0 a 10, o quanto o cliente recomenda a empresa/marca? Você terá instantaneamente a visão de três grupos de clientes: o detrator, o promotor e o neutro.

Pesquisas etnográficas e o consumidor espião são técnicas maravilhosas – o *Lean* chama isso de ir ao *gemba*: vá aonde o cliente está e tente sentir o que ele está sentindo. Descubra como ele usa e quais dificuldades ele tem com o seu produto.

As novas tecnologias (que são citadas na Parte IV deste livro) ampliam a capacidade de as empresas conhecerem melhor o cliente e aprimorarem o relacionamento com ele, seja por segmento, região, preferências em redes sociais etc. Para a organização existem ferramentas desde as mais simples (CRM) até as mais rebuscadas (XCRM, *big data*, inteligência artificial, *machine learning* etc.). Independentemente da ferramenta, ela deve ser um meio e não um fim. O relacionamento com o cliente não irá melhorar só porque a empresa tem o melhor CRM do mercado. Ele se tornará melhor e mais fluido somente se a empresa utilizar esses dados para aprender e tomar decisões.

Um dos efeitos colaterais quando começamos a estudar nossos clientes é o excesso de informação. A todo momento indivíduos são cobertos por informações vindas de todos os lados e perde-se o controle dos fluxos de informação. Esse fato prejudica o trabalho e a vida das pessoas e das organizações, perdem-se a confiabilidade, a integridade e a capacidade de distinguir o certo e o errado.

Outro problema é a incapacidade das pessoas de assimilar o volume de informações a que estão expostas. Do ponto de vista pessoal, isso gera frustração e ansiedade; e do ponto de vista corporativo, gera desperdícios incalculáveis não somente por conta do investimento em tecnologia, mas também pelo tempo das pessoas em processar dados que não gerarão valor nenhum para o cliente.

Uma nova abordagem

Do nada ao excesso de dados e informação, este é o desafio da era da experiência – não existe fórmula mágica nem receita de bolo. Existe o contexto em que a empresa está inserida, seus clientes e um *mindset* a ser implementado para colocar o cliente no centro e este influenciar nas decisões.

Empresas como Amazon, Netflix ou Slack (esta última vendida para a Salesforce por quase US$ 30 bilhões no fim de 2020, com pouco mais de sete anos de vida), e mesmo brasileiras como o Nubank, Magazine Luíza e Globo, entenderam ou estão entendendo esse movimento que coloca o cliente no centro das decisões e vêm construindo seus produtos e serviços através de experimentações e aprendizado contínuo. Elas estão dispostas a correr mais riscos e até mesmo a errar, desde que sigam evoluindo e estejam mais próximas às necessidades de seus clientes. Muitos acham que é uma exaltação ao erro. Mas não é disso que se trata. Estamos falando de experimentação e não conhecer o resultado faz parte do processo. Como podemos perceber nesta emblemática frase de Jeff Bezos, CEO da Amazon: "se você aceitar apostas ousadas, elas serão experiências. E se são experimentos, você não sabe com antecedência se vão funcionar. As experiências são, por natureza, propensas ao fracasso. Mas alguns grandes sucessos compensam dezenas e dezenas de coisas que não funcionaram".

Fica clara essa nova mentalidade como parte intrínseca à sua cultura. E será que essa cultura, de fato, não engaja mais os colaboradores e os clientes? Será que ela não pode impulsionar a inovação dentro da organização? E com as equipes motivadas, produtos e serviços inovadores e clientes comprometidos, qual a chance dessa empresa mudar de patamar?

16. *Value Stream Mapping*

Fernando Klock

Conforme citado nos capítulos anteriores, para criarmos uma estratégia adequada ao contexto da transformação digital, precisamos entender as necessidades do cliente. Precisamos que o cliente influencie nas decisões, e para isso precisamos entender o seu comportamento, seja por meio de dados obtidos em pesquisa ou analisando a experiência do cliente dentro das jornadas da empresa.

O fluxo de valor, ou *Value Stream Mapping* (VSM), contribui para a gestão de processos, recursos e informações da organização. Com ele é possível mapear todo o processo ou família de produto a ser estudado, sendo capaz de identificar fontes de desperdício e atividades que não agregam valor aos produtos (ROTHER; SHOOK, 2003). Encontrar esses processos para avaliá-los nem sempre é uma tarefa simples. Algumas empresas têm como base de visão macro uma metodologia muito difundida e antiga no mercado cujo objetivo é criar um conjunto de atividades ou fluxos desde a matéria-prima base até o descarte do produto acabado para o usuário final (HANSEN; MOWEN, 2001).

Para empresas que não apresentam essa maturidade, uma maneira de definir qual família de produto utilizar no mapeamento de fluxo de valor é entender o ponto de vista do cliente e deixá-lo definir o que é valor em seu produto. O valor vem das necessidades dos clientes – melhor dizendo, das expectativas em relação a determinados produtos ou serviços. E são essas as necessidades que as empresas precisam enxergar, procurando sempre satisfazer suas expectativas com preços acessíveis, para dessa forma conseguir se manter no mercado.

Em muitas organizações, os processos identificados como críticos ou relevantes são atividades ou fluxos de áreas internas que acabam não impactando direta ou indiretamente o consumidor, as receitas ou as despesas da corporação. Esse é um dos grandes vilões da transformação digital, visto que é dedicado esforço para mapear essas atividades e modificar a tecnologia para se adaptar ao novo processo modelado, investindo tempo e dinheiro. Para mitigar esse tipo de abordagem, é sempre importante trazer para os trabalhos de levantamento de dados a centralidade no cliente, suas dores, visões de concorrentes e visão futura do mercado onde a instituição está inserida.

Antes de entrar na abordagem de mapear do *value stream*, também é importante frisar o cuidado com o desperdício de tempo em grandes detalhamentos de fluxos. Com o crescimento rápido e a necessidade constante de se adaptar ao mercado, as organizações necessitam ter processos mais fluidos, simples e de fácil entendimento. É comum identificar grandes organizações com documentos ou mapeamentos de cadeias de valores e fluxos extensos, de alto detalhamento, com várias descrições em vários documentos de suporte. Esse tipo de documento normalmente fica desatualizado muito rapidamente e, para mantê-lo em dia, é ampliado o quadro de colaboradores, restringindo a velocidade de adaptação ao mercado com a velocidade de manutenção do documento. Isso de fato não apresenta sintonia com a filosofia *Lean* e a fluidez necessária às organizações atuais.

Entrando no detalhamento dos fluxos de valor, é necessário acompanhar a linha de produção em geral, do consumidor ao fornecedor. Lembre-se de considerar todos os atores do processo dentro do seu mapeamento, para que seja possível identificar fluxos de melhoria. Após isso é importante detalhadamente ir ilustrando cada etapa do processo com as informações obtidas no fluxo de valor. O caminho mais fácil para enxergar as fontes de desperdícios e as atividades que agregam ou não valor ao produto é ir mapeando constantemente o estado futuro de como o processo realmente deveria ocorrer, considerando quesitos importantes (ROTHER; SHOOK, 2003). Quatro etapas são essenciais para a realização do VSM:

1. **Decidir a família de produtos:** quem decide o que é VALOR é o cliente – família de produtos é quando os processos e equipamentos têm uma relação em comum em um determinado momento da entrega de valor, então é destinada para o VSM a família daqueles produtos da preferência do consumidor.
2. **Mapeamento do estado atual:** relata a situação em que a organização atualmente se encontra e ajuda na identificação das causas dos desperdícios.
3. **Mapeamento do estado futuro:** junto com as informações do estado atual, é capaz de propor melhorias a serem aplicadas com a finalidade de eliminar os desperdícios.
4. **Plano de implementação:** nada mais é que ações necessárias para atingir o que foi programado para o futuro (ROTHER; SHOOK, 2003).

De acordo com Sparks (2014), para que se possa construir um VSM são necessárias algumas informações importantes, como: TC (tempo de produção ou de ciclo), TT (*Task Time*), TE (tempos de espera), JL (jornada líquida de trabalho), CB (capacidade bruta), demanda, disponibilidade, *lead time* e tempos de paradas (*setup*). Não abordaremos o detalhamento de todos esses itens nem o passo a passo de elaboração do fluxo neste capítulo, porém vale ressaltar a importância de alguns pontos desse mapeamento para a transformação digital.

Ao mapear qualquer fluxo de valor, atente para os principais itens que representarão a entrega de valor no seu cenário atual e no cenário futuro do fluxo. O tempo de produção ou ciclo, tempos de espera (TE) e *lead time* são alguns componentes importantes para o sucesso da melhoria contínua em processos. Segundo Shingo (1996), *lead time* é o tempo desde a solicitação de pedido feito pelo cliente até a entrega do produto, ou seja, o tempo de atravessar o início e o fim do processo. Dependendo de cada caso, com a tecnologia podemos mudar fluxos e trazer esses tempos de espera para o menor tempo possível, otimizando o *lead time*, que por consequência gera valor final ao cliente. Imagine que você faça um pedido em um *e-commerce* e leve em média cinco minutos para completar essa transação porque você necessita preencher um cadastro extenso. Agora, otimizando a jornada e removendo solicitações de dados desnecessários, imagine trazer esse tempo para trinta segundos. De fato, é uma mudança grande para o usuário final que trará valor para ele e transformará sua experiência para melhor.

Devemos olhar para o *Value Stream Mapping* como uma ferramenta complementar a todo o processo de transformação digital. Empresas que nasceram no contexto digital, como *startups* e *fintechs*, buscam de fato essa experiência fluida e digital para o usuário final, e o VSM auxilia nisso. Porém, nos casos de empresas que contêm uma operação tradicionalista com um legado histórico, esse mapeamento se torna ainda mais eficaz, uma vez que permite identificar o status atual e construir novas propostas fluidas e inovadoras.

Precisamos entender o VSM como ferramenta de uso contínuo, e não como uma foto. O fluxo deve ser mantido limpo e atualizado, à medida que os processos evoluem e ajudam a identificar *gaps* e melhorias em outros processos com os quais tenham interseção. Como citado anteriormente, a simplicidade na geração do fluxo facilita o processo de manutenção. É crucial que exista o *ownership* dos fluxos (pessoas que farão sua criação e posterior gestão). Em empresas de médio ou grande porte, que possuam escritórios de arquitetura corporativa, esses processos normalmente são de responsabilidade dos arquitetos de negócio ou arquitetos corporativos, porém o mais comum é que os donos dos produtos como *Product Owner* (PO) ou *Business Owner* (BO) façam essa gestão.

O VSM existe há muitos anos como um dos elementos importantes dentro do *Lean Manufacturing*, adotado em 1950 na linha de produção da Toyota. Entretanto, alguns *frameworks* atuais estão tornando o mapeamento mais simples e fluido, como é o caso do SAFe® – *Scaled Agile Framework*. Dentro do SAFe® existem duas vertentes de VSM, o *Operational Value Stream* (OVS) e o *Development Value Stream* (DVS). O primeiro tem o foco no processo operacional e o segundo no processo de desenvolvimento de software. O importante desse novo modelo é que o VSM se tornou um processo mais simples, tendo como foco principal o mapeamento das etapas do processo, os sistemas envolvidos, as pessoas envolvidas e o fluxo de materiais e informações.

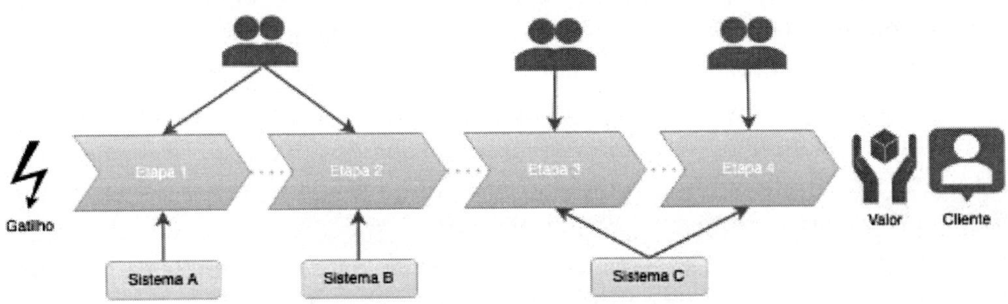

Figura 16.1. Exemplo de macrofluxo VSM.
Fonte: Scaled Agile (s.d.).

Uma vez que os processos de VSM forem concluídos, temos um norte para seguir e melhorar a operação da empresa. Entretanto, na prática nem sempre é fácil implantar e operacionalizar esses modelos. Dentro da transformação digital a mudança dos processos tecnológicos ou físicos, seguida de um alto nível de engajamento dos *stakeholders*, são fatores cruciais para o sucesso. Existem casos de mudanças simples para o ecossistema interno da organização, porém com grande sensibilidade para o usuário final, e também mudanças grandes com descontinuidade de setores em uma empresa.

É de suma importância que o processo de mapeamento seja construído junto desses colaboradores, ou personas previamente mapeadas, para que tenham uma melhor adoção. Como alternativa para atingir um mapeamento factível prático, temos a utilização de técnicas como *Design Thinking*, que tem por objetivo buscar soluções para os problemas dos clientes com base na colaboração e experimentação, ou *Product Discovery*, que tem por objetivo levantamento de dados, mapeamento de público (personas) e atividades necessárias para operar uma solução.

17. Facilitando o crescimento escalável do negócio por meio da transformação digital

Klaus Siegmar Schuldt

A transformação digital altera diretamente o funcionamento das organizações. A reorganização da estratégia, a colocação do cliente no centro, e o mapeamento dos fluxos de valor visam atender primariamente ao propósito da empresa, e esse propósito só poderá ser cumprido se a empresa tiver sucesso com a eliminação de desperdício. Ao longo da transformação digital as empresas buscam não apenas a utilização de recursos, mas também de redes e plataformas para alavancar seus resultados, e os clientes, por sua vez, têm participado mais ativamente do processo de inovação das organizações (PRALAHAD; KRISHNAN, 2008).

Posso dizer que as transformações de que participei, em sua grande maioria, foram guiadas pela estratégia organizacional centrada no cliente. Essas estratégias visavam prioritariamente descobrir, ou criar, novos padrões de consumo, o que impulsionou uma revisão total dos modelos de negócios.

Notei também a necessidade de adoção de novos comportamentos e atitudes pelas pessoas em todos os níveis organizacionais para operacionalização das estratégias, e isso impactou diretamente a cultura da empresa, que incorporou esse *mindset*. As pessoas, por meio da tecnologia e estratégia, traçam um novo padrão, ou caminho, para criar um ritmo acelerado para a mudança.

Quando iniciei a referida jornada de transformação digital, a partir de 2015, ela vinha em uma estruturação tradicional até então, na qual a operação aguardava demandas, muitas vezes trazidas de maneira estruturada (por requisições formais, legitimadas), onde eram interpretadas, organizadas e priorizadas por meio do modelo **projetizado tradicional**. Contudo, esse modelo, com o passar dos anos, ficou para trás, dado o dinamismo dos negócios. Observa-se que o modelo agora é de cocriação, ou seja, buscam-se evolução contínua, aprendizado mútuo e construção de *know-how* em time para que este cresça e tenha a proficiência necessária para gerar mais e mais alternativas.

Gosto de citar uma passagem relacionada a essa mudança de *mindset:* seis anos atrás o assunto *omnichannel* era considerado algo importante, mas com um formato muito difícil de se estabelecer no varejo brasileiro. Primeiramente, em virtude do contexto fiscal e societário do Brasil, que é complexo, depois por conta do modelo de incentivo e comissionamento, viabilizado por meio de um canal que compra e é remunerado com a venda e não por meio da possibilidade de um canal vender e outro entregar, já que a questão era como eles se remuneram, qual legislação existe para essa relação; enfim, não se sabia como desbravar esse caminho. Nesse exemplo, talvez o item com menor complexidade fosse a tecnologia para *omnichannel*. A transformação digital está mais relacionada a pessoas, novos caminhos, novas estratégias, ecossistemas e muito menos com a tecnologia em si.

Enfim, esse é um exemplo clássico de que o novo padrão de consumo (personas – clientes) muitas vezes pega as organizações – e a economia – de surpresa (o mercado e a relação com o governo).

Quando concluímos o *omnichannel* em 2017, ele abriu portas para outros produtos e iniciativas, tais como novas modalidades de venda, integrações com canais, criação de produtos digitais para outras modalidades de entrega, surgimento de parcerias, enfim, era percebido que o ecossistema de varejo conspirava a favor dos produtos criados. Uma vez inseridas nesse contexto, as próprias pessoas enxergam oportunidades – e, como os requisitos são dinâmicos, há um ciclo próspero de evolução digital e de *mindset*.

O valor intrínseco no processo de transformação não é mensurável individualmente em um produto ou em uma área. A transformação digital impacta toda a organização e a ajuda a reorganizar seus modelos de gestão, governança e operação com base em experimentação e aprendizagem contínua. Dado esse contexto, o que percebo é que o ecossistema organizacional (empresa, colaboradores, consumidores, parceiros) entra em um ciclo virtuoso e próspero de crescimento, e isso é muito gratificante.

O bom entendimento do cliente, incluindo suas características e seus comportamentos, nos permite realizar uma segmentação baseada em dados para criação de propostas personalizadas. Buscar um relacionamento mais próximo, pessoal e customizado cria uma sinergia entre propostas de valor por meio dos produtos digitais em curso. Agora por meio de dados é possível conhecer tão bem o público com que desejamos manter todas as relações possíveis de negócios (CAPGEMINI CONSULTING, 2011).

Enfim, percebe-se que não se trata da maneira de transformar os negócios dentro de uma abordagem digital, mas da forma de fazer os negócios dentro de uma sociedade digitalizada. Já esta, por sua vez, é impactada pelo novo modelo de interações de trabalhos colaborativos e sem barreiras físicas, onde a preocupação com o gerenciamento próximo das pessoas não faz mais sentido, pois elas trabalham por propósito e por paixão em criar produtos para personas.

Dentro dessa visão, trazendo uma abordagem de criar novos negócios digitais como estratégia competitiva para a organização, percebe-se que, definitivamente, não se trata de informatizar os procedimentos de uma organização, e sim de planejar uma série de mudanças estratégicas. Logo, a transformação digital nesse âmbito busca modificar a forma de inovar e repensar a estrutura organizacional vigente, entender os concorrentes digitais e definir as personas (clientes) que irão participar e ser beneficiadas por meio dessa jornada digital.

Rogers (2017) reforça que a maior parte das organizações fundadas antes da era da internet tem um desafio grande, já que muitas regras e premissas que fizeram os negócios crescerem até hoje podem não se aplicar mais à sociedade digital. No entanto, é possível conduzir a transformação digital por meio de muita disciplina e persistência, consistência e aprendizado. Portanto, é preciso ressignificar a organização dentro de uma abordagem de empreendedorismo digital, que pode ser requisito para a sobrevivência e perpetuidade do atual negócio.

Logo, nota-se que a expressão "aprendizado organizacional" é chave nesse processo, já que o modelo de aprendizagem para uma estratégia digital é o que realmente transforma, contrariamente ao modelo analógico (antes da internet), no qual o empreendedor era o grande incentivador e dele se esperava a direção. Agora, contudo, tal processo vem por meio da digitalização e universalização do conhecimento. Esse fator mudou a forma como a execução tática é estabelecida, já que é por meio da cocriação de times multidisciplinares que a construção do quebra-cabeça digital se torna factível, e assim o empreendimento é constituído.

De acordo com Accenture (2014), a transformação digital será observada através da adoção de práticas digitais como nuvem, IoT, *blockchain*, gestão dos dados e mobilidade. Entretanto, na minha experiência, a transformação ocorre por meio da cultura e da liberdade da execução da estratégia por parte dos times. Naturalmente, o uso da tecnologia será estabelecido como suporte direto ao fomento da estratégia.

Com o time orientado a dados e com apoio das personas (o cliente), o caminho estará bem orientado, mesmo que seja necessária a reconstrução tecnológica durante essa jornada continuada. Uma vez que o *mindset* estiver estabelecido, a organização terá que perceber quais produtos transformarão seus negócios e trarão um novo modelo estratégico.

Assim, haverá crescimento escalável do negócio por meio da transformação digital, visto que a estratégia está estabelecida e o caminho traçado em prol da evolução digital da organização.

18. Gestão de mudanças no dia a dia das organizações

Bruna Beatriz Locks

As transformações digitais estão acontecendo de diversas maneiras, com mais ou menos intensidade. Empresas dos segmentos financeiro, varejo e serviços em geral têm liderado esse movimento. As mudanças que ocorrem no ambiente externo exigem das organizações a capacidade de resposta rápida e eficaz a essas transformações (BRESSAN, 2004).

Nesse cenário, pensar em gestão de mudanças é fundamental, pois estamos falando de mudanças de processos organizacionais, comportamento e atitudes de grupos maiores ou menores que trabalham no mesmo espaço físico ou não, muitas vezes inclusive em nações distintas com culturas totalmente diferentes. Já apoiei alguns processos de transformação e irei dividir um pouco da teoria com as minhas observações empíricas e discussões com pares.

Barney (1991) apresentou uma classificação dos recursos das empresas que ajudou no entendimento das esferas de atuação da gestão de mudanças. Para ele, os recursos de uma empresa são todos os bens (tangíveis e intangíveis) que ela possui, organizados em três grupos:

1. **Capital físico:** tecnologia, equipamentos, planta da empresa, localização e acesso à matéria-prima.
2. **Capital humano:** treinamento, experiência, relacionamento, o que pode ser encontrado nas pessoas, o capital humano em si com valor agregado.
3. **Capital organizacional:** diz respeito à estrutura formal da empresa, suas formas de controle, seus relatórios e as relações informais entre os grupos dentro da empresa e em seu ambiente.

Quando pensamos em um processo de mudança, o mais comum é associarmos ao capital físico, e às vezes ao capital organizacional também, mas o que vemos é que, mesmo com as mudanças físicas e organizacionais, os colaboradores (capital humano) persistem em suas antigas formas, não entendem o que está acontecendo, e os milhares de reais investidos na transformação são desperdiçados. Toda mudança é gerada por e para pessoas, e são elas que devem estar no centro de todo esse processo. O fator humano não deve ser deixado de lado.

Entendendo que o capital humano deve estar no centro da mudança e receber grande atenção, encontramos o modelo apresentado por Bridges (1991), que se concentra na transição, e não na mudança. A diferença entre as duas palavras é sutil, mas importante. Mudar é algo que acontece com as pessoas, mesmo que elas não concordem com isso. A transição, por outro lado, é interna: é o que acontece no interior das pessoas quando elas passam por mudanças. A mudança pode acontecer muito rapidamente, enquanto a transição geralmente ocorre mais lentamente. Gerir mudanças é gerir transições.

Mais à frente, cito a curva de mudança pela qual as pessoas passam em um processo de transição e minhas percepções acompanhando-as diariamente.

Modelos para gerir uma mudança

Considerando que as pessoas estejam no centro da mudança, com foco na transição delas para o cenário futuro, compreender os modelos disponíveis facilita muito a vida do time responsável. Após estudar e entender as diferentes formas de gestão, percebo que não existe um modelo ideal: existem muitas opções, que devem ser analisadas considerando a cultura da empresa, o tipo da mudança e os objetivos a serem alcançados.

Existem diversas visões, sendo as mais conhecidas: Curva de Mudança de Kübler-Ross, os oito passos de Kotter, Prosci (ADKAR), Modelo de Influência da McKinsey e PCI (*People-Centred Implementation*).

Para este capítulo, vamos utilizar a metodologia Prosci (ADKAR).

Trata-se de uma das abordagens mais conhecidas para a gestão de mudanças no mundo. Possui três componentes principais:

- ✓ ***PCT Model***: uma estrutura que mostra os quatro aspectos críticos de qualquer esforço de mudança bem-sucedido e como eles estão inter-relacionados, ou seja, uma definição compartilhada de sucesso com liderança/patrocinadores, gerenciamento de projetos e gerenciamento de mudanças.

- ✓ ***ADKAR Model***: são cinco resultados que um indivíduo precisa alcançar para que uma mudança seja bem-sucedida: *awareness* (consciência), *desire* (desejo), *knowledge* (conhecimento), *ability* (habilidade) e *reinforcement* (reforço). O indivíduo impactado está no centro. "O sucesso individual leva ao sucesso organizacional".
- ✓ ***3-Phase Process***: cada fase se abre em várias etapas. Resumidamente: a) preparar a abordagem; b) gerir a mudança; c) sustentar os resultados.

Considero um modelo bem completo, pois durante o processo de mudança você consegue gerar dados (*analytics*) que apoiam na tomada de decisão. Ela contempla uma etapa inicial (*PCT Model*) que ajuda no diagnóstico dos pontos críticos e ajuda a direcionar o foco da atuação. Caso tenha interesse em acessar todo o material do ADKAR, você precisa fazer uma certificação.

Aspectos comportamentais – quando e por que ocorrem

Durante o processo de mudança organizacional os comportamentos das pessoas estão sempre muito conectados à cultura atual da empresa. Apesar das diferenças, a maioria dos indivíduos segue um padrão comportamental durante o processo, o que facilita a adoção de uma das metodologias para guiar as pessoas nessa curva. Kübler-Ross (1997) denominou de Curva da Mudança, também conhecida como os 'cinco estágios da perda'. É um modelo composto pelos vários níveis ou estágios das emoções que uma pessoa experimenta em um processo de mudança. A seguir, apresento a visão da autora e minhas observações dos estágios que presenciei:

1. **Negação/inexistência.** É o ato ou ação de negar qualquer situação que imaginamos ser adversa, e assim reagimos de maneira resistente e protetora. Algumas pessoas até percebem que existe algo que pode melhorar, mas não sabem o que ou como. Outras não percebem nada, acham que está tudo certo e negam o que está acontecendo, sem consciência nenhuma da necessidade da mudança.
2. **Frustração/consciência.** Quando o entendimento finalmente acontece, as pessoas compreendem a situação, podendo ficar bravas e até procurar alguém para culpar. A raiva pode ser manifestada ou expressa de muitas maneiras. Ao compartilharmos toda a mudança, estabelecemos um diálogo com as pessoas sobre a necessidade de mudar. Normalmente, dois grupos com comportamentos distintos são criados. Um grupo começa a assimilar e a entender, e responde ao diálogo criado: "precisamos mudar mesmo? Quais as vantagens e desvan-

tagens do processo? Vou ter que abrir mão do quê?" As pessoas se abrem para criar consciência da mudança. No outro grupo, a negação ainda permanece, não conseguindo entrar no diálogo e criar consciência. Essas pessoas preferem negar e afastar a possibilidade da mudança. Nesta fase se criam os primeiros resistentes à mudança, que acreditam que ela não deve ocorrer.

3. **Negociação.** Quando o estágio da frustração desaparecer, as pessoas começam a pensar em formas de adiar o inevitável e entender melhor o que resta da situação. A negociação pode ajudar a alcançar uma solução sustentável e trazer algum alívio para os que ainda resistem ao inevitável. Para o grupo que já criou a consciência e se abriu ao diálogo, é preciso fazê-los embarcar na mudança mostrando mais da estratégia, dos planos de ação, os possíveis impactos e mitigações, tirando dúvidas, criando canais de comunicação e embarcando-os no processo. Para o grupo da negação, é necessário fazer uma comunicação face a face, por vezes individual, para entender o que está ocasionando a resistência. Quais aspectos da mudança esses indivíduos são contra e por que não embarcam nela. Apesar do processo ser mais lento, eles devem ser inseridos no plano e nas estratégias para ajudá-los a se mover. Uma sugestão para lidar com comportamentos de resistência é escutar e deixar o grupo fazer parte da construção. Exemplos de perguntas que ajudam pessoas resistentes ou influenciáveis a embarcar em mudanças: "como você sugere que façamos isso? Você acredita que esse é um bom caminho?".
4. **Depressão/momento da decisão.** A depressão é um estágio em que a pessoa tende a sentir medo, arrependimento, culpa e outras emoções negativas, podendo querer desistir de tudo. Existe uma possibilidade de resistência aqui, em ambos os grupos. As pessoas por vezes compram a mudança e querem que ela aconteça, pois percebem as vantagens e benefícios, porém, no momento oficial de mudar é que elas percebem e quantificam o tamanho do esforço e podem querer voltar atrás e desistir. É o momento de sair da teoria e ir para a ação.
5. **Aceitação/sustentação da mudança.** Quando as pessoas percebem que ir contra a mudança não vai fazer o desconforto desaparecer, elas renunciam à situação, aceitam e buscam se adaptar, tentando avançar. É preciso acompanhar a mudança. Existem aqueles que vão seguir e outros que aparentemente aceitaram mas podem querer voltar ao estado antigo, principalmente se este não é descontinuado de imediato e há brechas para voltar a "usá-lo". Prever ações para medir a adoção à mudança e compartilhar *feedbacks* positivos ajuda a reforçar e mitigar possíveis resistências nessa fase.

Nesse momento também é importante reforçar as capacitações e os treinamentos, principalmente para aqueles que ainda insistem em resistir ou estão mais lentos na transição comportamental/cultural. Além de mostrar o que se espera do profissional agora, é preciso ajudá-lo a chegar lá. Entendendo esses aspectos comportamentais, e o momento em que eles podem surgir, percebe-se novamente que são as pessoas que estão no centro da mudança e a importância do papel da liderança e dos patrocinadores para ajudar nessas fases de transição.

Tornando a gestão de mudanças uma competência organizacional

Construir uma competência de mudanças corporativas é algo além de gerir a mudança em si, retroalimenta e consolida uma nova cultura na empresa. Não significa que esse movimento só começa a acontecer após a "conclusão" da mudança, ele pode ser construído no paralelo.

Os líderes têm como principal papel a produção de mudança, com sua ação pautada sobre três dimensões fundamentais: estabelecer a direção estratégica da empresa, comunicar essas metas aos colaboradores e motivá-los para que sejam cumpridas (KOTTER, 1997). Começar trabalhando o desenvolvimento dessa competência com a liderança poderia ser um excelente caminho, mas não o único.

Após a organização fazer uma análise de quem são seus apoiadores e detratores, algumas práticas normalmente são realizadas para ajudar na consolidação dessa competência organizacional:

- ✓ ***Train the trainer* (multiplicadores):** ministrar cursos de práticas de mudança para as áreas identificadas como apoiadoras e que tenham uma rápida resposta de resultados ajuda a dar visibilidade para o movimento que está acontecendo. Pessoas das áreas-chave devem fazer certificações externas e se tornar treinadores de treinadores.
- ✓ **Rede de mudança (influenciadores):** criar uma rede de pessoas que ajude a influenciar a favor das mudanças em curso. Importante destacar que algumas empresas optam pelos agentes serem os próprios líderes, mas isso não é uma regra. Na minha visão, a liderança já tem subentendido esse papel de influenciador, então sugiro escolher colaboradores sem cargo de gestão, que as pessoas naturalmente escutem e queiram saber o que pensam.

Mas você pode estar se perguntando: por que tornar gestão de mudanças uma competência organizacional, e não apenas vê-la como uma metodologia pontual a ser seguida? Acredito que o mercado ainda está muito reativo a essa competência organizacional, e são poucas as empresas que estão organizadas para gerir mudanças nesse cenário acelerado. Consolidá-la na cultura trará vantagem competitiva.

Barney (1991) enumera quatro características para que os recursos se tornem uma fonte de vantagem competitiva sustentável:

- ✓ Devem apresentar valor, em termos de explorar oportunidades e neutralizar ameaças com essa competência.
- ✓ Devem ser raros entre os concorrentes.
- ✓ Não permitir imitações perfeitas do que é feito no seu negócio.
- ✓ Não encontrar substitutos estrategicamente equivalentes.

As empresas são como nossos organismos: geram anticorpos para reagir a alterações que ocorrem no nosso corpo. Entender o que se quer com a transformação digital e onde ela irá impactar no negócio e na organização é fundamental para você escolher a melhor estratégia para a gestão de mudanças e criar remédios para mitigar as dores provenientes dessas mudanças.

Quando conseguimos tornar a gestão de mudanças uma competência organizacional, a chance de o seu negócio ter destaque e melhores resultados é grande.

PARTE IV.
AS TECNOLOGIAS DA TRANSFORMAÇÃO DIGITAL

19. Simbiose entre negócio e tecnologia

Alice Baeta Castanheira

As empresas ainda tentam entender como acomodar a transformação digital e todo o impacto que ela traz em suas estruturas organizacionais. Essa virada de chave não apenas exige uma transformação cultural das empresas, mas também impacta papéis, processos, modelos de remuneração, estruturas hierárquicas e dinâmicas de trabalho, temas muitas vezes sensíveis ao dia a dia das equipes. E apesar da transformação ser normalmente proposta por um planejamento estratégico elaborado por executivos de negócio que se veem encurralados a pensar sobre o tema frente às pressões do mercado, na maioria das vezes ela é estrelada e conduzida pelas áreas de tecnologia. Estas, por sua vez, nunca souberam estabelecer uma relação amistosa com o negócio.

As áreas "atendidas" por tecnologia entram no processo de mudança muitas vezes como passageiras, acatando de forma resiliente os diversos métodos, cerimônias e papéis decretados por TI, sem compreender direito como conectar esses novos protocolos de trabalho ao seu contexto. O aprendizado vem ao custo de desgastes no relacionamento entre as áreas e constantes adaptações de estrutura até que se encontre o caminho.

Mas o fato é que não existe mais negócio sem tecnologia, e essa interação é inevitável, seja ela amistosa ou tortuosa. Na oferta de produtos em grande escala, na produção artesanal e orgânica, na empresa multinacional ou no comércio individual, dificilmente se encontrará qualquer transação que não conte com tecnologias complexas ou com o simples uso de um PIX.

A pandemia e a restrição nas interações pessoais obrigaram as empresas a evoluir subitamente. Sem a digitalização dos negócios não haveria a venda de produtos ou a oferta de serviços, assim como a entrega de ambos.

Assim, a tecnologia rapidamente transita de grau de importância, saindo do papel secundário de vantagem competitiva para assumir o papel de negócio em si.

Toda a experiência de atendimento passa a ser pautada pela tecnologia, enquanto o produto físico ou o serviço final é a cereja do bolo, o ponto alto de uma cadeia de valor muito maior. A pauta da transformação é quanto se consegue alavancar de receitas com o uso de novas tecnologias nessa cadeia.

A estrutura de cada empresa e a existência ou não de silos entre negócios e TI vai facilitar ou dificultar, acelerar ou atrasar o processo de transformação.

Quando a simbiose acontece

O mercado se surpreendeu com o investimento de US$ 1 bilhão do McDonald's em tecnologia em 2019, incluindo a compra de uma *startup* de inteligência artificial e soluções digitais pelo valor de US$ 300 milhões, a maior aquisição da empresa em 20 anos. O investimento ocorreu cinco anos após a abertura do Escritório de Tecnologia do McDonald's no Vale do Silício em 2014, criado com o objetivo de aumentar o foco em soluções digitais e a centralidade no cliente.

As frentes de atuação previstas envolvem o uso de dados na oferta de produtos personalizados, o aprimoramento do autoatendimento e até mesmo a entrada no metaverso, onde o lanche poderá ser adquirido no mundo virtual e recebido na vida real. Em 2019 o aplicativo do McDonald's foi o terceiro mais baixado dos Estados Unidos.

O campeão de vendas da lanchonete é o mesmo oferecido desde 1968, com pequenas variações na receita – retiraram aditivos prejudiciais à saúde. O que mudou foi o entorno: o *post* na rede social, a possibilidade de autoatendimento, o pagamento com a carteira virtual e a entrega monitorada pelo GPS. Qualquer dúvida, você será atendido via *chat*.

Independentemente da estrutura do McDonald's e do método adotado para executar a transformação digital, houve uma mudança de visão do negócio sobre sua estratégia: a tecnologia é a única forma de garantir a centralidade no cliente em todas as etapas da cadeia que o tocam.

O grupo de laboratórios Fleury seguiu o mesmo caminho e começou sua transformação digital em 2017. Tornou-se o primeiro parceiro da empresa IBM na América Latina para uso da solução *Watson for Genomics*, que usa inteligência artificial e análise de dados para construir diagnósticos.

Além da IA, o grupo tem explorado as principais tecnologias emergentes disponíveis, como *blockchain*, para relacionamento com operadoras e projetos de digitalização para autoatendimento e gestão de exames e diagnósticos. O Fleury se propôs a construir uma plataforma abrangente para que o próprio paciente possa fazer a gestão da sua saúde e de sua família. É uma visão muito além do exame diagnóstico em si, serviço *core* do laboratório. A ideia declarada formalmente pela empresa é a mesma adotada pelo McDonald's: colocar o cliente no centro da estratégia, em todas as ações.

São exemplos de empresas que ressignificaram seus negócios em torno da tecnologia e o que ela pode oferecer. Em ambas a transformação transcendeu a TI, mudou a cultura da empresa e a forma de se pensar o negócio. Mas não significa que a jornada foi ou ainda é fácil.

Adequando a estrutura à nova realidade

Muitos métodos surgiram para melhorar a integração entre tecnologia e negócios:

- ✓ A implementação de OKRs permite a conexão da estratégia do negócio com a carteira de projetos.
- ✓ O mapeamento de cadeias de valor (ou *Value Stream Mapping*) traz os times para um objetivo comum, com uma visão abrangente do produto.
- ✓ Métodos de *discovery* do produto, como *Lean Inception* e *Design Sprint*, permitem que tecnologia e negócio atuem juntos no entendimento do que precisa ser feito.
- ✓ *Frameworks* de agilidade em escala propõem diversas responsabilidades para os times de negócios, desde a gestão da cadeia de valor, no papel do *Business Owner*, até a escrita de histórias pelo *Product Owner* (SAFe® e *Scrum*).
- ✓ Times de gestão de mudanças entram com um papel fundamental na transformação cultural, criando uma rede de apoio e gerindo os principais desafios que envolvam pessoas.

Mas enquanto as mudanças não são refletidas na estrutura organizacional, a integração sempre parece encontrar barreiras virtuais.

O Itaú Unibanco atua com *squads* e métodos de agilidade há mais de uma década, com constantes evoluções de estrutura e envolvendo mais de 11,6 mil colaboradores. Maior instituição financeira da América Latina, é responsável por cerca de 75% de todas as transações realizadas por meio de canais digitais, sendo que 50% delas são feitas através de celulares.

As Comunidades de Entregas do Itaú nasceram para agrupar times de tecnologia de acordo com uma cadeia de valor, porém de forma segregada do negócio na estrutura organizacional.

Logo percebeu-se que seria necessário dar o próximo passo para evoluir na integração entre os times. O Projeto Transformação Cultural e dos Modelos de Trabalho foi criado com o objetivo de formar as Comunidades Integradas, onde negócios e TI passam a fazer parte de uma mesma estrutura multidisciplinar, responsável por pensar em conjunto nas necessidades dos clientes.

O conceito departamental de produto e suporte deixou de existir.

As cerca de 40 Comunidades Integradas devem possuir uma estrutura horizontalizada, com baixo grau hierárquico e conhecimentos como tecnologia, produtos, operações, marketing, design, riscos, entre outros. Os times de negócio aprendem a trabalhar em um novo modelo e pessoas com especialidades diferentes passam a atuar lado a lado.

Cerca de 25% de todos os colaboradores participarão das Comunidades Integradas até o final do projeto, o que envolve um universo de 20 mil pessoas. Com mais da metade da integração completa, a expectativa é que se leve mais um ano para concluir o projeto, que percorre um caminho longo e gradativo.

A passagem do time responsável pelos métodos de agilidade para a área de recursos humanos em 2019 também foi um movimento estratégico promovido na transformação digital do banco: decisões sobre o modelo de trabalho, papéis e responsabilidades foram alocados em uma área neutra, responsável também pelas ações de cultura e adequações ao modelo de gestão do desempenho. Lá formou-se o Escritório de Transformação, que absorveu recentemente uma *startup* especializada em *business agility* como forma de alavancar o tema.

Os resultados dessa integração já surtem efeito prático: de 2020 para 2021 a gestão viu a produtividade dos times dobrar com a nova formatação. As experimentações ficaram mais frequentes e os colaboradores apontam maior cooperação e troca de conhecimento. Em pesquisa interna, identificou-se que 77% dos empregados preferem o novo modelo de trabalho integrado.

O uso de novas tecnologias não apenas favoreceu a geração de novas receitas, como também permitiu o enfrentamento mais tempestivo das *fintechs*, que chegaram abocanhando parte do mercado com soluções simples e baratas. Estima-se que a carteira do Itaú Unibanco cresceu em 7 milhões de clientes após a criação de soluções digitais como o iti e o investimento em tecnologias como nuvem.

O forte uso de inteligência artificial permite que as decisões das Comunidades Integradas sejam baseadas em dados dos mais de 60 milhões de clientes. Os bancos de dados da empresa chegam a impressionantes 70 *perabytes* de capacidade de armazenamento. Esse volume de dados não apenas permite, como exige um uso ostensivo de ferramentas de gestão de dados e *analytics* para manuseio e gestão da informação.

Há também o uso de indicadores de desempenho no dia a dia dos times, gestão por OKRs e métodos de agilidade em escala adaptados à realidade da gigantesca estrutura do banco.

Apesar de o banco apresentar um nível de maturidade alto na implementação de práticas ágeis quando comparado às demais empresas do mercado, os executivos do Itaú sabem que essa é apenas mais uma etapa de uma jornada de transformação que não acaba: novos desafios surgirão e a única certeza é que os modelos de trabalho precisarão ser revistos de forma contínua.

Startups: alavancas da transformação digital

Os três exemplos citados anteriormente adotaram uma estratégia em comum como forma de alavancar sua transformação: usaram sua capacidade financeira para investir em *startups* de tecnologia.

Para viabilizar a transformação cultural é necessário contaminar o ambiente com o novo, e a forma mais rápida de implementar processos de experimentação nas empresas tem sido através da aquisição desses times, que se tornam celeiros de boas práticas em agilidade.

Startups precisam entregar mais com menos e são especialistas em gerir escassez de recursos. Têm o desafio de atrair gigantes com soluções muitas vezes desenvolvidas por poucas pessoas em um curto espaço de tempo. É a amostra do que uma empresa aspira implementar em grande escala.

A prática de adquirir *startups* é conhecida como *Corporate Venture Capital*, ou Capital de Risco Corporativo, e pode ocorrer através de acordos de *joint venture*, participação acionária, compra de patente, licença ou do próprio software.

O intuito das empresas é descobrir novos meios de receita, reduzir custos, investigar novas tecnologias, explorar modelos de trabalho ou até mesmo prevenir-se de potencial concorrência no futuro.

Em 2020 o grupo Fleury criou um fundo de investimentos em *startups* junto ao grupo Sabin com R$ 200 milhões em recursos. Os cerca de 15 investimentos planejados para serem feitos em um período de quatro anos visam atrair empresas de saúde digital e análise diagnóstica com uso de inteligência artificial e análise de dados.

O laboratório também criou em 2015 o Prêmio de Inovação do Grupo Fleury, que seleciona e avalia *startups* interessadas em apresentar novas soluções tecnológicas na área médica. As vencedoras têm suas soluções aceleradas com o aporte financeiro e tecnológico da empresa.

Já a compra da *startup* israelense de gestão de dados Dynamic Yield pelo McDonald's em 2019 não foi sua única aventura no mercado de *startups*. O grupo investiu em uma *startup* de manutenção de máquinas de sorvete em 2019, que resultou em um processo bilionário apenas dois anos após a formação da parceria. A *startup* oferece inteligência artificial para diagnóstico das máquinas de sorvete em tempo real e fazer assim manutenção preditiva dos equipamentos de produção. Desentendimentos entre as empresas geraram o processo aberto pelos dois únicos sócios, que viram seu negócio sumir após uma comunicação inapropriada da gigante sobre o serviço prestado.

Ainda no mesmo ano, o grupo adquiriu outra *startup* especializada em tecnologia para reconhecimento de voz, que se tornou o escritório responsável por planejar a expansão do grupo no Vale do Silício, a McD Tech Labs.

As tecnologias exploradas permitem que no futuro um cliente seja atendido em qualquer idioma. Porém, já em 2022 a *startup* foi revendida para a IBM, depois da parceria enfrentar dificuldades para ganhar escala no processo de implementação do software nos dispositivos da lanchonete. A ideia é usar a expertise da gigante IBM para conseguir essa decolagem.

O Itaú começou sua jornada com *startups* em 2015, criando o Cubo, o maior centro de empreendedorismo tecnológico da América Latina, em parceria com a Redpoint Eventures. Incubadora de *startups* de qualquer tipo de solução, serve como um ponto de encontro entre empreendedores, investidores e universidades para discutir inovação e fazer negócio. Apesar da iniciativa ter crescido exponencialmente nos últimos anos, o Itaú sempre encontrou dificuldades em absorver os pequenos em sua grande e complexa estrutura.

Além do Cubo, também adquiriu em 2022, por expressivos R$ 575 milhões, uma pequena *startup* de Uberlândia especializada em soluções digitais.

Diferentemente de um fundo convencional, esse tipo de investimento permite experimentar uma hipótese operando em métodos emergentes de forma preservada e isolada. Mas o investimento disperso em soluções que não têm relação com a atividade fim pode também tirar o foco do objetivo inicial da transformação: a centralidade no cliente.

A absorção de *startups* em sua essência, sem engessar os modelos de trabalho no processo de transição, será sempre tão desafiador quanto integrar tecnologia e negócios.

Caminho sem volta

Faculdades de tecnologia ou gestão trazem agora em sua grade curricular obrigatória disciplinas sobre novas tecnologias e métodos de agilidade. Certificações em transformação digital e agilidade proliferam no mercado da educação digital e MBAs foram desenvolvidos nas melhores universidades do mundo com o objetivo de habilitar as pessoas na gestão desses programas de alto investimento.

Novos desenvolvedores de sistemas entram no mercado de trabalho sem conhecer métodos utilizados há uma década para construir um software, e todo ano milhares de profissionais fazem a transição de carreira para a agilidade, com a expectativa de explorar um pouco um mercado que só cresce em um cenário econômico em que a maioria dos setores sofre retração.

A Brasscom, Associação das Empresas de Tecnologia da Informação e Comunicação, estima um déficit de 800 mil profissionais de tecnologia no Brasil até 2025, um contraponto ao índice de desemprego no patamar de dois dígitos enfrentado pelo país no cenário pós-pandêmico.

Em redes profissionais como o LinkedIn, o analista de negócios abriu espaço para o papel do *Product Owner*, assim como gestores de produtos tornaram-se *Product Managers* e *Business Owners* em seus títulos profissionais. A transformação digital é uma realidade mundial e abre possibilidades para explorar o mercado de trabalho internacional, considerado atrasado quando comparado ao Brasil em termos de adoção de práticas de agilidade.

Mas se temos os métodos, as motivações e as pessoas capacitadas, o que falta para que a simbiose aconteça? Será necessária a renovação dos profissionais que atuam há décadas com um *mindset* voltado para um modelo tradicional, baseado em comando e controle? Ou os métodos propostos não resolvem na prática o cerne da questão?

Independentemente dos motivos, a transformação digital e os modelos de agilidade são livros abertos, sendo escritos e aprimorados constantemente por aqueles que respiram esse ambiente todos os dias. A história mostra que a capacidade de se adaptar é questão de sobrevivência e a simbiose ocorrerá quando houver abertura para o novo.

20. Computação em nuvem (*cloud computing*)

Bruno Romero

Segundo AWS (Amazon Web Services), computação em nuvem é a entrega de recursos de TI sob demanda por meio da internet com definição de preço de pagamento conforme o uso (AWS, s.d.). Em vez de comprar, ter e manter *datacenters* e servidores físicos, você pode acessar serviços de tecnologia, como capacidade computacional, armazenamento e bancos de dados, conforme a necessidade, usando um provedor de nuvem como a Amazon Web Services (AWS).

Assim, através da computação em nuvem entrega-se o fornecimento de serviços de computação, incluindo servidores, armazenamento, bancos de dados, rede, software, análise e inteligência, pela internet ("a nuvem"), dessa forma visando a uma melhoria contínua do processo de transformação digital e suportando inovações mais rápidas, recursos flexíveis e economias de escala. Pagando-se apenas pelos serviços utilizados, essa forma de entrega ajuda a reduzir os custos operacionais, a executar sua infraestrutura com mais eficiência e a escalonar conforme as necessidades da empresa, suportando ainda a sazonalidade de demandas.

Tipos de computação em nuvem

Há três tipos de computação em nuvem que definem como será arquitetado o consumo de recursos de infraestrutura ou aplicações. São eles:

- ✓ **Nuvem pública.** São serviços de computação oferecidos por um provedor terceirizado. Nesse caso, você não tem nenhum hardware local que precisa ser gerenciado ou atualizado: tudo é executado no hardware do provedor de nuvem. Em alguns casos, você pode reduzir custos adicionais por meio do compartilhamento de recursos de computação com outros usuários da nuvem. São exemplos de provedores de serviços de nuvem pública empresas como Microsoft, Amazon e Google.

- ✓ **Nuvem privada.** Trata-se da administração desses recursos computacionais em um ambiente da própria empresa, através de seus próprios *datacenters*. Nesse caso, todo o hardware e software é próprio e é gerenciado pela própria organização.
- ✓ **Nuvem híbrida.** A nuvem híbrida combina as nuvens públicas e privadas, permitindo que as empresas executem suas aplicações na localização mais apropriada e combine os recursos de forma mais flexível.

É muito importante mencionar as principais categorias de computação em nuvem. Elas definem o modelo de consumo e de responsabilidade compartilhada da nuvem.

- ✓ **Infraestrutura como serviço (IaaS).** De acordo com os principais provedores de nuvem pública, a infraestrutura como serviço é a categoria mais flexível dos serviços de nuvem. Ela tem o objetivo de fornecer às empresas o máximo de controle sobre o hardware fornecido que executa seu aplicativo, como os servidores de infraestrutura de TI e as VMs (máquinas virtuais), o armazenamento e os sistemas operacionais. O IaaS basicamente permite o aluguel do hardware em vez da compra. Trata-se de uma infraestrutura de computação instantânea, provisionada e gerenciada pela internet.
- ✓ **Plataforma como serviço (PaaS).** De acordo com os principais provedores de nuvem pública, o PaaS fornece um ambiente para criação, teste e implantação de aplicativos de software. O objetivo da PaaS é ajudar as empresas a criar um aplicativo rapidamente, sem a necessidade de gerenciar a infraestrutura subjacente. Por exemplo, ao implantar um aplicativo web usando o PaaS, não é necessário instalar um sistema operacional, um servidor web e nem mesmo as atualizações do sistema.
- ✓ **Software como serviço (SaaS).** Segundo a AWS (s.d.), o SaaS oferece um produto completo, executado e gerenciado pelo provedor de serviços. Na maioria dos casos, quando as pessoas mencionam SaaS, estão falando de aplicativos de usuários finais (como e-mail baseado na web). Com uma oferta de SaaS, você não precisa pensar sobre a manutenção do serviço ou o gerenciamento da infraestrutura subjacente. Você só precisa se preocupar sobre como utilizará esse software específico.

Benefícios da computação em nuvem

Satya Nadella, diretor executivo da Microsoft, uma vez disse que todas as empresas deverão se transformar em empresas de tecnologia. Isso não poderia ser mais verdade!

No mundo em que vivemos hoje, a tecnologia é fundamental, pois habilita uma empresa a otimizar seus fatores de competitividade. Diante dessa importância, torna-se essencial discutir o papel do departamento de TI.

A tecnologia deve estar preparada para suportar e ajudar as empresas a se transformar. Isso requer uma mudança profunda em como a tecnologia é gerenciada, pensada e planejada.

O planejamento adequado de como melhor usar os recursos de tecnologia pode ser a peça-chave para a transformação de uma empresa ou uma inovação disruptiva.

Um exemplo é como a Netflix rompeu paradigmas e mudou a forma de consumir entretenimento.

Quando a Netflix começou, ela tinha exatamente o mesmo modelo de negócio da Blockbuster: o aluguel de filmes. A única diferença é que a Netflix enviava os DVDs até a residência dos clientes e já disponibilizava os *vouchers* necessários para a devolução deles.

Se pararmos para pensar nas funções básicas de negócios das empresas, vamos notar que elas eram as mesmas, isto é:

- ✓ Cadastro dos clientes
- ✓ Cadastros dos filmes disponíveis
- ✓ Controle de aluguel dos filmes
- ✓ Cobrança

Para suportar esse processo, ambas as empresas tinham sistemas específicos. A Blockbuster tinha um sistema construído sobre uma estrutura monolítica em servidores próprios, na qual a mesma aplicação era responsável por toda as etapas dos processos. Esse sistema podia ser executado com base em uma infraestrutura específica, por seus funcionários, em suas lojas.

A Netflix, por sua vez, construiu um sistema *cloud-native*, sobre uma estrutura de microsserviços. Esse sistema podia ser executado em qualquer lugar e foi projetado para ser uma aplicação *self-service*, onde os próprios clientes podiam escolher o que gostariam de consumir. Ou seja, ambos os sistemas atendiam às necessidades de negócios. Mas será que ambos estavam preparados para suportar uma inovação disruptiva?

Bem, hoje a resposta parece bem óbvia: é claro que a Netflix contava com um sistema que os ajudou a transformar e a Blockbuster não. A Netflix contava com um sistema que facilitava a escalabilidade, governança, resiliência, automatização, elasticidade e inovação, construído em uma infraestrutura em nuvem que dava toda a velocidade, flexibilidade, qualidade e segurança para essas mudanças.

Implementar o componente de inovação que fez a Netflix mudar todo um setor, o *streaming* de filmes, necessitou de um esforço extraordinariamente mais fácil sobre essa base do que jamais seria sobre a base monolítica de sistemas *on-premises*[4] da Blockbuster.

Nós sabemos que a inovação virá sempre do negócio – o papel do departamento de tecnologia é estar envolvido a nível estratégico e contribuir com a inovação. Claro que, assim que se define que um novo produto deve ser lançado, que uma nova solução deve ser criada ou que uma evolução faria sentido, a metodologia de gerenciamento de demandas, que garante a governança e a arquitetura baseada em nuvem, passa a ser um fator fundamental para sua execução.

Se voltarmos ao exemplo da Netflix, vamos notar que a arquitetura em microsserviços em nuvem permitiu que a empresa implementasse de maneira ágil uma solução de *streaming* de vídeos que revolucionou toda a indústria cinematográfica. Ou seja, qualquer empresa que queira ser disruptiva depende de lançar produtos com diferenciais que agreguem muito valor. Lançar protótipos ágeis desses produtos para testar as ideias e provar o valor é fundamental. Por ter que lançar diversos protótipos para entender qual é o produto que realmente agrega valor às pessoas e que as pessoas compram e querem, eliminar desperdícios e fazer com que esse lançamento tenha o custo mais efetivo possível é essencial.

É nesse ponto que a nuvem passa a ser um aliado dos negócios na transformação digital!

A nuvem traz como benefícios os seguintes componentes:

- ✓ Elasticidade e escalabilidade, que permitem que a infraestrutura seja capaz de se adequar ao uso dos *workloads* – por exemplo, um *e-commerce* pode

---

[4] É um sistema de armazenamento de dados, também chamado de servidor, que faz a integração de todas as informações das atividades de uma organização. A estrutura é totalmente implementada no espaço físico da companhia.

rodar com pouca capacidade computacional em datas específicas onde não há muito tráfego de usuários, mas pode se adequar e aumentar sua capacidade computacional em datas importantes, como *Black Friday* ou Natal!

- ✓ Elimina o *overhead* e otimiza os processos de TI, pois não há necessidade de manter servidores.
- ✓ Permite a automação de processos internos de TI e até mesmo de recuperação de falhas. Isso permite que os colaboradores possam focar em atividades realmente estratégicas e de suporte ao negócio.
- ✓ Há telemetria para acompanhar a segurança, a resiliência e a operação da aplicação – mais que isso, é possível usar telemetria para identificar comportamentos e a partir daí jogar esses dados em mecanismos de aprendizagem de máquina.
- ✓ Alta disponibilidade e replicação de ambientes com alguns cliques, permitindo liberar sites ou sistemas em qualquer lugar do mundo sem dificuldades.

A nuvem traz, a partir de seu bom uso a eficiência, otimização de custos, flexibilidade, escalabilidade, resiliência e agilidade para que a capacidade de inovação aumente.

A TI passa a não se preocupar com tarefas manuais e repetitivas, e sim com as atividades que sustentarão o negócio.

Computação em nuvem é a fundação da inovação

Quando paramos para observar as tendências tecnológicas, muitas delas discutidas neste livro, podemos perceber que todas dependem de uma computação de alto desempenho.

É claro que é possível criar os próprios servidores para suportar projetos de gestão de dados e mecanismos de aprendizagem e inteligência artificial, mas muitas vezes isso não é viável.

A nuvem passa, então, a ser fundamental para gestão de dados, inteligência artificial, IoT, *blockchain* e diversas outras tecnologias atuais e vindouras.

O uso da nuvem não é mais uma questão de "por que usar", e sim de "como usar".

O papel da computação em nuvem na transformação digital

Cloud computing ou computação em nuvem tem sido um dos grandes habilitadores da transformação digital nos últimos anos e de novos negócios digitais em muitas empresas ao redor do mundo, justamente pelo fato de ser escalável conforme a necessidade do negócio de maneira muito ágil, com segurança, alta disponibilidade, serviços de *backup*, integrações, *marketplace* e administração simples. Outro ponto importante da computação em nuvem é que sua administração envolve um número menor de funcionários em relação ao *datacenter* tradicional. Em alguns casos, não é nem necessário possuir equipe de infraestrutura, pois é possível utilizar infraestrutura como serviço.

Essas vantagens trouxeram segurança para as áreas negócios, principalmente para as *startups*. Sem essa tecnologia algumas nem existiriam, devido aos altos custos da infraestrutura.

Empresas do segmento de *streaming* ou VoD, como Netflix, Amazon Prime Video e Disney +, alcançaram resultados impressionantes em escala mundial em curto prazo utilizando *cloud* como estratégia de hospedagem dos servidores, em vez dos tradicionais *datacenters*, otimizando custo devido ao modelo *pay as you go* e ao mesmo tempo escalando poder computacional ou quantidade de servidores em várias regiões sem a necessidade de implementar vários *datacenters* ao redor do mundo.

Quando falamos do uso de computação em nuvem suportando a transformação digital, um dos itens mais importantes é dominar o uso da tecnologia e ter conhecimento amplo sobre a gama de serviços disponível e os provedores. Atualmente, existem vários provedores de *cloud*, que variam dos grandes *players* como Amazon Web Services, Azure e Google, até empresas menores e locais, especializadas em um mercado ou ofertas, como Digital Ocean e Vutr, que muitas vezes possuem custos mais atraentes ou entregam um SLA (*Service Level Agreement*) mais adequado ao negócio. Há ainda opções como *datacenters* com serviços de *cloud* para empresas que precisam de uma latência menor ou que, por questão de *compliance*, necessitam estar com hospedagem próxima às suas sedes. O importante nesse quesito é identificar as necessidades para o negócio e encontrar o provedor de serviço mais adequado para garantir que o objetivo final seja atingido.

Em alguns casos, o grande desafio de utilizar *cloud* na transformação digital é a insegurança de ter dados sensíveis para o negócio hospedados em outro país. Outra questão pode ser o custo – apesar de ser muito inferior em comparação a construir uma infraestrutura semelhante, atualmente a precificação é dolarizada, principalmente quando olhamos os grandes *players*. A insegurança econômica nos últimos anos devido à variação cambial pode tornar o serviço inviável, a depender do escopo de aplicação e do local de contratação.

Atualmente, com a adoção do modelo de infraestrutura como serviço em *datacenters* ou grandes fornecedores de hardware concorrendo com os grandes atores de *cloud* públicas, é importante avaliar muitos fatores antes de levar os *workloads* para a nuvem em nome da transformação digital. Dependendo da arquitetura do sistema, acaba sendo um custo elevado de hospedagem sem a utilização dos serviços de *cloud*, podendo se tornar um problema a longo prazo.

Por último, mas longe de ser menos importante, as empresas devem olhar para seu portfólio de soluções, produtos e aplicações e analisar e planejar qual a melhor forma de levá-los "para a nuvem". Atualmente diversas aplicações não foram desenvolvidas para esse modelo, por serem legadas ou porque simplesmente não foi pensado inicialmente assim. Durante o processo de migração essas aplicações podem não utilizar todos os benefícios ofertados pelo modelo e acarretar maior custo de manutenção, por exemplo. As empresas devem analisar com muito critério e cuidado a melhor técnica para isso – por exemplo, se é melhor reescrever a aplicação, começar uma nova ou ainda procurar um produto de mercado. Atualmente diversas empresas de tecnologia são especialistas nessas análises e podem ajudar muito nessa tomada de decisão.

A questão mais importante é fazer uma análise do custo-benefício para uma determinada aplicação estar hospedada em *cloud* ou não. Algumas empresas acabam quebrando, principalmente *startups*, porque essa avaliação não foi feita de maneira eficiente ou por excesso de entusiasmo com determinada tecnologia.

Em resumo, o papel da computação em nuvem é fundamental para qualquer empresa que vise sua transformação digital, pois entrega diversas vantagens como colocadas neste capítulo. Mas essa migração deve ser feita com critério, planejamento e conhecimento.

A conclusão final é: não estamos mais discutindo se iremos para nuvem e sim quando e de que forma.

21. Inteligência artificial

Roberto Alves de Sousa Junior
André Pires dos Santos

Como surgiu a inteligência artificial?

Por mais que o assunto inteligência artificial possa parecer algo extremamente atual (ou até mesmo futurista), principalmente por estar ligado à estratégia de transformação digital de grandes empresas, a primeira menção oficial ao termo, ocorreu em 21 de junho de 1956, em uma conferência de verão no Dartmouth College (New Hampshire, EUA), em uma carta proposta submetida à fundação Rockfeller (associação beneficente e não governamental dos Estados Unidos) escrita por McCarthy, Marvin Minsky, Nathaniel Rochester e Claude Shannon solicitando um financiamento para realizar um estudo durante dois meses, por dez homens, para um campo de pesquisa que foi batizado de inteligência artificial (termo designado por McCarthy).

Um dos resultados da conferência foi a categorização da inteligência artificial como uma nova área científica. "Foi mais uma reunião de amigos, que juntou quem se interessava por jogos como o xadrez, linguagens de programação especiais ou simulação de raciocínio", lembra Luís Moniz Pereira, diretor do Centro de Inteligência Artificial da Universidade Nova de Lisboa sobre a conferência de Dartmouth (PÚBLICO, 2006).

John McCarthy continuou a sua investigação na Universidade de Stanford e Marvin Minsky no Instituto de Tecnologia do Massachusetts (MIT).

IA na linha do tempo

Após esse período tivemos uma série de avanços na área. Em 1957, Frank Rosenblatt apresentou o *perceptron*. Esse algoritmo com nome de personagem de Transformers é uma rede neural de uma camada que classifica resultados e começou como uma máquina chamada *Mark 1*. Em 1958, foi criada a primeira linguagem de programação chamada Lisp, que na época virou padrão em sistemas de inteligência artificial, sendo base para diversas linguagens de programação atualmente (ex.: Clojure). No ano de 1964, tivemos um grande marco para a área, o primeiro *chatbot* do mundo: a Eliza. Com base em palavras-chaves e estrutura sintática, ela conversava de forma automática imitando uma psicanalista e usando respostas baseadas em palavras--chave e estrutura sintática.

As possibilidades eram tão promissoras que órgãos privados e governamentais fizeram grandes investimentos na área, incluindo a ARPA (Agência de Pesquisa de Projetos Avançados), entidade responsável pela criação da internet. Entretanto, mesmo diante de tantas expectativas, investimentos e muitos estudos acadêmicos, na prática não houve um avanço tão rápido quanto o esperado. Por isso, entre os anos 70 e até o começo da década de 80, houve um período sombrio conhecido como "inverno da inteligência artificial", com poucas novidades, cortes nos investimentos e baixa atenção ao setor.

O campo da inteligência artificial passou décadas no esquecimento por não ter correspondido ao esperado. O principal fator para isso seria a limitação computacional da época.

No início da década de 70, com a ampliação da memória dos computadores, os problemas técnicos estavam parcialmente resolvidos. Com isso, na década de 80, Edward Feigenbaum propôs a criação de sistemas especialistas que são programas que realizam atividades complexas e específicas de um determinado campo, fazendo o papel de um ser humano, porém com raciocínio mais veloz e possuindo uma base de conhecimento mais vasta. Os sistemas especialistas trouxeram muitos benefícios para diversos setores, principalmente para o financeiro (ajudando na análise de risco de crédito bancário, no gerenciamento de riscos, na gestão de ativos etc.).

Em 1997, tivemos um grande marco para a área: o computador *Deep Blue* venceu o mestre de xadrez Garry Kasparov.

A partir de 2010, a inteligência artificial voltou a um ser assunto de destaque em toda a nossa sociedade devido a dois fatores:

1. O acesso a grandes volumes de dados (gestão de dados).
2. A eficiência dos processadores de placas gráficas dos computadores, capazes de acelerar o cálculo de algoritmos de aprendizagem.

Com esses avanços, foi possível mudar o paradigma dos sistemas especialistas. A abordagem tornou-se indutiva. Em resumo, não seria mais necessário o ser humano (programador de software) codificar regras explícitas para os sistemas especialistas, o computador passou a ser capaz, por meio de correlação e classificação, com base em grande quantidade de dados, de obter as suas próprias respostas.

A utilização da inteligência artificial atualmente

Estamos em uma era em que o poder de processamento dos computadores tornou possível criar produtos baseados em dados.

Se a sua última refeição foi pedida por um aplicativo, possivelmente esse aplicativo, com base em seu histórico de compra, sabe os tipos de restaurantes que você prefere, os dias de semana e as horas mais prováveis nas quais você fará os próximos pedidos, incluindo o valor médio que você se dispõe a pagar por suas refeições. E usa tudo isso para lhe oferecer a melhor experiência possível.

Empresas mais inovadoras já estão aplicando o *people analytics*, método de gestão de pessoas baseado na coleta e análise de dados, onde é possível determinar quem são os funcionários mais propensos a pedir demissão, por vezes sendo possível até predizer o motivo.

É comum que empresas que fornecem serviços de *streaming* também utilizem algoritmos avançados de IA para fidelizar o seu público. Podemos citar um caso comum no dia a dia dos consumidores de *streaming*: o algoritmo de recomendação. De forma geral, para esse modelo de negócio, a satisfação do usuário está ligada ao seu nível de consumo do produto – por isso, é extremamente importante que cada recomendação seja feita de forma precisa e pessoal para cada usuário. Para tal, o algoritmo de recomendação analisa inúmeros fatores como histórico, notas dadas aos títulos, por quanto tempo costuma usar o serviço (para determinar se prefere filmes, séries ou até se é propenso a maratonas), a variação de gosto por horário e até por aparelho conectado à conta.

Podemos citar muitos outros exemplos que utilizam IA para entender melhor os seus clientes e alavancar os seus negócios: serviços de GPS que recomendam rotas com base em efetividade (considerando tráfego, segurança, tipo de transporte etc.), empresas com modelo de assinatura que usam técnicas como *churn rate* para determinar clientes que desistirão do serviço, empresas do ramo financeiro que realizam automação com IA para processos de análise de sinistros para combate de fraudes, hospitais que fornecem suporte à decisão clínica aos médicos com IA, assistentes de voz (Alexa, Siri etc.), redes sociais que usam técnicas como *deep text* (mecanismo de compreensão de texto que interpreta o estado emocional do usuário), entre outros.

De maneira geral, as empresas estão coletando dados a todo momento para conhecer melhor os seus clientes e oferecer algo cada vez mais relevante individualmente – por isso, os dados são considerados o novo ouro.

E tudo isso ocorre principalmente pela quantidade de dados produzida e consumida cada vez mais.

A inteligência artificial aplicada no processo de transformação digital

A transformação digital é uma mudança profunda entre pessoas, processos e tecnologia em uma organização. E a chave para que ela ocorra de forma bem-sucedida é a capacidade de usar o poder dos dados para gerar precisão e agilidade na tomada de decisões. É por isso que a ciência de dados tem se tornado tão importante para as empresas.

Estudos da Forrester (FORRESTER, 2020; GOETZ, 2018) indicam os maiores desafios na adoção da inteligência artificial na estratégia de transformação digital das empresas:

- ✓ 53% das empresas indicam dificuldades no processo de coleta de dados.
- ✓ 52% das empresas lutam para construir soluções preditivas eficientes.

O primeiro passo para que esses desafios não se tornem grandes empecilhos em qualquer iniciativa envolvendo inteligência artificial é criarmos uma estratégia de dados. As empresas produzem dados, mas o segredo está na forma como usamos esses dados.

Um estudo da Deloitte (LOUCKS *et al.*, s.d.) traz a seguinte reflexão:

> *O sucesso da IA depende de fazer a execução certa. As organizações geralmente devem se destacar em uma ampla gama de práticas para garantir o sucesso da IA, incluindo o desenvolvimento de uma estratégia, a busca dos casos de uso certos, a construção de uma base de dados e o cultivo de uma forte capacidade de experimentar.*

Pequenos movimentos trazem ganhos rápidos e maturidade para planejar a longo prazo a extensão da adoção de IA em sua operação. Existem muitas oportunidades de otimização em processos que possuem pouca ou nenhuma tomada de decisão e que drenam o tempo dos profissionais com tarefas repetitivas.

Existem muitas formas de criar essas estratégias, mas uma visão simplificada para esse movimento possui três elementos básicos:

1. **Identificar as fontes de criação de valor.** Mapear os possíveis cenários para a aplicação de inteligência artificial e identificar as fontes de dados.
2. **Capturar as fontes de criação de valor.** Coletar os dados identificados na fase anterior.
3. **Operacionalizar as fontes de criação de valor.** A partir dos dados relacionados à fonte de valor já disponíveis, nessa fase o resultado é alcançado podendo ser modelos preditivos, sistemas de recomendação, automatização de processos, entre outros.

Somente na fase 3 a IA gera *insights* ou ações que trazem resultados para a estratégia de negócio. Vemos que muitas iniciativas com inteligência artificial falham por iniciarem na fase 3 sem possuírem a estrutura adequada.

Precisamos ter em mente que a estratégia de dados não deve ser ignorada. Ela é essencial para se trabalhar com inteligência artificial.

O futuro da inteligência artificial

A Gartner (NSB, 2019) prevê que, até 2025, organizações que incorporam estratégias de IA em suas plataformas de engajamento junto aos clientes devem aumentar a eficiência operacional em até 25%. Esse é um dado para se levar em conta, pois o atendimento aos clientes é um ponto da operação onde as estratégias de transformação mais costumam falhar.

O Boston Consulting Group (KÜPPER *et al.*, 2018) divulgou estudos que indicam que as transformações digitais nas fábricas apoiadas por IA reduzem os custos de conversão em até 20%, com até 70% de redução de custos totais, resultantes de maior produtividade com a força de trabalho e maquinário.

Os processos de recrutamento, contratação e treinamento das empresas costumam envolver diferentes níveis de complexidade e demandam uma boa parte do tempo dos profissionais de RH. De acordo com a *International Data Corporation* (IDC, 2021), em 2024, cerca de 80% das companhias vão fazer uso de "gerentes digitais", habilitados por inteligência artificial e *machine learning* para realizar contratações, treinamentos e demissões de trabalhadores.

Os benefícios da transformação digital apoiada pela inteligência artificial, independentemente do setor, vão desde o aumento da eficiência da operação até o crescimento da escala do negócio, melhorando ou criando novas experiências para o cliente.

22. A internet das coisas (IoT) e seu impacto no dia a dia

Diego Aguiar

O conceito IoT

Há muito pensamos em um mundo conectado, onde o ambiente que nos cerca será capaz de interagir diretamente conosco. Essa ideia de conectividade está intrinsecamente ligada à evolução da internet, pois nos acostumamos – em especial nos tempos atuais – a estarmos conectados e a termos dados disponíveis *on-line* sobre praticamente tudo.

No entanto, ter dados em tempo real de "praticamente tudo" não se aplicava ao mundo físico, ou seja, ao ambiente que nos cerca – até surgir o conceito de internet das coisas, ou IoT (*Internet of Things*). O grande objetivo por trás da IoT é dar inteligência às coisas, ou seja, conectar o mundo real ao virtual, tornando o mundo real "mais inteligente".

A história em construção da IoT

Desde quando o conceito foi abordado por Kevin Ashton nos idos dos anos 90, a IoT foi sinônimo de conectividade. O resultado mais importante da IoT são os dados gerados pelas coisas conectadas, que servem de apoio para que decisões sejam tomadas de maneira mais rápida e efetiva.

A IoT tem algumas características importantes, como: utilizar dispositivos (hardwares) e sensores para conseguir conectar os mais diversos elementos de um mundo físico; utilizar diversos tipos de conectividade para transmitir as informações geradas pelos dispositivos e sensores para algum tipo de repositório; plataforma que concentra os dados gerados e os transforma em informações visuais, permitindo a utilização dessas informações para a tomada de decisão necessária.

Tais plataformas agregadoras de dados de IoT não necessariamente têm um humano analisando e tomando decisões – elas possuem sistemas inteligentes que conseguem processar esse volume enorme de dados gerados, como, por exemplo, inteligência artificial. O resultado desse processo ajuda na tomada de decisões no dia a dia das operações.

Rápida visão de dados – conceito simplificado

Isso nos leva a outro conceito bastante importante, e que é diretamente ligado ao IoT: a análise de dados ou *analytics*. De maneira bastante resumida, trabalhando em cima de um *big data* (ou, em português, "grande quantidade de dados"), o *analytics* é o trabalho de análise e depuração de dados gerados por diversas fontes (incluídas as coisas conectadas – IoT) e que precisam ser armazenados, organizados e processados, servindo de fonte primária para a construção de decisões estratégicas.

Os três pilares que fundamentaram o *big data* podem ser resumidos em 3Vs:

- ✓ **Volume:** grande quantidade de dados gerados.
- ✓ **Velocidade:** compreende o tempo em que esses dados serão coletados, organizados e analisados.
- ✓ **Variedade:** fontes variadas de dados, que podem ser agregadas e comparadas.

Nos tempos recentes foram adicionados outros Vs aos pilares do *big data*: veracidade, variabilidade, validade e volatilidade.

Como funciona o IoT – conceito simplificado

Embora quase que autodescritivo, o funcionamento do IoT está apoiado em premissas básicas para seu funcionamento. Obviamente que as soluções se tornam mais ou menos robustas, ou de alto ou baixo custo, a depender da criticidade da operação que será monitorada.

De maneira bastante simplista, as premissas básicas para se ter uma solução IoT seriam:

- ✓ Dispositivos/sensores adequados para coletar informações daquilo que se quer conectar.
- ✓ Conectividade para transmissão dos dados coletados.
- ✓ Plataforma (software) para gestão e processamento dos dados/dispositivos.

A partir disso, existe toda uma estratégia para que os dados sejam processados e se tornem fontes de informação relevantes e, naturalmente, retroalimentem o gestor daquele ambiente para que as decisões acerca do negócio ou projeto sejam tomadas.

Ainda sobre as tecnologias de conectividade a serem utilizadas, existe uma miríade de possibilidades. Seja através do padrão GSM (2G, 3G, 4G ou 5G), LPWAN, satélite ou qualquer outra forma de conexão, o ponto principal na avaliação do que será utilizado vai depender diretamente do que se quer analisar e qual o resultado esperado. Assim sendo, um bom caminho para começar a avaliar uma possível solução é fazer algumas perguntas básicas:

- ✓ Telemetria ou monitoramento via vídeo em tempo real?
- ✓ Transmissão dos pacotes de dados *on-line* ou uma vez ao mês?
- ✓ Pacotes de dados transmitidos com tamanho de 1Kbps ou de 5 *megabytes*?
- ✓ Grandes quantidades de sensores ou itens pontuais para soluções de alto valor agregado?

As respostas a essas perguntas podem ajudar no direcionamento da arquitetura das soluções de IoT que serão utilizadas.

Por fim, mas não menos importante, é crucial que toda estratégia de IoT esteja baseada em um rígido pilar de cibersegurança. Dado que os dispositivos estão conectados, independentemente da forma de conexão, eles podem se tornar possíveis alvos de cibercriminosos, tendo como resultado desde falhas nos dispositivos até impacto em todo um ecossistema de soluções.

Fazendo negócios com IoT

A beleza da IoT é que praticamente tudo pode ser conectado, tornando quase infinitas as possibilidades de modelos de negócios que podem ser criados com a tecnologia.

Como estratégia, é importante entender o que se vai endereçar. No geral, é possível começar visualizando dois grandes pilares a serem trabalhados:

- ✓ **Eficiência:** a solução é desenvolvida com foco em tornar mais eficientes processos ou produtos existentes através de uma estratégia de IoT.
- ✓ **Inovação:** a solução busca trazer novas funcionalidade aos produtos existentes, assim como novos negócios através de soluções IoT disruptivas.

Com isso em mente, o ponto de partida fica menos complexo, pois é possível delinear, mesmo que de forma macro, qual é a frente a ser trabalhada, assim como ter uma visão das possibilidades de evolução natural dos produtos.

Cabe ressaltar que essas ferramentas estratégicas precisam estar ligadas em um ecossistema, pois uma única solução IoT não consegue destravar todo o valor da IoT. Ou seja: para termos o pleno potencial, todo o entorno precisa estar conectado, não apenas elementos isolados, de modo que essa interconexão de dispositivos forme uma teia de dados interdependentes.

Partindo desses princípios básicos, a seguir descrevo alguns exemplos e suas possíveis aplicações:

✓ **Mobilidade:** dispositivos conectados ao veículo fazem a telemetria veicular e disponibilizam rastreamento em tempo real. Outro ponto interessante é que essa pode ser a porta de entrada para uma gestão de trânsito mais eficiente.
✓ **Varejo:** ferramentas de *digital signage* integradas fornecem uma comunicação mais personalizada e direta (ex.: no próprio dispositivo móvel) com os clientes, tornando a experiência no meio físico cada vez mais digital.
✓ **Indústria:** redes privativas trazem segurança e confiança para uma evolução em direção a processos cada vez mais automatizados em diferentes segmentos da indústria.
✓ **Agropecuária:** novas soluções proporcionam uma visão integrada dos processos rurais, aumentando a produtividade, diminuindo riscos de produção e trazendo dados valiosos gerados no campo.
✓ **Saúde:** a utilização de diversos sensores (incluindo *smartwatches*) permite o monitoramento em tempo real da condição do paciente, dentro e fora do hospital. Fora isso, ter o ambiente do próprio hospital monitorado pode ajudar bastante na operação e gestão do hospital de diversas maneiras, como gestão de leitos, gestão do paciente dentro do hospital etc.

Esses são exemplos do dia a dia, e não são exaustivos, pois já existe uma gama de outras soluções sendo exploradas, como casas conectadas, gestão de energia etc.

No entanto, esses exemplos simples ajudam a mostrar um pouco como a IoT vai estar presente no nosso dia a dia, tendo sempre como premissa básica melhorar a forma como interagimos com o nosso entorno.

23. A jornada dos dados

Roberto Alves de Sousa Junior

O paradigma dos dados na economia

No início da formação da civilização, não havia uma definição de dinheiro, por isso o comércio era baseado em escambo (troca de mercadorias). Durante o século VII a.C. surgiu o papel-moeda, que passou a ser o símbolo do valor econômico para a sociedade. No ano de 1859, foi descoberto um recurso natural que superou o valor econômico do papel-moeda e se tornou o recurso mais valioso do planeta: o petróleo. Entretanto, Clive Humby, um matemático britânico e empresário de ciência de dados, afirmou que dados são o novo petróleo. Já a revista *The Economist* foi além e declarou que o recurso mais valioso do mundo não é mais o petróleo, mas os dados.

O que são dados?

Dados podem ser classificados como valores atribuídos a algo e possuem diversos formatos, como texto, número, imagens, grafos, entre outros.

Qual a diferença entre dado e informação?

Enquanto os dados são uma coleção de valores brutos (não trabalhados), a informação é uma coleção de fatos organizados de modo a adquirir um valor.

A gestão de dados

Com o advento da internet, dados começaram a ser produzidos em uma escala exponencial. Segundo dados compilados por Lori Lewis e publicados no site AllAccess (LEWIS, 2021), 60 segundos na web em 2021 consistem em mais de 500 horas de conteúdo carregado no YouTube, 695 mil histórias compartilhadas no Instagram e quase 70 milhões de mensagens enviadas via WhatsApp e Facebook Messenger. Esse mesmo minuto de internet também contém mais de US$ 1,6 milhão gastos *on-line*.

Entretanto, é comum que as empresas não saibam exatamente como lidar com esse intenso volume de dados. Daí surge o desafio de gerir essa grande quantidade de dados. A gestão de dados é uma área de conhecimento que estuda como coletar, armazenar, tratar e analisar esses dados e rapidamente transformá-los em informação a fim de obter *insights*, reduzir custos, economizar tempo e tomar decisões mais inteligentes.

Os benefícios de implementar a gestão de dados para uma análise *data-driven*

Empresas dos mais variados ramos usam essa gestão para potencializar o seu negócio, principalmente quando o tema é entender o seu cliente. Com base nos volumes de dados armazenados, por vezes é possível antecipar necessidades e desejos do cliente.

Em um banco, essa gestão pode detectar comportamentos fraudulentos e minimizar riscos para o negócio. Já em um hospital, os registros de pacientes podem ser suficientes para criar *insights* para melhorar o atendimento. Em uma indústria, a gestão de dados pode monitorar alertas para casos de falhas nas máquinas em tempo real, além de ajudar a entender os processos e como otimizá-los.

A análise de dados pode auxiliar empresas de todos os segmentos a conquistar mais receita, cortar custos e melhorar sua marca.

Entretanto, existem muitos desafios nessa jornada. Os três mais comuns são:

- ✓ **Dificuldade em encontrar dados.** Ao iniciar o processo de incorporação e aculturamento em um novo cenário, pode ser difícil encontrar dados relevantes e ter dificuldade em extraí-los, por isso é fundamental que o processo de gestão de dados esteja vinculado aos objetivos de negócio da empresa, para que não seja desperdiçado tempo em iniciativas vazias.
- ✓ **Privacidade.** Com o advento da LGPD (Lei Geral de Proteção de Dados), é necessário que qualquer dado coletado que passe por uma operação de tratamento ou análise tenha sido devidamente autorizado.
- ✓ **Segurança.** Uma vez que os dados estão sendo reunidos em um grande repositório final, é essencial que todas as medidas de segurança sejam tomadas para proteger a empresa de ciberataques e até mesmo para garantir que não haja nenhum acesso interno não autorizado.

O papel dos dados na transformação digital

À medida que a transformação digital ganhou força, o tema emergiu como o principal combustível para a jornada. Segundo Prashant Kelker, sócio de estratégia e soluções digitais da ISG, "a transformação digital é o caminho. Gestão de dados é um dos meios" (OVERBY, 2020).

A gestão de dados acelera a transformação digital. Ao aplicar análises avançadas por meio de técnicas de gestão de dados, as organizações podem tomar decisões mais rápidas e com visão de futuro. Isso, por sua vez, permite que os negócios evoluam.

A análise dos dados também permite que as empresas tenham informações granulares sobre grupos específicos ou diferentes de clientes. Podem ser informações sobre o que eles fazem quando estão em seus sites, o que compram, com que frequência compram e se comprarão os mesmos produtos no futuro. Usando todas essas informações, as empresas podem implementar mudanças para atender às necessidades futuras de seus clientes enquanto estabelecem metas sobre como atender a essas necessidades.

Para completar sua transformação digital, portanto, as empresas precisam adotar a análise de dados, que somente é possível por meio da gestão de dados.

24. *Blockchain*

Thiago Barcellos Diniz

Num ritmo alucinante e ditado pela evolução disruptiva do conhecimento humano, a transformação digital ganha sua mais forte aliada, a tecnologia *blockchain*. Essa tecnologia traz uma perspectiva mais transparente de fazer negócios, descentralizada, mais acessível, mais eficiente, mais rápida e gerando mais confiança no *peer-to-peer*[5] dentro da cadeia.

A *blockchain* traz no seu cerne uma potente ajuda para a economia digital e principalmente para a sociedade quando o tema é confiança.

A tecnologia traz um conceito desenvolvido pelo frei Luca Pacioli em 1494 de livro-razão "ledger", que promovia o registro de ativos tangíveis e intangíveis disponibilizados de forma ordenada e detalhada em várias operações de crédito e débito e a composição de um balanço final. Segundo Manav Gupta, da IBM (2017), *blockchain* é um livro-razão compartilhado e distribuído que facilita o processo de registro de transações e rastreamento de ativos em uma rede comercial. Um bem pode ser tangível – uma casa, um carro, dinheiro, terra – ou intangível – propriedade intelectual, como patentes, direitos autorais ou marca. Praticamente qualquer coisa de valor pode ser rastreada e negociada em uma rede de blocos, reduzindo riscos e, também, os custos para todos os envolvidos. Essa cadeia de blocos é uma base de dados com diversas transações imputadas, porém validadas por diversas pessoas através de um código de verificação a cada bloco processado. Essa verificação descentralizada e validada por um código permite transparência, segurança, confiança, automatização, rastreamento, auditoria e imutabilidade do dado. Essas características são os grandes desafios da transformação digital.

---

5 A rede *peer-to-peer*, par a par, ou, abreviadamente, P2P, é um modelo de comunicações sem organização hierárquica e sem controle centralizado. É uma arquitetura de redes de computadores onde cada um dos pontos funciona tanto como cliente quanto como servidor, permitindo compartilhamentos de serviços e dados sem a necessidade de um servidor central.

É um procedimento ou mecanismo que permite que usuários ou máquinas cheguem a um acordo comum sobre a informação, tornando-a única fonte de verdade, mesmo que alguns membros discordem, através de consenso. Esse procedimento ou mecanismo recebeu o nome de **algoritmo de consenso**. A rede garante que cada novo bloco adicionado à cadeia seja a única versão da verdade acordada por todos os demais participantes, trazendo igualdade e justiça no mundo *on-line*. Essa rede de consenso dentro da *blockchain* pode ser pública ou privada – o que difere é que na rede pública os participantes não se conhecem, demandando maior carga computacional para aumentar o nível de confiança. Como são muitos usuários, é mais fácil colaborar com a rede a tentar burlá-la. Nas redes privadas, esses algoritmos estão sendo utilizados na transformação digital. As empresas podem se beneficiar de mais segurança dentro de sua governança, trazendo mais transparência, auditoria, organização e verdade ao mundo corporativo.

Para Christian Aranha (2020), *blockchain* é a tecnologia que pode transformar a base de todo o sistema econômico e, consequentemente, a forma como organizamos a nossa sociedade. Conhecido como "protocolo de confiança", é um sistema para transações digitais que permite a transferência de valor *on-line* sem a necessidade de um intermediário. De forma simples, é uma combinação de três tecnologias: a internet, a criptografia e o protocolo *peer-to-peer* em um sofisticado sistema de governança formado por códigos e algoritmos que usa a teoria dos jogos para alinhar os incentivos da rede em prol da colaboração, fazendo com que seja melhor colaborar com a rede do que tentar burlá-la.

Um pouco de história

Durante a crise imobiliária nos EUA que abalou o mundo capitalista, em 2008, títulos de crédito do banco de investimento Lehman Brothers estavam tão valorizados que as pessoas começaram a duvidar de seus preços. Essa falta de credibilidade colapsou o sistema com uma série de calotes e fez com que o governo norte-americano fosse obrigado a ajudar a empresa a não quebrar, pois haveria também uma quebra de todo o sistema. A ajuda do governo a essas grandes empresas gerou uma série de protestos.

Nesse mesmo ano de 2008, Satoshi Nakamoto, pseudônimo do criador do *bitcoin* e do conceito de validação de blocos em cadeia, propôs, em "Bitcoin: A Peer-to-Peer Electronic Cash System", uma solução para o problema do gasto duplo usando um sistema distribuído *peer-to-peer* e um servidor de carimbo de data/hora para gerar prova computacional da ordem cronológica das transações. Nesse *whitepaper*, pouco se imaginava a transformação que impactaria todo o mercado, não só na transferência digital de valores, mas também na forma de fazer negócios, na interação e na gestão das organizações. A tecnologia *blockchain* fez surgir a primeira organização autônoma descentralizada – a rede *bitcoin*. Nessa organização inexiste uma figura responsável por definir e executar suas regras. A gestão da rede fica a cargo de todos os seus participantes, não há divisões hierárquicas.

Em 2013, Vitalik Buterin aproveitou a tecnologia *blockchain* para criar a rede *Ethereum* e desenvolver um conceito de Organizações Autônomas Descentralizadas, do inglês *Decentralized Autonomous Organization* (DAO). Elas são regidas por *smart contracts*, e os participantes exercem seus direitos por meio de *tokens* de governança emitidos pela própria organização. Com isso, as decisões em uma DAO passam a ser através de regras de consenso dentro da *blockchain*, sem hierarquia e tornando efetivamente global e distribuída a estrutura das organizações.

São várias as soluções propostas pela tecnologia que podem apoiar a transformação digital. Com ela podemos obter imutabilidade e rastreabilidade de registros, carimbo de tempo e prova de anterioridade, autoconciliação, prevenção do gasto duplo, resiliência e resistência à censura com dados distribuídos e criptografia, assegurando a confidencialidade do dado. É possível implementar contratos inteligentes, armazenamento em nuvens distribuídas, identidade digital, votação digital, operações cambiais imediatas, cartórios digitais, registro de patentes, propriedade intelectual, moedas digitais, direito digital, transações imobiliárias, prontuário médico, gestão pública etc.

As aplicações são nas mais variadas áreas e ainda teremos muitas descobertas pela frente. No mercado de seguros, podemos utilizar para evitar fraudes na data e hora da ocorrência do sinistro, duplicidade de cadastros e falsificação de documentos. Ajudará no crescimento da IoT (*Internet of Things*), uma vez que reduzirá o risco de ataques cibernéticos aos aparelhos conectados através de uma rede de confiança gerada pela tecnologia *blockchain*. Permitirá melhor rastreabilidade na área de *supply chain*, disponibilizando histórico completo, transparente e à prova de violação das transações financeiras, dos fluxos de estoque e de informações da empresa. Revolucionará a forma de consumir energia, desburocratizando o setor e digitalizando os fluxos contratuais e financeiros de ativos de energia, sem falar na forma de comprar e vender energia, ajudando na regulação e democratização do mercado. Podemos também utilizar essa tecnologia para registro de propriedades, propriedade intelectual, patentes e certificação de contratos digitais, podendo melhorar drasticamente a experiência com cartórios. Pensando na desmonetização, reduziria a circulação de moedas e notas, baixando drasticamente o custo de emissão, custódia, distribuição, manuseio comercial, coleta, descarte e outros custos indiretos na emissão de papel--moeda. Enfim, são inúmeras aplicações. Organizações irão melhorar a experiência do cliente, trazendo de forma mais transparente, segura e ágil a comunicação, suas transações e a guarda de ativos com custos menores, reduzindo os intermediários e permitindo que a transformação digital evolua.

Na transformação digital, o algoritmo de consenso reúne todos os acordos do grupo. Todos os indivíduos cooperativamente trabalharão em equipe e deixarão seus interesses pessoais de lado. Cada participante tem o mesmo valor no voto, o que permite igualdade de direitos e a participação de todos, trazendo democracia ao processo de decisão.

A tecnologia *blockchain* valida e registra a informação e as suas trocas de forma rápida, distribuindo os blocos de informações para vários nós da rede para serem validados. Pode ser uma solução para aumentar o controle e a organização dentro do processo de transformação digital. A utilização da *blockchain* nesse contexto tem o objetivo de melhorar a performance, aumentar o alcance e melhorar o resultado das empresas e das pessoas gerando mais confiança, pois não é possível duplicar ou alterar registros. Permitirá reduzir custos, diminuindo ou eliminando a ação de intermediários como bancos, cartórios, corretoras e outras burocracias que encarecem a prestação de serviços. Teremos uma melhoria na governança, uma vez que, com a imutabilidade do registro, a organização do processo e a democratização da tomada de decisão através dos algoritmos de consenso iremos também gerar mais segurança.

A confiança humana vem sendo abalada constantemente por fraudes, falta de transparência e interesses individuais em detrimento dos coletivos. Nesse ponto a tecnologia vem para ser um elo na reconstrução dessa confiança. Obviamente, precisa evoluir e ter escalabilidade para que cada vez mais usuários possam utilizá-la.

Para Charles Hoskinson (TEDX TALKS, s.d.), o futuro é descentralizado. A transformação digital e a tecnologia *blockchain* trabalham no presente para que esse futuro seja totalmente descentralizado. Sob uma ótica positiva, o poder da simbiose entre a transformação digital e a tecnologia *blockchain* fará não só a descentralização, mas também com que o futuro seja devidamente distribuído. Esse futuro distribuído trará mais inclusão, acesso a recursos e abundância para todas as pessoas e organizações. A *blockchain*, sem dúvida nenhuma, irá acelerar a transformação digital nas companhias. A colaboração poderá substituir a competição e o compartilhamento será o diferencial.

25. 5G não é ficção

Gabriel Carvalho Domingos

Quando se fala em ficção científica, tecnologia ou mesmo 5G, é fácil o assunto ir na direção de coisas como *download* de mente – sim, existem projetos avançados nesse sentido –, *afterlife*, metaverso e outras inovações. No entanto, o foco deste capítulo é fazer exatamente como uma boa antena 5G faz: potencializar e convergir o que está próximo das pessoas.

E para ficar mais claro o objetivo aqui proposto, vale a pena, resumidamente, relembrar o que a tecnologia 5G tem apresentado de tão disruptivo para ter chamado tanta atenção. O 5G faz parte de uma evolução de gerações e gerações de tecnologias de comunicação.

Pontuando rapidamente cada uma dessas fases, pode-se dizer que o 1G fez as pessoas se comunicarem por ligação telefônica; o 2G por ligação e mensagem; o 3G por ligação, mensagem e internet; e o 4G por ligação, mensagem, internet e estabilidade para, por exemplo, proporcionar chamadas de vídeo maiores (vide Zoom, FaceTime e outros), além dos populares *streamings*, tanto para o lado da Netflix quanto para o lado da Twitch.

Importante salientar que o 5G não é uma simples evolução do 4G. Assim como uma chamada de vídeo ou a infinidade de coisas que a palavra *streaming* comporta em seu significado não é apenas uma "melhoria" na ligação telefônica. O 5G vai mudar a nossa sociedade, economia e cultura.

Basta lembrar a revolução que foi a chegada do iPhone no mercado lá atrás, na época do 3G. Não foi só uma tecnologia que chegou, tampouco um produto novo à disposição: foi uma revolução social, cultural, econômica e até ergonômica. E é justamente para essa infinidade de coisas, ou melhor, oportunidades, transformações e possibilidades que devemos voltar as nossas atenções.

O 5G potencializa o que está perto de você

Anteriormente destacamos o que uma antena 5G faz: potencializar o que está perto das pessoas. Assim, vale também relembrar os principais aspectos do 5G que o corpo técnico da Anatel (Agência Nacional de Telecomunicações) destacou nos seus estudos para a implantação da tecnologia no Brasil (ANATEL, s.d.):

1. **Baixa latência.** Ou seja, uma redução drástica do tempo que uma informação leva para trafegar pela rede.
2. **Eficiência espectral.** A capacidade de aumentar o volume de dados transmitidos por unidade de espectro eletromagnético.
3. **Alta densidade de conexões.** Aspecto de destaque. Mais dispositivos podem se conectar por área.
4. **Eficiência energética dos dispositivos.** Aqui temos uma otimização do consumo de energia. Menos consumo e mais produtividade. Ou seja, prontamente temos um impacto direto, por exemplo, no desenvolvimento sustentável de verdade nos negócios.

Diante disso, podemos ver que potencialização e proximidade realmente ditam a revolução do 5G. Potencializar é algo notório, mas aproximar não se apresenta de maneira tão óbvia assim. Desse modo, a ideia de proximidade torna-se atrativa porque serve tanto para a velocidade de latência (praticamente *real-time*) quanto para a densidade de conexões e eficiência espectral (a possibilidade de que mais de um milhão de dispositivos por metro quadrado se conectem). Isso significa aproximar espaço e tempo.

Espaço, por permitir um número grande de aparelhos conectados entre si e em alta performance. E tempo, por fazer com que tudo tenha mais perenidade e precisão por acontecer com uma velocidade de latência que pode chegar a 1 microssegundo (incríveis 0,000001s), milhares de vezes mais rápido que um piscar de olhos.

Além disso, o 5G potencializa o uso convergente das novas tecnologias, tais como RA/RV (realidade aumentada/realidade virtual), IA (inteligência artificial), veículos autônomos, *blockchain*, *edge computing*, biotecnologia, impressoras 3D/4D, nanotecnologia e robotização.

Da indústria 4.0 para a 5.0

Exatamente. Ainda estamos na quarta revolução industrial. E como ela foi anunciada antes da terceira revolução acabar, assim faremos com a quinta!

Na indústria 4.0, temos a consolidação da chamada internet das coisas (IoT – *Internet of Things*), com sistemas cibernéticos, redes privadas e IA. E com a chegada do 5G essa consolidação estará definitiva, pavimentando o caminho para a indústria 5.0 ou quinta revolução industrial.

Na revolução 5.0 o grande avanço será a ideia da customização em massa, criando uma rede de interdependência entre homens e máquinas. É aí que entra desde o agronegócio 4.0, passando por veículos autônomos, até a figura do varejo inteligente.

E muito importante é mostrar como isso se aplica à vida real e em nosso contexto de negócios no Brasil. Sendo assim, começaremos pelo agronegócio 4.0 e como o 5G é inserido.

5G na alimentação mundial e agropecuária

Os donos de grandes quantidades de cabeças de gado vão ter literalmente o auxílio de milhares de olhos para "engordar" o seu gado. Com o 5G, por exemplo, é possível monitorar *real-time* com uso de drones e sensores (brincos de identificação) todo um plantel com milhares de cabeças de gado, identificando uma a uma, e também com o acompanhamento em nuvem (*cloud computing*) e IA para melhorar a qualidade e a escalabilidade da produção. Comparando com o que se tinha em 4G, estamos falando de um salto de crescimento – se antes éramos capazes de monitorar e gerar inteligência com no máximo 10 mil aparelhos em rede, agora passamos para a incrível marca de 1 milhão. Se a gente considerar que existem cerca de 1,5 bilhão de vacas no mundo, pode-se pensar em uma coleta de dados e uma troca de informações em tempo real de toda a produção de um país ou mesmo do mundo!

Potencializar é uma das palavras-chave do 5G. Significa sair de um status de conexão local para global e todas as consequências que vêm a reboque disso: mais inteligência, que gera mais inovação, que gera mais produtividade, que gera mais riqueza, que gera mais oportunidades, que gera mais abundância, que pode acabar com a fome no mundo. Fome esta que requer um olhar mais aprofundado.

O ser humano nunca precisou garantir tanto a sua segurança alimentar quanto agora. De acordo com a FAO (Organização das Nações Unidas para a Alimentação e a Agricultura), estima-se que a agricultura mundial deverá aumentar a produção de alimentos em 80% até 2050 (ASBRAN, 2012). Até lá a população mundial será de mais de 10 bilhões. O Brasil é responsável por metade da produção de alimentos. E é possível ir além: o Brasil é um dos poucos países que ainda tem espaço para crescimento. Cada vez mais, *agtechs* vão aparecer para colocar o setor em um patamar de evolução, profissionalismo e oportunidades.

Mas como ter escala e previsibilidade em um dos setores mais sujeitos a ações do tempo e pragas?

Uma boa resposta é o 5G RuralFirst, um projeto que conseguiu conectar diversas iniciativas de agronegócio (agricultura, pecuária, piscicultura e até energia eólica) de um conjunto de pequenas ilhas britânicas. Para convergir as potencialidades e aproximações que o 5G oferece, utilizaram tratores autônomos na semeadura, drones no ar monitorando a saúde das plantações, robôs na terra colhendo as culturas em seus estágios finais de crescimento e toda uma rede de meteorologia cuidando da previsão do tempo. E isso foi em 2018.

Quatro anos depois, é a hora de olhar para o Brasil e para as *agtechs* com melhores olhos.

5G e a mobilidade urbana

Saindo do campo e indo para a cidade, um dos maiores desafios modernos é a mobilidade urbana.

Como já mencionado, em breve teremos 10 bilhões de pessoas na Terra. Os grandes centros urbanos estão à beira de um colapso, ficando literalmente travados. Por isso, tem-se falado tanto de mobilidade urbana e, consequentemente, de veículos autônomos.

Muito mais do que segurança, o grande afã em relação aos veículos autônomos é a expectativa de poder melhorar a experiência de mobilidade dentro e entre as cidades. Ou seja, eliminar os congestionamentos por termos todos os meios de transporte conectados um ao outro e à própria cidade. Isso implica em reduzir o número de veículos, pois temos um sistema extremamente cronometrado, previsível, fazendo com que seja possível identificar exatamente que horas alguém entra em determinado meio de transporte e que horas chega.

A título de exemplo do que está acontecendo atualmente, tem-se a Waymo (O'KANE, 2021), empresa que testa carros autônomos em São Francisco (Califórnia, EUA) há quase uma década, desde quando era apenas um braço do Google. Hoje, com a independência da empresa e com o 5G, ela tem aberto testes para todo o público avaliar sob sigilo as possibilidades de uso comercial da tecnologia.

Outro exemplo ainda mais arrojado é a Halo (SORRENTINO, 2021), empresa que pretende permitir que seus clientes conduzam seus carros até os seus destinos e, logo em seguida, o veículo volte sozinho para casa. Como é possível aferir, não se trata de um carro essencialmente autônomo. O que a Halo propõe é algo que o 5G viabiliza: ter uma pessoa dirigindo o veículo à distância.

Indo mais além, pode-se vislumbrar um mundo em que as próximas gerações não terão mais carteiras de motorista. É uma mudança gigantesca de paradigma social. Não precisar mais ter uma carteira de motorista significa alterar toda uma cultura de carrões, fumaça e, por que não, uma cultura mais egoísta, em que não existe a figura da carona, os espaços públicos não são compartilhados e o bem coletivo fica em segundo plano. Migraremos para um ambiente de maior colaboração, interação e confiança. Afinal, somos mais dispostos a fazer algo se conhecemos de perto. É a tal da **eXperiência**, o X da questão.

Atuando na experiência total

O 5G representa um avanço na experiência que se tem hoje em dia. E quando se fala em experiência é no sentido mercadológico. Ou seja, experiência para engajar mais, para produzir mais e para ter o que lá atrás eu disse sobre indústria 5.0: a customização em massa.

E um grande aliado dessa customização em massa são os *smart contracts*. Hoje é possível fazer via *blockchain* e IA diversas automações para ter transações menos burocráticas e mais rentáveis. É o paraíso do *DeFi* (finanças descentralizadas). E o que pode auxiliar bastante nessa dinâmica, transformando *smart contracts* em *genius contracts*, é o 5G.

Com mais volume e mais densidade na conectividade, podemos fazer o que empresas como a Mastercard (ULRICH, 2021) estão fazendo: desenvolvendo o que tem sido chamado de relacionamento M2M (*machine-to-machine*). Ou seja, todos os pagamentos podem ser como um SEM PARAR, de um dispositivo para o outro, sem interrupções. Com essa conectividade onipresente, o 5G facilita qualquer espaço, item ou serviço a ser fornecido de forma fracionada ou *pay-per-use*. E é possível avançar nessa iniciativa. Por exemplo, sensores no solo podem identificar a carência de fertilizante e comprar por conta própria mais insumos para melhorar a produção da lavoura. Outro bom exemplo pode ser a oportunidade de comércios físicos terem ofertas *real-time* e personalizadas para clientes que simplesmente estiverem em uma trajetória que passe na frente do estabelecimento. Mas tudo com consentimento e prévio interesse. Afinal, a tão esperada "melhor experiência possível" passa tanto pela eficiência quanto pela transparência.

5G na saúde

"Com 5G temos negócios mais rápidos, produções mais rápidas, interações mais rápidas, tudo mais rápido para a gente morrer mais rápido". Esse tipo de pensamento é mais comum do que se imagina. Mas é preferível a ideia de um futuro integrado e não apocalíptico. Toda essa velocidade não levará à ruína da sociedade, pelo contrário: oferecerá mais autonomia para usufruirmos melhor o tempo aqui na Terra. E esse tempo também poderá ser expandido por conta do 5G e de todas as inovações a que ele dá suporte.

Um grande aliado dessa revolução na saúde é o *body data*. Hoje praticamente todo mundo que tem uma rotina bem controlada de exercício, nutrição e saúde mental possui *apps* e dispositivos que monitoram sinais do próprio corpo. É muito fácil ter acesso a informações sobre sono, frequência cardíaca, córnea e outros dados biométricos. Mas o que é feito com eles?

Ora, é mais uma oportunidade de personalização em escala. Só que agora em prol da longevidade e qualidade de vida do ser humano. E com a característica de convergência do 5G, infinitas possibilidades de usos podem ser identificadas em paralelo, como suporte ou consequência. Veja o caso da telessaúde. Ela está tendo um impacto significativo com a convergência entre o 5G e sensores no paciente, câmeras com transmissão em alta definição na ambulância e todos os recursos do *streaming* internamente no corpo humano. Tudo isso inserido em um contexto de "ambulâncias conectadas". É possível potencializar o atendimento de emergência ao dar maior suporte aos socorristas e paramédicos, tanto em expertise quanto em dados sobre os sinais do paciente e também em relação ao tempo de transporte até o hospital. E é justamente no lapso temporal que muitas vidas podem ser salvas.

Uma pesquisa aprovada pela Universidade do Tennessee (GOLDEN; ODOI, 2015) identificou que, em casos de Acidente Vascular Cerebral (AVC) agudo, um terço das viagens de ambulância com os socorridos excedeu o limite máximo de transporte recomendado. Nesses casos, um tempo de transporte superior a 15 minutos aumenta a taxa de mortalidade e a propensão de lesões permanentes. Com ambulâncias conectadas à cidade, ao tráfego, às próprias ambulâncias, aos hospitais, a mais profissionais de saúde e com os próprios pacientes, temos uma rede de saúde mais ampla, inteligente e, o melhor, salvadora. Tem oferta melhor do que essa?

O 5G oferece a possibilidade de convergir novas tecnologias para que em conjunto ou faseadamente possam aumentar a performance de absolutamente tudo. Cabe identificar esses pontos de oportunidade e convergência e ofertar soluções viáveis.

Tudo isso que foi dito não é algo para amanhã. É para hoje. Tudo que se enxerga como grande revolução hoje foi criado há cinco, dez anos. Basta observar o *case* da Amazon e suas maravilhas. A Amazon é de 1994, bem mais antiga que Facebook (Meta), Tesla e outras gigantes. Agora, voltemos o olhar para a própria tecnologia 5G. Ela foi criada em 2013.

É como o escritor de ficção científica William Gibson certa vez disse: "o futuro já chegou, ele só não foi bem distribuído".

26. Ecossistema e conexão com *startups*

Thiago Barcellos Diniz

Garantir o equilíbrio do planeta é a função do ecossistema. O ecólogo Arthur George Tansley utilizou o termo em 1935 para descrever um conjunto de comunidades que vivem em um determinado local e interagem entre si e com o meio ambiente, constituindo um sistema relativamente estável, equilibrado e autossuficiente. Esse ecossistema possui dois tipos de componentes: o biótico e o abiótico.

Os componentes bióticos correspondem às comunidades vivas e são os seres produtores – plantas e algas, os seres consumidores –, herbívoros e carnívoros e os seres decompositores, compostos por fungos e bactérias. Os componentes abióticos são os elementos físicos, químicos e geológicos responsáveis por determinar a estrutura e o funcionamento dessas comunidades, como a água, o ar, o calor e o solo. Outras características desses sistemas complexos são a auto-organização, a autorregulação e o autodesenvolvimento.

Aprofundando um pouco mais, podemos dizer que para existir uma estabilidade ecológica é necessário manter o ecossistema em equilíbrio. Esse equilíbrio pode ser atingido através de dois conceitos independentes, a resistência e a resiliência. A resistência define-se como o limite que sistemas abióticos e bióticos relacionados podem ser modificados após uma perturbação, como, por exemplo, a introdução de espécies exóticas e a degradação do *habitat*. Já o conceito de resiliência diz respeito ao tempo necessário para que as variáveis retornem ao seu equilíbrio após passar por uma perturbação. Podemos também incluir um terceiro conceito, o da sustentabilidade em relação às mudanças nas características do ambiente.

Esse sistema complexo, relativamente estável, equilibrado e autossuficiente que se autorregula, se auto-organiza e se autodesenvolve com persistência, resiliência e sustentabilidade pode ser remetido aos ecossistemas formados por empresas, universidades, mentores, comunidades, *coworkings*, aceleradoras, *startups*, governo, imprensa e investidores, que trazem uma série de transformações para o ambiente – uma delas, a transformação digital.

Para Daniel Isenberg (2010), um ecossistema empreendedor possui seis domínios: disponibilidade de financiamento adequado, capital humano de qualidade, uma cultura propícia, políticas e liderança facilitadoras, mercados de produtos favoráveis ao risco e uma gama de apoios institucionais e de infraestrutura. Apesar desses domínios, cada ecossistema é único e ele é o resultado de centenas de elementos interagindo de formas altamente complexas. Esses ecossistemas tornam-se autossustentáveis, uma vez que o sucesso faz com que o sistema se retroalimente, ou seja, ao atingir o resultado numa companhia dentro desse sistema, a disposição para fomentar novos negócios aumenta e as ações regionais passam a ser globais. Para esse mesmo autor, os ecossistemas geralmente são o resultado de uma evolução inteligente, um processo que combina a "mão invisível" dos mercados e a ajuda deliberada da liderança pública, que é esclarecida o suficiente para saber quando e como liderar, bem como deixar de lado as garras para cultivar e garantir a relativa autossustentabilidade.

A disponibilidade de financiamento adequado para as *startups* é a chave para a criação, a manutenção e o crescimento do negócio. Mais do que capital disponível, é necessário ter a quantidade certa para cada etapa ou estágio do empreendimento. São várias formas de financiamento dentro desse ecossistema: financiamentos bancários; fomento com fontes de capital público, subvenção econômica e bolsa; o *bootstraping* que é o reinvestimento do capital próprio no crescimento da empresa; e o mais comum, que é o *venture capital* ou capital de risco, que são investimentos em troca de participações acionárias.

O capital humano de qualidade é o bem mais precioso de uma organização e representa o valor agregado que impacta profundamente nos resultados e na prosperidade da companhia. Esse capital humano não mais deve representar a mais-valia baseada no sistema exploratório capitalista, conceituada por Karl Marx, mas ser uma troca equilibrada onde esse valor agregado seja uma via de mão dupla para o profissional e para a organização. Esse capital humano, em um ambiente de troca equilibrada, tende a acelerar a transformação digital, pois o ser humano engajado trará melhores resultados através de experiência, conhecimento, criatividade, motivação e colaboração no ecossistema. Dentro desse sistema, a interação entre pessoas e organizações proporciona ganhos significativos de colaboração e produtividade, permitindo o compartilhamento de ideias e a contribuição das equipes em um mesmo ambiente, trazendo mais valor e, consequentemente, mais inovação.

A densidade desse ecossistema também é muito importante para a disseminação da cultura que envolve todo o sistema. Essa concentração global e local permite a troca de conhecimento, o compartilhamento de talentos, estimula a criatividade e a inovação, gera uma simbiose evolutiva e acelera a transformação digital. A cultura que envolve esse ecossistema em um ambiente de abundância de dados, interações e diversidade é peça-chave e fundamental para que se propaguem *outputs* para aprender, desaprender e reaprender de forma rápida, adaptativa, inclusiva e diversa.

Também é crucial dizer que a cultura está na diversidade de olhares e de todo o ecossistema. Talvez esse seja o maior desafio para que tudo funcione ainda melhor. Sem diversidade não há abundância.

Para o desenvolvimento de uma *startup*, o ambiente regulatório tem um papel fundamental, sendo necessária a simplificação do ambiente de negócios em questões como, por exemplo, tributação, legislação trabalhista, empecilhos à abertura e ao fechamento de empresas e burocracias para acesso a crédito.

As *startups* foram muito bem definidas por Peter Thiel (2014) como sendo o maior grupo de pessoas que você consegue convencer a participar de um plano para construir um futuro diferente. Empresa nova, pensamento novo. O tamanho reduzido proporciona espaço para pensar além e dar mais agilidade para essa organização. Elas são a estrela principal dentro dos *hubs* de inovação que ajudam a fomentar o aprendizado, a cultura do empreendedorismo, a conexão para formação de parcerias e praticar a inovação aberta (*open innovation*).

A prática da **inovação aberta** é o ponto alto desse ecossistema. Quebra mais um paradigma dentro das grandes corporações, que guardavam seus segredos industriais a sete chaves, e abre a oportunidade da colaboração entre as grandes e as novas empresas na busca de soluções para escalar seus negócios. Escreveu Henry Chesbroug (2011) que "a inovação aberta é o uso de entradas e saídas propositais de conhecimento para acelerar a inovação interna e expandir os mercados para uso externo da inovação, respectivamente". Não haverá continuidade para empresas fechadas ou isoladas.

A inovação aberta traz benefícios para a inovação corporativa e, consequentemente, para a transformação digital dessas organizações. Ela pode funcionar como o estopim para o processo inovador interno. Outra característica é reduzir o tempo entre desenvolvimento e comercialização, isso porque o trabalho pode ser dividido e não é preciso contar apenas com o time interno. A redução de custos em diversas etapas devido à divisão das ações e tarefas faz brilhar os olhos das empresas. Criar mercados através da integração com diversos parceiros aumenta a chance de inovações radicais. Sem falar que pode reduzir riscos de rejeição de produtos, uma vez que são testados em mercados menores ou até mesmo dentro do ecossistema.

Nesse caminho da inovação aberta torna-se comum o investimento de empresas de médio e grande porte em *startups*. O *Corporate Venture Capital* é o investimento de empresas em *startups* com o objetivo de maximizar seus ganhos de maneira mais rápida e com custos menores de desenvolvimento.

Como podemos concluir, diante da alta competitividade do mercado fica cada vez mais difícil manter o equilíbrio, a longevidade e a sustentabilidade das empresas. A colaboração deve ser colocada em primeiro lugar, pois será através dela que o ecossistema conseguirá desempenhar suas principais funções: ser estável, equilibrado e autossustentável. A interação dentro desse ambiente colaborativo fará não só com que as empresas possam se transformar digitalmente de forma mais rápida, com menor custo e com mais escalabilidade, como também fará com que a humanidade evolua para uma economia digital distribuída, abundante e próspera.

Ecossistema Brasil

Hubs* de inovação de empresas e *Corporate Venture Capital

- ✓ Boostlab – BTG Pactual
- ✓ Wayra – Vivo
- ✓ Cubo – Itaú
- ✓ InovaBra – Bradesco
- ✓ ZX – Ambev
- ✓ Brain – Algar Telecom
- ✓ Innovation Labs – Natura
- ✓ Onono – Basf
- ✓ Garagem – Unilever
- ✓ Oxigênio – Porto Seguro
- ✓ Pulse – Raízen
- ✓ Sidia – Samsung
- ✓ Pulse – Grupo Mateus (Maranhão)
- ✓ Panela – Nestlé
- ✓ Vibra Co.lab – Vibra Energia
- ✓ Bergamotta Labs – Grendene
- ✓ Programa Além da Ambev
- ✓ ZTech Hub da Ambev
- ✓ Trisul Lab
- ✓ Bridge da Equinor

- ✓ Open Innovability da Enel
- ✓ Semente Preta do Nubank
- ✓ LifeHub – Bayer

Hubs de inovação aberta

- ✓ Acate (Floripa)
- ✓ Instituto Caldeira (Porto Alegre)
- ✓ Onovolab (São Carlos)
- ✓ Manaus Tech Hub
- ✓ Órbi (BH)
- ✓ Jupter (Curitiba)
- ✓ Impact Hub (*startups* de impacto – BR)
- ✓ OasisLab – *Hub* de inovação de varejo
- ✓ Startup Farm
- ✓ Distrito
- ✓ BrazilLab
- ✓ Fábrica de *startups*
- ✓ Learning Village – Singularity University
- ✓ GynTec (Goiás)
- ✓ Innovation Latam
- ✓ Rapadura Valley (Ceará)
- ✓ Corporate Hub da Endeavor
- ✓ Liga Ventures
- ✓ AgTechGarage (Agro – Piracicaba)
- ✓ Sai do Papel (RJ)
- ✓ Darwin Startups
- ✓ Inovação hardtech (Sul de Minas)
- ✓ Hotmilk da PUC Paraná
- ✓ Nexus (São José dos Campos)
- ✓ Quintessa (aceleradora de impacto)
- ✓ ISA CTEEP + Universidade de São Paulo

Comunidades

- ✓ Diversas: <https://startupbase.com.br/home/communities>
- ✓ B2Mamy
- ✓ Porto Digital no Recife
- ✓ Cubo, Habitat e Distrito em SP
- ✓ Rede Mulher Empreendedora em SP

- ✓ San Pedro Valley em MG
- ✓ Hub Salvador e Diver.SSA na BA
- ✓ Cariocas no RJ
- ✓ Inovai (Sul de Minas)
- ✓ Techstars
- ✓ Juicy Hub (Santos)

Investidores e *Venture Capitals*

- ✓ ACE Startups
- ✓ Bossa Nova
- ✓ BR Angels
- ✓ Gávea Angels
- ✓ FGV Angels
- ✓ Anjos do Brasil
- ✓ FDC Angels
- ✓ BlackRocks
- ✓ Kick Ventures
- ✓ SP Ventures
- ✓ The Yield Lab

Associações

- ✓ Abstartups
- ✓ ASTEPS – Associação de Startups e Empreendedores Digitais

PARTE V. ENTREVISTAS COM EXECUTIVOS

27. Adelino Sasse, diretor de negócios da AILOS Sistema de Cooperativas de Crédito

Leonardo Toscano

Ser cooperativo é o nosso negócio. Nem sempre o mais o importante é o que se faz, mas como se faz, e para mudar é preciso ter coragem.

Ailos é uma Cooperativa de crédito que atua exclusivamente em áreas urbanas do sul do Brasil. Através de suas cooperativas afiliadas, traz desenvolvimento e melhoria na qualidade de vida para os cooperados e a comunidade local. São 13 cooperativas afiliadas, cerca de 1 milhão de cooperados, mais de R$ 9 bilhões em operações de créditos, patrimônio líquido superior a R$ 2 bilhões e outros R$ 14 bilhões em ativos sob gestão.

Seus pilares são baseados na essência da confiança e entrega de excelência, contribuindo e transformando a comunidade, sendo uma fortaleza para aqueles que necessitam de crédito e inclusão financeira para desenvolver seus negócios, sobretudo no segmento do agronegócio, grande riqueza do país.

Nos últimos anos, a Ailos vem se posicionando para dar mais transparência e reforçar o seu real propósito de existência: como ser cooperativo para seus cooperados e sociedade? E não se trata apenas de olhar para a instituição, mas observar as pessoas e a comunidade que fazem parte dessa jornada. E todo o seu processo de transformação digital segue ancorado nesse objetivo.

Adelino Sasse conta que está sendo fundamental acolher as angústias e necessidades de seus cooperados e colaboradores para entregas de soluções adequadas a esse propósito. Segundo ele, o grande desafio não está apenas em criar novas soluções, mas também como integrar e conciliar as novas tecnologias e ferramentas a todo um sistema legado.

Para dar visibilidade e compartilhar esse movimento internamente, a Ailos criou o programa "Guardiões da Mudança": pelo menos 10% dos seus colaboradores participam dos comitês de mudança para opinar, conhecer e se engajar com as iniciativas em curso, para que se sintam parte do processo. Nem sempre o mais o importante é o que se faz, mas como se faz, segundo Adelino.

Num contexto de mercado altamente competitivo e dinâmico, principalmente com o surgimento de novos *players* como *fintechs*, *insurtechs* e a realidade do *open banking*, Adelino acredita que se questionar sobre o que poderia ser feito de diferente para se tornar mais competitivo e se desassociar da imagem de uma instituição financeira tradicional é fundamental, e um exercício que nunca tem fim. Para mudar também é preciso ter coragem, segundo ele.

Seguindo essa premissa, por exemplo, a Ailos apostou na construção de um *marketplace* que funciona como uma vitrine *on-line*, onde o cooperado pessoa jurídica pode divulgar seus produtos e serviços de forma gratuita e os compradores, cooperados ou não, têm a oportunidade de apoiar o negócio local entrando em contato direto com essa empresa. O objetivo da plataforma é aproximar os cooperados e a comunidade num ambiente *on-line* de compra e venda, estimulando a economia local.

Da mesma forma, um laboratório de inovação também foi criado para olhar as tendências de mercado e atuar de forma propositiva para novas soluções, desenvolvendo também seus colaboradores para a atual realidade do mercado.

Acesse o QR Code para saber mais.

<https://open.spotify.com/episode/5Kw9OxqpzFoPpMcWreUhdY?si=kvngN53SQVCRlgAqnaUGXQ&utm_source=native-share-menu>

Moderadora: Luciana Dias – Revisão de gravação: Raphael Boldrini

28. Hélio Mariano, CIO da AILOS Sistema de Cooperativas de Crédito

Leonardo Toscano

> *Temos que tomar cuidado para o molho não ficar mais caro que o peixe, ou seja, ser simples para o cooperado, mas complexo para suporte, temos sempre que buscar o equilíbrio.*

Hélio Mariano é um profissional com mais de 30 anos na área de Tecnologia, ganhador de prêmio de executivo de TI e apresentou o case Ailos, que é considerado um dos Top 5 de sucesso no país. Publicou também um artigo interessantíssimo no LinkedIn sobre processo de transformação digital nas empresas, assunto que conhece com bastante propriedade (MARIANO, 2022).

Ele define a Ailos como um sistema de cooperativas de crédito que gera grande benefício social e financeiro para seus cooperados. O grupo é composto por 13 cooperativas de crédito, uma central de tecnologia e uma corretora de seguros. Ao todo são 5 mil colaboradores e 1,3 milhão de cooperados. Este ano a Ailos completa 20 anos de experiência e uma das cooperativas mais antigas, a Viacredi, seus 70 anos de atividade.

O executivo está na Ailos há 5 anos. Iniciou seu trabalho com a modernização dos canais de atendimento, de aplicativo, *internet banking* e caixa eletrônico, o que trouxe mais conveniência e modernidade para os cooperados.

Entretanto, Hélio destaca que 2020 foi um ano decisivo para dar passos mais largos tendo em vista o crescimento almejado pela empresa e o objetivo de garantir um nível superior de excelência nos serviços prestados. Dessa forma, estabeleceu-se o programa de Transformação Digital da Ailos, cujo objetivo era trazer engajamento de todas as equipes envolvidas no processo e, principalmente, estabelecer um plano que pudesse trazer modernização aos serviços e produtos por intermédio da inovação.

Ao longo desse processo, um dos elementos de maior relevância foi a gestão da mudança para empoderar as equipes para tais desafios. Esse processo iniciou-se pelos executivos e se estendeu pelas equipes de recursos humanos, de TI e de negócios.

Hélio deixa algumas dicas para quem vai iniciar um processo de transformação digital: ter muita inquietação na forma de pensar as soluções, ser simples e ser rápido. Promover soluções pequenas, testar conceitos, errar, consertar e seguir em frente rapidamente. E muita conexão com o negócio, pois o resultado é grandioso para a organização.

Acesse o QR Code para saber mais.

<https://open.spotify.com/episode/5OJmWVz2hhzE606Iu9Ly9D?si=2u
h9XL1QTXqcd1VxNfY7Xg&utm_source=native-share-menu>

Moderadora: Luciana Dias – Revisão de gravação: Raphael Boldrini

29. Patrícia Fumagalli, vice-presidente de transformação digital da Ânima Educação

Anderson Gonzaga de Souza
Dayana Diniz

Para nós, mais do que acreditar na educação como o melhor caminho para mudar a realidade das pessoas, é preciso fazer parte dessa transformação todos os dias. Somos fascinados pela magia da educação: acreditamos que só ela pode transformar vidas!

Com uma trajetória iniciada em 06 de maio de 2003, presente em 12 estados brasileiros, a Ânima Educação, uma das mais relevantes organizações educacionais do Brasil, está próxima de completar 20 anos de existência. Patrícia Fumagalli, vice-presidente de transformação digital, comenta os desafios de transformar uma organização que possui a inovação em seu DNA. Fala sobre como a organização nasceu e se desenvolveu ao longo dos anos, principalmente a forma como a organização compreende o processo de aprendizado. Entretanto, existia um descompasso na forma como a tecnologia estava integrada com o negócio. Foi em 2017 que a empresa fez dois grandes movimentos.

O primeiro foi de aspecto técnico e estava relacionado ao antigo sistema de gestão acadêmico da organização. O segundo foi relacionado ao negócio. Um novo modelo acadêmico chamado E2A (Ecossistema Ânima de aprendizagem) que tinha como premissa uma matriz por competência em escala. Algo completamente disruptivo para o segmento, que tradicionalmente utilizava o conceito para pequenas escolas.

Dentre as diversas características inovadoras do modelo, já estava prevista a hibridez, que é a combinação do digital com o presencial, como uma parte importante do processo de aprendizagem. Vale ressaltar que todo esse processo foi em 2017, antes da pandemia.

Mais do que acreditar na educação como o melhor caminho para mudar a realidade das pessoas, é preciso fazer parte dessa transformação todos os dias. "Somos fascinados pela magia da educação: acreditamos que só ela pode transformar vidas! E isso reforça a sensação de que estamos participando ativamente do desenvolvimento de todos que estão à nossa volta", afirma.

Acesse o QR Code para saber mais.

<https://open.spotify.com/episode/44N9jxJHlwUcYgW2Vjy1fJ?si=rSS
A0i46SaGQmZTjiBGCYQ&utm_source=native-share-menu>

Moderador: Anderson Gonzaga

30. Ana Karina Bortoni Dias, CEO do Banco Bmg

Leonardo Toscano

> *Todo mundo saiu da zona de conforto. Dependendo de como se administra isso, você pode ir até mais rápido.*

Em fins de 2019, Ana Karina, que já presidia o conselho do Banco Bmg, recebeu o desafio de assumir a instituição como CEO tendo como missão liderar o seu processo de transformação digital.

Esse processo envolveu duas grandes vertentes e objetivos: 1. se desvincular da imagem de um banco de nicho, onde era muito associado às operações de consignado, para um banco *full service,* com portfólio de produtos completos para seus clientes; e 2. migrar do modelo de um banco analógico para um modelo "figital", onde o trabalho humano e a tecnologia andam juntos de forma integrada e complementar.

Embora o Bmg já fosse ancorado em tecnologia, o desafio foi trazer a digitalização e automação para o *back office*, além das plataformas digitais para seus correspondentes bancários e para a rede de franquias de lojas de crédito.

Segundo a executiva, a transformação digital requer também adotar uma nova cultura e dinâmica de trabalho: menos hierarquização e mais criação de *squads*, *sprints*, construir MVP, testar e corrigir de forma rápida. Até mesmo permitir a informalidade no *dresscode*, conciliando também o trabalho dos profissionais entre o híbrido e o remoto, modelo que nunca havia sido testado até a pandemia e que agora já se tornou uma realidade.

O Bmg precisou atuar em diversas dimensões: o exemplo dessa mudança de cultura precisa estar presente nos líderes; é preciso comunicar de forma muito clara e consistente os objetivos e por que essas mudanças fazem sentido, dando senso de propósito; saber mesclar diferentes profissionais com perfis diferentes, mas que juntos se complementam; desenvolver novas competências alinhadas aos objetivos. Não se muda uma cultura apenas com o desejo de mudar, mas com um plano consistente de ação.

Ter flexibilidade também é fundamental. Uma vez estabelecida a verdadeira essência do modelo, podem, e devem, existir diferentes versões para que esses objetivos sejam alcançados, sempre considerando o cliente no centro de tudo. Trabalhar com ambiguidade e incertezas faz parte do processo. E o papel da liderança é estar atento a essas adaptabilidades sem perder o objetivo principal e atuando de forma colaborativa.

O Bmg é um banco de 91 anos de existência. E se chegou aonde chegou, foi porque a empresa tem na veia o empreendedorismo. Mas como transformar um banco de 91 anos numa *fintech*? Para Ana, isso só será possível tendo pessoas que queiram esse desafio, participando de um ambiente plural, inclusivo e com calor humano, pois são as pessoas que fazem a transformação e não a tecnologia somente. É mudar o entendimento de que não tem que ser feito tudo o que o cliente quer, mas, sim, desenhar a melhor experiência que o cliente deseja. E isso deve estar presente em todas as etapas da jornada.

Acesse o QR Code para saber mais.

<https://open.spotify.com/episode/0e9AAICV42rzY5sewNfdYx?si=0Cl63_nUSTO7J4XAWawBag&utm_source=native-share-menu>

Moderadores: Luciana Dias e Antonio Muniz – Revisão de gravação: Raphael Boldrini

31. Marcelo Cavalcante, vice-presidente de negócios digitais e tecnologia do Banco do Brasil

Leonardo Toscano

O Banco do Brasil quer ser o mais digital dos bancos robustos e o mais robusto dos bancos digitais.

Marcelo Cavalcante possui 34 anos de atuação no Banco do Brasil, sendo 32 na área de tecnologia. Na época de seu ingresso, em 1990, a área de tecnologia se encontrava distribuída em 10 grandes centros pelo país.

Em 1995, o BB toma a decisão de centralizar a área de tecnologia em um único local, Brasília. Nesse período, teve início o projeto de racionalização das bases corporativas do banco, ou seja, a unificação das bases de clientes, produtos e operações, além de unificar os equipamentos de operações em *mainframes* de um único fabricante.

Em meados dos anos 2000, foram criados três grandes centros de tecnologia no exterior: Nova York, Londres e Tóquio, com o objetivo de operar os sistemas e fazer o atendimento de tecnologia de sua rede de dependências no exterior e também prospectar novas soluções de tecnologia que pudessem ser internalizadas no Brasil. Esses centros existem até hoje.

Segundo Marcelo, em fins de 2019, o banco ainda tinha sua estrutura fortemente baseada em *mainframe*, e as operações em *cloud* ainda estavam começando. A partir dessa época iniciou-se o processo de migrar as soluções para a nuvem. Entretanto, o entendimento atual é de trabalhar com um modelo híbrido, com múltiplas plataformas cooperando para a melhoria do atendimento aos clientes do BB.

Marcelo destaca que a estratégia de transformação digital do BB, diferentemente de outros *players* do mercado, não é criar uma marca digital, mas levar os produtos e serviços do banco para aquela parcela do seu público que demanda esse tipo de solução. Como exemplo, menciona o *marketplace* BB, que é uma forma de oferecer comodidade e maior recorrência dos clientes à *web* e ao *app* do BB.

A estratégia digital do BB está consolidada em 37 grandes ações que serão entregues ao longo deste ano e em meados do próximo ano. Entretanto, o BB possui em sua estratégia atender aos clientes que querem tanto um banco digital quanto um banco físico, e, para isso, será mantida a rede de agências com uma logística adequada à necessidade do mercado.

Marcelo ressalta o forte plano de desenvolvimento dos funcionários do banco em novas tecnologias, especialmente *cloud*, *blockchain*, inteligência artificial, *analytics* e IoT 5G. Destaca o investimento em equipamentos de internet das coisas e 5G, a criação de quatro laboratórios de experimentação e novas tecnologias, Lentes BB, que no momento se aprofundam em 5G IoT, *blockchain*, *agritechs* e inteligência artificial.

Ele ainda dá especial destaque à Universidade Corporativa do Banco do Brasil nesse processo de transformação, uma vez que possíbilita alargar os conhecimentos dos profissionais e transformar a cultura da instituição.

Acesse o QR Code para saber mais.

<https://open.spotify.com/episode/4rCqmJ5DZlAAkWmlFOIH5N?si=9W9fyPOASsC5JMrZfyZz4w&utm_source=native-share-menu>

Moderadora: Luciana Dias – Revisão de gravação: Raphael Boldrini

32. Leandro Marçal, diretor de tecnologia e operações do Banco PAN, e Celiane Neves, líder ágil

Leonardo Toscano

Eu não gosto da palavra padronização, mas gosto muito da palavra normalização, que incentiva a criatividade e flexibilidade do indivíduo.

Leandro comentou que a jornada de transformação digital do Banco PAN teve início em 2017. Entretanto, não havia ainda uma clareza do que seria essa jornada. Hoje, em 2022, após alguns aprendizados iniciais, como de costume, o banco se tornou 100% digital, o que torna mais fluido o relacionamento com o cliente.

Segundo o executivo, o público do Banco PAN são as classes B, C e D, e alguns produtos são desenvolvidos unicamente pelo banco, como o empréstimo pessoal com garantia de FGTS e o saúde PAN, todos oferecidos totalmente de forma digital.

Ele comenta ainda que a organização da transformação digital se baseia em pessoas, disponibilidade, governança e tecnologia.

Leandro ressaltou que no ano de 2021 foram realizadas diversas iniciativas, como o lançamento do Cultura Tech, com a contratação de mais de 400 pessoas no time de tecnologia, a criação de trilhas de conhecimento para capacitação dos colaboradores, as parcerias com a Alura, a criação dos Momentos de Trocas de Conhecimento, além de outras inciativas voltadas para fornecer a base da transformação digital do Banco PAN.

Já Celiane destacou a iniciativa Play do PAN, que é uma jornada de entrega de gestão de demandas, mapeando a iniciativa até o produto estar com o cliente.

Leandro destaca a necessidade de conhecer o perfil das pessoas no processo de transformação digital. Elas precisam querer fazer acontecer. É importante também que o ambiente propicie o surgimento de ideias e que elas sejam ouvidas e desenvolvidas de forma coletiva. Criar um ambiente favorável para o desenvolvimento de cada indivíduo é outro aspecto fundamental para o processo de transformação.

Leandro destaca que há situações onde não se pode fugir da padronização, mas prefere adotar o termo como "normalização", para dar senso de liberdade e criatividade para as pessoas.

O executivo identifica que as lideranças hierárquicas são bastante importantes para a quebra de barreiras no processo de transformação digital. Mas sem o casamento com a liderança técnica esse processo fica mais difícil. A resiliência das lideranças e dos times é fundamental para o processo de transformação digital, comenta.

Acesse o QR Code para saber mais.

<https://open.spotify.com/episode/6F6RbcyvmScGqlidFz80AI?si=At
oJl3YzQ1u0EJByzlrF8g&utm_source=native-share-menu>

Moderadores: Luciana Dias e Antonio Muniz – Revisão de gravação: Raphael Boldrini

33. Cristiano Barbieri, diretor de tecnologia, inovação e atendimento a clientes de mercado da Comgás (Companhia de Gás de São Paulo)

Leonardo Toscano

Transformação digital, framework, squad, isso é jornal velho, já passou... as empresas têm dores, deve-se identificar onde estão as dores e onde a capacidade digital pode agregar valor ao negócio.

A Comgás é uma companhia com 150 anos, fundada por D. Pedro II para cuidar da iluminação pública da cidade de São Paulo. Atualmente é a maior distribuidora de gás do país, com 2,2 milhões de clientes, atendendo a 92 municípios do estado de São Paulo e com índice de satisfação de 89% entre a população usuária de seus serviços – mérito das constantes transformações por que passou ao longo de décadas.

Cristiano Barbieri é Diretor de Tecnologia, Inovação e Atendimento a Clientes de Mercado. Tem como desafio gerar novas soluções que tragam encantamento aos seus clientes, que aprimorem e garantam mais segurança nas operações e melhorem os resultados de eficiência. A transformação digital é parte indispensável desse processo.

O executivo narra a dimensão do esforço investido para a Comgás se transformar digitalmente mirando adquirir 150 mil novos clientes ao ano e incrementar sua cobertura em mais de 1.000 km² na distribuição de gás – totalizando 140 cidades atendidas até 2049. Junto a isso, há ainda o desafio de manter a atual operação de distribuição de gás, que supera os 20.000 km².

Cristiano também comenta que ao longo desse processo foram identificadas aproximadamente 20 iniciativas consideradas prioritárias. Todas elas foram desenvolvidas para atender às novas necessidades dos clientes e contribuir para o novo objetivo mercadológico da empresa, que é ampliar a cobertura oferecendo serviços de qualidade em todo o processo.

A transformação digital na Comgás foi trilhada na busca de novos serviços e soluções adequadas a cada necessidade do cliente. Desde o projeto de instalação da rede de distribuição de gás ao compromisso com a segurança de mais de 3.000 pessoas que realizam obras diariamente para empresas, houve também um grande esforço no desenvolvimento e na capacitação de funcionários, tanto para o processo de ligação da rede quanto para o atendimento aos clientes. São mais de 10.000 usuários atendidos nos canais digitais, como aplicativos, Comgás Virtual e atendente virtual, a Cris. Os atendimenteos digitais, inclusive, representam hoje cerca de 80% a 90% do volume de atendimento.

Concluindo, Barbieri destaca a importância da área de inteligência de dados para o processo de transformação digital da Comgás e também considerou que o largo investimento em tecnologia, desenvolvimento dos times e recrutamento de profissionais qualificados poderia até se assemelhar ao de grandes *players* de mercado do segmento financeiro e segurador.

Acesse o QR Code para saber mais.

<https://open.spotify.com/episode/03pUgDwA8QMHxkBEft9HP1?si=CxbVEdbERTOh4Ties3Ps_A&utm_source=native-share-menu>

Moderadores: Luciana Dias e Antonio Muniz – Revisão de gravação: Raphael Boldrini

34. Bruno Machado, CTO da Funcional Health Tech

Leonardo Toscano

Quem elegeu a busca não pode recusar a travessia. (Guimarães Rosa)

Não vai ser fácil, nem trivial. Terão momentos de altos e baixos, mas é preciso seguir adiante.

A Funcional é uma empresa de tecnologia brasileira, estabelecida no mercado há mais de 20 anos, trabalhando para a indústria farmacêutica, seu varejo e planos de saúde. Proporciona acesso a tratamentos de qualidade e seu propósito é oferecer soluções em gestão de saúde com resultados eficientes.

Com cerca de 500 funcionários, a Funcional tem fortes características de uma *startup*, uma vez que todos os seus produtos são digitais. Tudo é tecnologia e nenhuma atividade envolve algum tipo de processo físico.

Bruno acredita que o gatilho para a transformação é muito particular. Todos os setores da economia, segundo ele, foram impactados pelas novas tecnologias digitais, assim como a maneira como os clientes têm se relacionado com as empresas também mudou. Grande parte dessa transformação está relacionada ao surgimento das redes sociais, da tecnologia 4G e da tecnologia em nuvem, que fez aumentar a entrada de novos *players*, criando um dinamismo no mercado, que ficou mais competitivo.

Para a Funcional, esse movimento foi o *drive* para que o seu processo de transformação acontecesse, considerando pilares como a expectativa por uma excelente experiência por parte do consumidor e a geração de novos modelos de negócios e receitas digitais, buscando eficiência operacional.

Criaram um processo próprio para conduzir seus projetos chamado de "Funcional Agile Process", que, segundo Bruno, é a "tropicalização" de diversos modelos já estabelecidos, mas adaptados para a realidade da Funcional. Ele acredita que cada empresa tem suas características e cultura próprias. O executivo destaca que a maioria das empresas comete erros porque segue roteiros e modelos de sucesso de outras empresas, acreditando que repetir o mesmo padrão levará ao mesmo êxito, o que é um grande equívoco.

Bruno destaca também que o fator humano é fundamental para esse processo. A jornada de transformação digital é, antes de tudo, uma transformação das pessoas enquanto profissionais, e isso precisa estar compreendido – afinal, ninguém transforma nada repetindo os mesmos padrões. A liderança precisa incentivar essa mudança. É preciso dar visibilidade ao caminho e aos objetivos a serem trilhados para agir em consonância a esse movimento com uma postura intraempreendedora, evitando desalinhamentos nas expectativas, redução do *turnover* e conflitos internos. Saber integrar times multidisciplinares com entregas distintas para um mesmo objetivo também foi um desafio, e Bruno diz que isso foi conquistado com a colaboração dos próprios times.

Acesse o QR Code para saber mais.

<https://open.spotify.com/episode/7cwhnbOKUvcMxdeplxiCxc?si=SR5ywF7UT3SUlG1B_nCc9A&utm_source=native-share-menu>

Moderadores: Luciana Dias e Antonio Muniz – Revisão de gravação: Raphael Boldrini

35. Ivan Ferraz, CTO da Mitre Incorporadora e Construtora

Leonardo Toscano

O digital é meio, veículo, ferramenta...e não o core business. No final, tem que gerar valor e contribuição para o negócio.

A Mitre é uma incorporadora e construtora que há mais de 50 anos desenvolve empreendimentos imobiliários em São Paulo. É fruto de uma grande marca que reflete seriedade e perseverança, buscando a satisfação total de seus clientes.

Foi observando a chegada de novos *players* nativos digitais, e as novas necessidades do consumidor moderno, que todos os esforços foram direcionados para aprimorar e construir novos processos, criar e melhorar o portfólio de ferramentas e serviços digitais durante a jornada dos seus clientes, investindo pesado na capacitação de colaboradores protagonistas desse processo.

Soube integrar com inteligência e visão o mundo físico e digital de forma que fossem complementares – encantar-se com as perspectivas dos apartamentos e reencantar-se na hora de receber as chaves. Conseguiu desenvolver mecanismos para dar transparência e visibilidade sobre o processo de construção de seus empreendimentos, entendendo o que isso representa para seus clientes.

Adquiriu, como consequência do seu processo de transformação digital em curso, uma nova cultura e maturidade organizacional, onde prioritário é entender o negócio e seus clientes, traçando a estratégia de crescimento tendo o digital como meio, não como fim. O *core business* deve ser priorizado. O maior ativo da Mitre não são suas entregas digitais, mas seus empreendimentos. O digital precisa estar conectado com o negócio e sua estratégia.

Para o Ivan, é muito importante, "saber jogar o jogo", criar um processo de condução do tema onde os colaboradores tenham consciência de que nem sempre digitalizar processos e reduzir atividades que foram automatizadas significa o risco de perder seus empregos, mas, sim, a chance de dar mais nobreza ao trabalho deles, que poderão se dedicar às suas atividades de forma mais qualitativa, aportando inteligência e menos processo.

O papel de um *head* digital, segundo Ivan, não é descontruir e sair mudando tudo. Para transformar, não precisa destruir. Para isso, é fundamental exercer o "learning mood", entendendo por que determinados processos são feitos e acontecem daquela forma, aprender com os outros, ouvir, exercer a empatia e ser propositivo pensando no negócio.

Acesse o QR Code para saber mais.

<https://open.spotify.com/episode/7JBk9a7uXxtBDZBwl71pag?si=oX
vn6pvrTuCdudoXOks1fg&utm_source=native-share-menu>

Moderadora: Luciana Dias – Revisão de gravação: Raphael Boldrini

36. Luan Oliveira, *managing director* Kanbanize

Anderson Gonzaga de Souza

Comece com o que você tem à disposição. As ferramentas têm um papel fundamental de permitir o diálogo para que a organização alcance os seus resultados.

Boa Vista é uma empresa de inteligência analítica para tomada de decisão em crédito (financeiro, seguros, varejo, dentre outros). Luan Oliveira foi uma das lideranças que participaram do processo de transformação de digital do Boa Vista, com *background* em tecnologia.

A jornada de transformação foi motivada pela necessidade de crescimento da organização, onde existiam muito silos, áreas que não falavam com outras áreas. Não iniciaram inventando o *big bang*, mas com pequenas mudanças que podiam parecer simplistas, como respeitar o WIP (*work in progress*), porque existiam muitas coisas sendo feitas em paralelo e ninguém conseguia responder qual era o objetivo daquilo.

Iniciaram um piloto com times estratégicos e já perceberam resultados exponenciais em comparação com as métricas das outras organizações. Simplesmente houve mudança de mentalidade, postura, comportamento, dos times e lideranças. O indicador de entrega, *throughput*, chegou a ter valores entre 20 e 30 vezes maiores com o time piloto (informação pública contida no relatório para investidores).

Acesse o QR Code para saber mais.

<https://open.spotify.com/episode/3g1rHMtmhhLb1rp578YmxG?si=XQ TUsR5gSfqeun3MldKprw&utm_source=native-share-menu>

Moderadores: Anderson Gonzaga e Antonio Muniz

37. Joaquim Torres (Joca), diretor executivo digital – Lopes Consultoria de Imóveis S.A.

Leonardo Toscano

Transformação digital é um meio não um fim, o fim é o resultado que entregamos para o negócio e o problema que conseguimos solucionar para o usuário. A transformação digital é um veículo para que isso aconteça.

A Lopes Consultoria de Imóveis é uma empresa brasileira com mais de 80 anos de atuação e é a maior rede imobiliária do país. Atualmente conta com uma base de 180 mil imóveis à venda e 9 mil corretores associados totalizando, 102 lojas próprias e franquias.

Joaquim Torres (Joca) ingressou na empresa em meados de 2020, trazendo toda a sua experência adquirida em empresas de tecnologia. Um dos principais incentivos para Torres ter aceito o convite para compor o time da Lopes se deu, principalmente, pela oportunidade de liderar o processo de transformação digital, desafio ainda não explorado pelo executivo até então. E, assim, ele se integra à Lopes Consultoria, que já contava na sua estrutura com a "Lopes Lab", com 60 profissionais dedicados a soluções específicas de ferramentas já estabelecidas, como portal, site, CRM e aplicativo.

Joca direcionou sua atuação inicial para reposicionar a mentalidade das equipes em uma atuação focada em resultados, tendo como objetivos principais as necessidades dos clientes, a gestão dos imóveis e sobretudo novas soluções para corretores. Ao mesmo tempo compreendendo a importância das pessoas no processo de transformação digital, diminuiu a participação de consultorias no processo, optando por trabalhar somente com funcionários próprios.

Ele ainda destaca que a estrutura de dados e sua equipe geraram informações cruciais, aliando estratégia e informação para entregar valor e novas frentes de trabalho, como, por exemplo, a formatação do Lopes Avalia, onde o proprietário obtém uma avaliação realística do seu imóvel.

Essa nova configuração ocorreu durante a pandemia, com quase todos os funcionários atuando em *home office*. Buscando o engajamento dos times, montou um calendário de reuniões entre áreas de negócio e tecnologia para dar visibilidade às entregas e fazê-las parte integrante do processo.

Joca afirma que um dos aspectos mais relevantes dessa trajetória é extrair e usar todas as fortalezas da empresa, tendo o digital para potencializar seu plano de expansão, uma vez que a Lopes, com seus mais de 80 anos, já é uma empresa vencedora e vive em constante mudança para perpetuar suas conquistas.

Acesse o QR Code para saber mais.

<https://open.spotify.com/episode/61LBjoJ0u2PTkiT48NC6aO?si=tsD
ZVhxMSrWLn4yGSduGsA&utm_source=native-share-menu>

Moderadora: Luciana Dias – Revisão de gravação: Raphael Boldrini

38. Mary Ballesta, *global innovation & digital business director* na Stefanini Brasil

Anderson Gonzaga de Souza

> *Eu vivi na minha pele os impactos da transformação digital no segmento financeiro.*

Por mais de dez anos Mary Ballesta trabalhou no segmento financeiro e vivenciou os impactos da tecnologia nas atividades da organização. Cultura, gestão, produtos, clientes e serviços foram extremamente impactados, o que trouxe motivação suficiente para Mary se aprofundar nos movimentos de mercado, assim como nos gatilhos tecnológicos.

Profissional com mais de 20 anos de experiência, Mary ingressou no grupo Stefanini em 2016 com a missão de criar a área de digital para a América Latina com abrangência do México até Argentina e juntar forças com a equipe de digital que já existia no Brasil por aproximadamente dois anos. Entre os seus objetivos, Mary deveria suportar a transformação digital das operações da Stefanini e apoiar os clientes da empresa nesse processo.

Foi uma jornada de sucesso que contou com a participação de nove países e um ambiente multicultural que deixou o desafio ainda mais interessante. Toda essa diversidade ajudou a desenvolver o programa de transformação Stefanini.

Atualmente, Mary é responsável por consolidar a estratégia de inovação e transformação global da Stefanini.

Conheça um pouco mais sobre os desafios da Mary ouvindo o podcast.

Acesse o QR Code para saber mais.

<https://open.spotify.com/episode/61LBjoJ0u2PTkiT48NC6aO?si=2R
CnjxohSHWfQwj2irBJ5Q&utm_source=native-share-menu>

Moderadores: Anderson Gonzaga de Souza e Antonio Muniz

39. Fabi Ruas, secretária-geral adjunta de administração – TCU

Luiz Eduardo Labriola

Um erro que um executivo pode fazer é colocar como objetivo a transformação digital sem ter um objetivo do ponto de vista do negócio.

Mestre e Bacharel em Ciência da Computação pela Universidade Federal de Minas Gerais (UFMG), onde realizou pesquisa na área de Ciência de Dados, Fabi atuou como diretora de soluções de TI no TCU (Tribunal de Contas da União) gerenciando projetos como a implantação do sistema de processo eletrônico e a Fábrica de Software do Tribunal. Coordenou a implantação do primeiro laboratório de inovação em uma instituição de controle, o coLAB-i. Atualmente é Secretária de Soluções de TI no TCU.

Para entregarmos um melhor serviço, precisamos acelerar o ecossistema da máquina pública para que tenhamos os dados tabulados, limpos, com o menor tempo possível, para que consigamos utilizar inteligência artificial e por fim atingirmos o nosso objetivo, que é ajudar a entender se os gastos públicos estão sendo bem aplicados. Inovar é abraçar a complexidade e buscar simplificar.

Acesse o QR Code para saber mais.

<https://open.spotify.com/episode/4NGlyH0hUX9PZmlVbG6K3y?si=i0xqYdDJQIGIlWaUFp9d1g&utm_source=native-share-menu>

Moderador: Anderson Gonzaga de Souza

40. Rafael Rosas, diretor executivo da Winsocial

Leonardo Toscano

Se você quer um propósito como algo maior, você precisa se conectar com as pessoas.

A Mag é uma seguradora centenária, com quase 200 anos de existência. Com isso, ao longo da sua trajetória, precisou se reinventar para estar em linha com as transformações do mercado, o avanço das novas tecnologias e as novas demandas dos consumidores. A transformação está no DNA da Mag.

Dessa forma, observando o surgimento de um mercado cada vez mais competitivo, com novos *players* emergindo (*insurtechs*, *fintechs*) e também a alta segmentação de mercado, atuando em nichos muito específicos, surgiu a oportunidade de criar a *startup* Winsocial.

A iniciativa veio para atender a pessoas com doenças crônicas, que na maioria das vezes não são aceitas pelo mercado segurador.

A ideia é olhar o indivíduo como um todo e respeitar as suas características. Com o slogan de "Seguros é ser você", a Winsocial nasce completamente orientada para o cliente, de forma includente, fazendo uma ampla análise do indivíduo e sendo capaz de entregar soluções compatíveis com essas características e com uma precificação adequada. Ser inclusivo é o propósito da Winsocial.

Em operação desde 2019, orientada primeiramente para pessoas com diabetes, a *startup* fez uma imersão profunda para entender melhor esse *cluster* e poder direcionar todo o seu esforço de serviço e comunicação com esse público. Foi convivendo diretamente com essas pessoas que foi possível entender melhor suas dores, suas necessidades e como a sociedade encara e lida com o tema, agindo de forma empática.

Em 2020, buscando oferecer mais qualidade de vida, a *startup* lançou um produto complementar de telemedicina específico para pessoas com diabetes, ajudando seus clientes no dia a dia, e não apenas oferecendo coberturas caso esses clientes venham a falecer no futuro. Ou seja, ampliou o seu escopo de atuação atendendo a uma premissa básica de inovação, que é ter o olhar completamente voltado para o cliente, que passou a ter descontos em medicamentos, exames e consultas médicas.

Já em 2021, expandiram a operação para sete novos *clusters* de outras doenças crônicas, como HIV, hipertensão, obesidade, entre outros, entendendo novamente com profundidade suas características e necessidades. Foi também um ano onde foram realizados diversos investimentos em tecnologia, ferramentas e canais digitais, aliados a uma grande inteligência para precificar estes novos produtos.

Em determinado momento, se viram com o desafio de migrar do modelo das metodologias ágeis, muito associado à dinâmica das *startups*, para o modelo mais tradicional, de "cascata". Essa mudança impactou diretamente as equipes, que precisaram se readaptar a essa nova realidade temporária, comprovando que, ao longo da jornada, muitas vezes, o modelo híbrido se faz necessário para seguir em frente.

Rafael comenta que a liderança é fundamental para o processo de transformação. É preciso estabelecer conexões, olhar os indivíduos e certificar-se de que estes acreditam no projeto e sabem o seu papel dentro do processo. E mais importante ainda é estar feliz com o que se faz. Segundo ele, esse é o grande segredo para que as coisas aconteçam de forma leve e bem-sucedida.

Acesse o QR Code para saber mais.

<https://open.spotify.com/episode/3sLvHHwXc0YNJyuoxCogLi?si=cQS xoLOEQDCv3Ey5V0f4_w&utm_source=native-share-menu>

Moderadora: Luciana Dias – Revisão de gravação: Raphael Boldrini

Referências

5G RURALFIRST. Site. Disponível em: <https://www.5gruralfirst.org>. Acesso em: 21 jul. 2022.

ACCENTURE. **Digital Transformation:** Re-imagine from the outside-in. (Accenture Interactive – Point of View Series). Accenture, 2014. Disponível em: <https://www.accenture.com/t20160128t000639__w__/us-en/_acnmedia/accenture/conversion-assets/dotcom/documents/global/pdf/technology_7/accenture-interactive-digital-transformation.pdf>. Acesso em: 20 jul. 2022.

ACHOR, S. **O Jeito Harvard de Ser Feliz:** o curso mais concorrido de uma das melhores universidades do mundo. Trad. Cristina Yamagami. São Paulo: Saraiva, 2012.

AGILE FLUENCY PROJECT. **The Agile Fluency® Model.** Disponível em: <https://www.agilefluency.org/model.php>. Acesso em: 19 jul. 2022.

AGRI-EPICENTRE. **Wireless and mobile connectivity with 5G RuralFirst.** Disponível em: <https://agri-epicentre.com/impact/wireless-and-mobile-connectivity-with-5g-ruralfirst>. Acesso em: 21 jul. 2022.

ALLBUSINESS. Compliance Is A Crucial Part Of Digital Transformation – Here's How To Achieve It. **Forbes**, May 10, 2022. Disponível em: <https://www.forbes.com/sites/allbusiness/2022/05/10/compliance-is-a-crucial-part-of-digital-transformation-heres-how-to-achieve-it/?sh=573e91c1747f>. Acesso em: 15 ago. 2022.

ALVES, R. **Religião e Repressão.** São Paulo: Loyola-Teológica, 2005.

ANATEL. **Espaço 5G.** Disponível em: <https://www.gov.br/anatel/pt-br/assuntos/5G>. Acesso em: 21 jul. 2022.

ANTUNES, A. A história do banco brasileiro que patrocinou Senna e quebrou por criar um esquema ponzi. **Portal do Bitcoin**, 02 ago. 2020. Disponível em: <https://portaldobitcoin.uol.com.br/a-historia-do-banco-brasileiro-que-patrocinou-senna-e-quebrou-por-criar-um-esquema-ponzi/>. Acesso em: 19 jul. 2022.

AOUN, J. E. Aoun, **Robot Proof:** higher education in the age of artificial intelligence. Cambridge, MA: MIT Press, 2017.

ARANHA, C. **Bitcoin, Blockchain e muito dinheiro:** uma nova chance para o mundo. 2.ed. Rio de Janeiro: Valentina, 2020.

ARBEX, G. Tudo sobre Métodos Ágeis: o que são e como pode ser o fim dos atrasos em seus projetos? **Aprende Aí**, 2018. Disponível em: <https://aprendeai.com/negocios/metodos-ageis/amp/>. Acesso em: 20 jul. 2022.

ASBRAN. FAO revê demanda estimada por alimentos no mundo até 2050. **Associação Brasileira de Nutrição**, 17 fev. 2012. Disponível em: <https://www.asbran.org.br/noticias/fao-reve-demanda-estimada-por-alimentos-no-mundo-ate-2050>. Acesso em: 16 ago. 2022.

ASCOM SE/UNA-SUS. Organização Mundial de Saúde declara pandemia do novo Coronavírus. **UNA-SUS**, 11 mar. 2020. Disponível em: <https://www.unasus.gov.br/noticia/organizacao-mundial-de-saude-declara-pandemia-de-coronavirus>. Acesso em: 19 jul. 2022.

AVELAR, R. Phygital: as marcas estão preparadas para essa nova revolução? **MIT Technology Review**, 21 jul. 2021. Disponível em: <https://mittechreview.com.br/phygital-as-marcas-estao-preparadas-para-essa-nova-revolucao/>. Acesso em: 19 jul. 2022.

AWS. **O que é a computação em nuvem?** Disponível em: <https://aws.amazon.com/pt/what-is-cloud-computing/>. Acesso em: 15 ago. 2022.

BALASUBRAMANIAN, S. **Digital transformation series:** capabilities that help define digital transformation. Deloitte, s.d. Disponível em: <https://www2.deloitte.com/us/en/pages/advisory/articles/digital-transformation-risk-compliance-functions.html>. Acesso em: 15 ago. 2022.

BARAN, P. **On Distributed Communications:** Introduction to Distributed Communications Networks. United States Air Force Project Rand, 1964.

BARIZON, C. **Transformação Ágil:** 8 hábitos para começar a transformação digital e conquistar resultados incríveis. 3.ed. Edição do autor, 2020.

BARNEY, J. B. Firms resources and sustained competitive advantage. **Journal of Management**, vol. 17, n. 1, Mar. 1991, p. 99-120.

BAUMAN, Z. **Modernidade Líquida.** Rio de Janeiro: Zahar, 2001.

BCG. **Digital Transformation.** Disponível em: <https://www.bcg.com/pt-br/capabilities/digital-technology-data/digital-transformation/overview>. Acesso em: 20 jul. 2022.

BECK, K. et al. **Manifesto para Desenvolvimento Ágil de Software.** 2001. Disponível em: <https://agilemanifesto.org/iso/ptbr/manifesto.html>. Acesso em: 19 jul. 2022.

BERNARDO, A. O legado de Marvin Minsky, o pai da inteligência artificial. **Blogthinkbig.org**, 23 fev. 2016. Disponível em: <https://br.blogthinkbig.com/2016/02/23/o-legado-de-marvin-minsky-o-pai-da-inteligencia-artificial/>. Acesso em: 20 jul. 2022.

BILBAO, H. Uma breve História da I.A. **NSC Total**, 03 ago. 2020. Disponível em: <https://www.nsctotal.com.br/noticias/uma-breve-historia-da-ia>. Acesso em: 20 jul. 2022.

BIRCHAL, F. Transformação Digital não é modismo. **Iconee**, 27 ago. 2020. Disponível em: <https://www.iconee.com.br/post/transforma%C3%A7%C3%A3o-digital-n%C3%A3o-%C3%A9-modismo>. Acesso em: 19 jul. 2022.

BLANK, S. **Lean Innovation Management – Making Corporate Innovation Work.** June 26, 2015. Disponível em: <https://steveblank.com/2015/06/26/lean-innovation-management-making-corporate-innovation-work/>. Acesso em: 19 jul. 2022.

BOAG, P. **Digital Adaptation.** Freiburg, Germany: Smashing Magazine GmbH, 2014.

BORGES, R. DAO: um novo modelo de organização. **MIT Technology Review**, 28 jan. 2022. Disponível em: <https://mittechreview.com.br/dao-um-novo-modelo-de-organizacao/>. Acesso em: 21 jul. 2022.

BOSSERT, O.; IP, C.; STARIKOVA, I. Beyond agile: Reorganizing IT for faster software delivery. **McKinsey Digital**, Sep. 01, 2015. Disponível em: <https://www.mckinsey.com/business-functions/mckinsey-digital/our-insights/beyond-agile-reorganizing-it-for-faster-software-delivery>. Acesso em: 20 jul. 2022.

BRASSCOM. **Estudo da Brasscom aponta demanda de 797 mil profissionais de tecnologia até 2025.** Disponível em: <https://brasscom.org.br/estudo-da-brasscom-aponta-demanda-de-797-mil-profissionais-de-tecnologia-ate-2025/>. Acesso em: 15 ago. 2022.

BRESSAN, C. L. Mudança Organizacional: uma visão gerencial. *In*: **I Seminário de Gestão de Negócios,** 2004, Curitiba, vol. 1.

BRETAS, A. **Desafio 30 dias de hábitos de aprendizagem:** uma aventura para aprimorar sua capacidade de aprender a aprender. Disponível em: <https://static1.squarespace.com/static/5e404e2404860e06dc37fdaa/t/6027dfa26bcfa449c5b05def/1613225893821/Desafio+30+Dias+de+H%C3%A1bitos+de+Aprendizagem+%28ebook%29.pdf>. Acesso em: 15 ago. 2022.

BRIDGES, W. **Managing transitions:** making the most of change. Reading, MA: Addison Wesley, 1991.

BROWN, B. **A Coragem para Liderar.** Rio de Janeiro: Best Seller, 2019.

BROWN, T. **Design Thinking:** uma metodologia poderosa para decretar o fim das velhas ideias. Rio de Janeiro: Alta Books, 2017.

CAPGEMINI CONSULTING. **Talking 'bout a revolution.** 2011.

CARNEIRO, B. A transformação digital começa pelas pessoas. **Exame**, 08 jun. 2021. Disponível em: <https://exame.com/blog/opiniao/a-transformacao-digital-comeca-pelas-pessoas>. Acesso em: 19 jul. 2022.

CAROLI, P. [ebook] Transformação Digital. **Caroli.org**, 19 set. 2018. Disponível em: <https://www.caroli.org/ebook-transformacao-digital/>. Acesso em: 19 jul. 2022.

CATMULL, E. **Criatividade S.A.:** superando as forças invisíveis que ficam no caminho da verdadeira inspiração. Trad. Nivaldo Montingelli Jr. Rio de Janeiro: Rocco Digital, 2014.

CHANDY, R. K.; TELLIS, G. J. Organizing for radical product innovation: the overlooked role of willingness to cannibalize. **Journal of marketing research**, vol. 35, n. 4, 1998, p. 474-487. Disponível em: <https://journals.sagepub.com/doi/abs/10.1177/002224379803500406>. Acesso em: 20 jul. 2022.

CHESBROUG, H. Everything You Need to Know About Open Innovation. **Forbes**, Mar. 21, 2011. Disponível em: <https://www.forbes.com/sites/henrychesbrough/2011/03/21/everything-you-need-to-know-about-open-innovation/?sh=11e3887675f4>. Acesso em: 21 jul. 2022.

CHRISTENSEN, C. Disruptive innovation is a strategy, not just the technology. **Business Today In**, Jan. 04, 2015. Disponível em: <https://www.businesstoday.in/magazine/cover-story/clayton-christensen-on-theory-of-disruptiveinnovation/story/213471.html>. Acesso em: 20 jul. 2022.

CHRISTENSEN, C. M. **O Dilema da Inovação.** São Paulo: Makron Books, 2001.

CONVERGÊNCIA DIGITAL. **No Brasil, 78% dos empresários vítimas de ransomware preferem pagar resgate.** 20 maio 2022. Disponível em: <https://www.convergenciadigital.com.br/Seguranca/No-Brasil%2C-78%25-dos-empresarios-vitimas-de-ransomware-preferem-pagar-resgate-60359.html>. Acesso em: 15 ago. 2022.

DE GEUS, A. **Living Company:** habits for survival in a turbulent business environment. Cambridge: Harvard Business School Press, 1997.

DIAMANDIS, P. H. **Becoming na Exponential Entrepreneur.** June 13, 2021. Disponível em: <https://www.diamandis.com/blog/becoming-an-expo-entrepreneur>. Acesso em: 19 jul. 2022.

DIAMANDIS, P. H.; KOTLER, S. **Bold:** oportunidades exponenciais. Rio de Janeiro: Alta Books, 2018.

DIAMANDIS, P. H.; KOTLER, Steven. **Abundância:** o futuro é melhor do que você imagina. São Paulo: HSM Editora, 2012.

DIAS, R. R. de F. **Internet das Coisas Sem Mistérios:** uma nova inteligência para os negócios. São Paulo: Netpress Books, 2016.

DRUCKER, P. F. **Inovação e espírito empreendedor (enterpreneuship):** prática e princípios. Trad. Carlos J. Malferrari. São Paulo: Pioneira, 1986.

DRUCKER, P. F. **Introdução à administração.** São Paulo: Pioneira, 1984.

DRUCKER, P. F. Management challenges for the 21st century. **Revista de Administração de Empresas**, vol. 40, n. 4, dez. 2000, p. 106-108.

DVS EDITORA. **O que possibilita a longevidade corporativa?** 09 nov. 2019. Disponível em: <https://blog.dvseditora.com.br/longevidade-corporativa/>. Acesso em: 20 jul. 2022.

EMICIDA. **Principia.** Álbum AmarElo. Sony Music e Laboratório Fantasma. Letra disponível em: <https://www.vagalume.com.br/emicida/principia-part-pastor-henrique-vieira-fabiana-cozza-pastoras-do-rosario.html>. Acesso em: 20 jul. 2022.

EQUINIX. **Global Interconnection Index Vol. 5.** Disponível em: <https://www.equinix.com.br/gxi-report>. Acesso em: 19 jul. 2022.

EQUIPE EDITORIAL DE CONCEITO.DE. **Conceito de Moda.** 07 mar. 2013. Disponível em: <https://conceito.de/moda>. Acesso em: 19 jul. 2022.

EQUIPE FOCUS. Compras on-line crescem 34%; idas às lojas despencam 46%, revela pesquisa. **Focus.Jor**, 20 abr. 2020. Disponível em: <https://www.focus.jor.br/compras-on-line-crescem-34-idas-as-lojas-despencam-46-revela-pesquisa/>. Acesso em: 19 jul. 2022.

FORRESTER. **Superar obstáculos para chegar à IA em escala:** invista e escale a IA para se tornar um líder do setor. Forrester Consulting, jan. 2020. Disponível em: <https://www.ibm.com/downloads/cas/PADEZERZ>. Acesso em: 22 ago. 2022.

FRANCIS, D. L.; BESSANT, J. Targeting Innovation and Implications for Capability Development. **Technovation**, vol. 25, n. 3, Mar. 2005. Disponível em: <https://www.researchgate.net/publication/223832747_Targeting_Innovation_and_Implications_for_Capability_Development>. Acesso em: 20 jul. 2022.

GENTROP. A transformação digital por meio dos ecossistemas de inovação. **LinkedIn**, 05 nov. 2021. Disponível em: <https://pt.linkedin.com/pulse/transforma%C3%A7%C3%A3o-digital-por-meio-dos-ecossistemas-de-inova%C3%A7%C3%A3o-gentrop>. Acesso em: 21 jul. 2022.

GIORGI, M. V. A Transformação Digital e o novo papel do CIO. **LinkedIn**, 17 jul. 2018. Disponível em: <https://www.linkedin.com/pulse/transforma%C3%A7%C3%A3o-digital-e-o-novo-papel-do-cio-marcus-vinicius-giorgi>. Acesso em: 20 jul. 2022.

GOBIRA, J. O que é transformação digital? 11 dicas de como fazer isso muito bem. **StartSe**, 31 mar. 2020. Disponível em: <https://www.startse.com/noticia/nova-economia/o-que-e-transformacao-digital-11-dicas-de-como-fazer-isso-muito-bem>. Acesso em: 19 jul. 2022.

GOETZ, M. Predictions 2019: expect a pragmatic vision of AI. **Forrester**, Nov. 06, 2018. Disponível em: <https://www.forrester.com/blogs/predictions-2019-ai-artificial-intelligence/>. Acesso em: 16 ago. 2022.

GOLDEN, A. P.; ODOI, A. Emergency medical services transport delays for suspected stroke and myocardial infarction patients. **BMC Emerg Med**, vol. 15, n. 34, 2015. Disponível em: <https://www.ncbi.nlm.nih.gov/pmc/articles/PMC4668620>. Acesso em: 21 jul. 2022.

GOMIEIRO, M. Por que a TV Manchete faliu? Emissora exibiu Pantanal. **DCI**, 03 mar. 2022. Disponível em: <https://www.dci.com.br/dci-mais/cinema-e-tv/por-que-a-tv-manchete-faliu-emissora-exibiu-pantanal/237698/>. Acesso em: 19 jul. 2022.

GOVERNO transforma 500 novos serviços em digitais durante a pandemia. **AARB**, 04 jan. 2021. Disponível em: <https://www.aarb.org.br/governo-transforma-500-novos-servicos-em-digitais-durante-a-pandemia/>. Acesso em: 19 jul. 2022.

GRANT, A. **Pense de Novo.** Rio de Janeiro: Sextante, 2021.

GROYSBERG, B. et al. Manual da cultura corporativa para o líder. **Harvard Business Review Brasil**, fev. 2018.

GUPTA, M. **Blockchain for Dummies.** New Jersey: IBM Limited Edition, 2017.

HAMEL, G. A obrigação de inovar. **HSM Management**, São Paulo, vol. 6, n. 31, mar./abr. 2002, p. 32-40.

HANSEN, D. R.; MOWEN, M. M. **Gestão de custos: contabilidade e controle.** Trad. Robert Brian Taylor. São Paulo: Pioneira Thomson Learning, 2001.

HARARI, Y. N. **21 Lições para o século 21.** Trad. Paulo Geiger. São Paulo: Companhia das Letras, 2018.

HARARI, Y. N. **Sapiens:** uma breve história da humanidade. Porto Alegre: L&PM, 2015

HEHN, H. F. **Peopleware:** como trabalhar o fator humano nas implementações de sistemas integrados de informação (ERP). São Paulo: Gente, 1999.

HERÉDIA, T. Pedidos de falência de empresas aumentam 12,7% em 2020, diz Boa Vista. **CNN Brasil**, 12 jan. 2021. Disponível em: <https://www.cnnbrasil.com.br/business/pedidos-de-falencia-de-empresas-aumentam-12-7-em-2020-diz-boa-vista/>. Acesso em: 19 jul. 2022.

HESS, E. **Learn or Die:** using science to build a leading-edge learning organization. New York: Columbia Business School, 2014.

IDC. IDC FutureScape: Top 10 Predictions for the Future of Work. **IDC**, 18 nov. 2021. Disponível em: <https://www.idc.com/getdoc.jsp?containerId=prUS48395221>. Acesso em: 20 jul. 2022.

IDC. **Previsões da IDC Brasil para 2021 apontam que mercado de TIC crescerá 7%.** 05 fev. 2021. Disponível em: <https://www.idc.com/getdoc.jsp?containerId=prLA47452221>. Acesso em: 20 jul. 2022.

INOVABRA. **Admirável Mundo Blockchain:** descentralização, confiança e transparência nas novas formas de fazer negócio. Disponível em: <https://www.inovabra.com.br/blockchain/index.shtm>. Acesso em: 21 jul. 2022.

ISENBERG, D. The Big Idea: How to Start an Entrepreneurial Revolution. **Harvard Business Review**, June 2010. Disponível em: <https://hbr.org/2010/06/the-big-idea-how-to-start-an-entrepreneurial-revolution>. Acesso em: 21 jul. 2022.

ISMAIL, S.; MALONE, M. S.; VAN GEEST, Y. **Organizações exponenciais:** por que elas são 10 vezes melhores, mais rápidas e mais baratas que a sua (e o que fazer a respeito). Rio de Janeiro: Alta Books, 2019.

JANONE, L. Ataques cibernéticos a empresas brasileiras crescem 220% no 1º semestre de 2021. **CNN Brasil**, 22 jul. 2021. Disponível em: <https://www.cnnbrasil.com.br/business/ataques-ciberneticos-a-empresas-brasileiras-crescem-220-no-1-semestre-de-2021/>. Acesso em: 15 ago. 2022.

JELINEK, M. Organizational entrepreneurship in mature-industry firms: foresight, oversight, and invisibility. *In*: GARUD, R.; NAYYAR, P. R.; SHAPIRA, Z. B. **Technological innovation:** oversights and foresights. Cambridge University Press, 1997, p. 181-213.

JOHANNESSEN, J.-A.; OLSEN, B. Systemic knowledge processes, innovation and sustainable competitive advantages. **Kybernetes**, vol. 38, n. 3/4, 2009, p. 559-580.

JOHNSON, S. K. **Inclusifique:** como a inclusão e a diversidade podem trazer mais inovação à sua empresa. São Paulo: Benvirá, 2020.

KNAFLIC, C. N. **Storytelling com Dados:** um guia sobre visualização de dados para profissionais de negócios. 2.ed. Rio de Janeiro: Alta Books, 2019.

KOTLER, P. Philip Kotler's contributions to Marketing Theory and Practice. *In*: MALHOTRA, N. K. (ed.). **Review of Marketing Research: Special Issue – Marketing Legends (Review of Marketing Research, vol. 8)**, Emerald Groups Publishing Limited, Bingley, 2011, p. 87-120.

KOTLER, P.; PFOERTSCH, W. **Gestão de marcas em mercados B2B.** Porto Alegre: Bookman, 2008.

KOTTER, J. P. **Liderando mudança.** Rio de Janeiro: Campus, 1997.

KOVACS, L. Como surgiu a inteligência artificial. **Technoblog**, 2021. Disponível em: <https://tecnoblog.net/responde/como-surgiu-a-inteligencia-artificial>. Acesso em: 20 jul. 2022.

KÜBLER-ROSS, E. **On death and dying.** New York: Touchstone, 1997.

KÜPPER, D. et al. AI in the Factory of the Future: The ghost in the machine. **BSG**, Apr. 18, 2018. Disponível em: <https://www.bcg.com/pt-br/publications/2018/artificial-intelligence-factory-future>. Acesso em: 20 jul. 2022.

KURTZ, D. J.; VARVAKIS, G. Estudo das capacidades organizacionais sob a lente da ambidestria: uma abordagem a partir do ponto de vista estratégico. **Navus-Revista de Gestão e Tecnologia**, vol. 3, n. 2, 2013, p. 152-162.

LAMOUNIER, L. Algoritmos de Consenso: A Raiz Que Sustenta A Tecnologia Blockchain. **101 Blockchains**, 04 out. 2018. Disponível em: <https://101blockchains.com/pt/algoritmos-de-consenso/>. Acesso em: 21 jul. 2022.

LARENTIS, F.; GASTAL, F. O estado da arte do conceito de valor para o cliente: passado, presente e futuro. *In*: I EMA Encontro de Marketing da ANPAD, Porto Alegre, 2004. **Anais...** Disponível em: <http://www.anpad.org.br/admin/pdf/ema2004-154.pdf>. Acesso em: 20 jul. 2022.

LEWIS, L. Infographic: what happens in an internet minute 2021. **All Access**, Apr. 13, 2021. Disponível em: <https://www.allaccess.com/merge/archive/32972/infographic-what-happens-in-an-internet-minute>. Acesso em: 16 ago. 2022.

LIBERATO, L. Pedidos de falência avançam 12,7% em 2020. **Boa Vista**, 13 jan. 2021. Disponível em: <https://www.boavistaservicos.com.br/blog/releases/pedidos-de-falencia-avancam-127-em-2020/>. Acesso em: 19 jul. 2022.

LITZA, I. O impacto da Geração Z no e-commerce. **E-commerce Brasil**, 04 ago. 2021. Disponível em: <https://www.ecommercebrasil.com.br/artigos/geracao-z-no-e-commerce-2>. Acesso em: 19 jul. 2022.

LOGITECH. **Como a rede 5G melhorará a telessaúde e os resultados do paciente.** Disponível em: <https://www.logitech.com/pt-br/video-collaboration/resources/think-tank/articles/how-5g-networks-will-improve-telehealth-patient-outcomes.html>. Acesso em: 21 jul. 2022.

LOUCKS, J. et al. Future in the balance? How countries are pursuing an AI advantage. **Deloitte**, s.d. Disponível em: <https://www2.deloitte.com/lu/en/pages/public-sector/articles/countries-pursuing-ai-advantage.html>. Acesso em: 20 jul. 2022.

MAÇOLI, F. Conceitos Blockchain. FIAP ON Curso, São Paulo, 2021.

MAQUIAVEL, N. **O príncipe.** 34.ed. Rio de Janeiro: Ediouro, 2001.

MARIANO, H. C. Transformação Digital na prática. **LinkedIn**, 15 fev. 2022. Disponível em: <https://www.linkedin.com/pulse/transforma%25C3%25A7%25C3%25A3o-digital-na-pr%25C3%25A1tica-h%25C3%25A9lio-cordeiro-mariano/>. Acesso em: 16 ago. 2022.

MARQUES, J. R. Como funciona o modelo de aprendizagem 70 20 10 nas empresas. **IBC**, 03 jun. 2019. Disponível em: <https://www.ibccoaching.com.br/portal/como-funciona-o-modelo-de-aprendizagem-70-20-10-nas-empresas/>. Acesso em: 20 jul. 2022.

MARTINS, H. et al. Transformações digitais no Brasil: insights sobre o nível de maturidade digital das empresas no país. **McKinsey**, s.d. Disponível em: <https://www.mckinsey.com/br/our-insights/transformacoes-digitais-no-brasil>. Acesso em: 19 jul. 2022.

MENDES, M. Primeira revolução industrial. **Educa+ Brasil**, 26 dez. 2018. Atualizado em 12 fev. 2021. Disponível em: <https://www.educamaisbrasil.com.br/enem/historia/primeira-revolucao-industrial>. Acesso em: 15 ago. 2022.

MICHAELIS. **Disrupção.** Disponível em: <https://michaelis.uol.com.br/moderno-portugues/busca/portugues-brasileiro/disrup%C3%A7%C3%A3o/>. Acesso em: 19 jul. 2022.

MUNIZ, A. et al. **Jornada Business Agility.** Rio de Janeiro: Brasport, 2021.

MUNIZ, A. et al. **Jornada do Ágil Escalado.** Rio de Janeiro: Brasport, 2020.

NAKAMOTO, S. **Bitcoin:** A peer-to-peer electronic cash system. Disponível em: <https://bitcoin.org/bitcoin.pdf>. Acesso em21 jul. 2022.

NETFLIX. **Como funciona o sistema de recomendações da Netflix.** Disponível em: <https://help.netflix.com/pt/node/100639>. Acesso em: 20 jul. 2022.

NSB. **As 6 principais tendências do mercado de tecnologia para 2020.** 2019. Disponível em: <https://nsb.com.br/tendencias-mercado-de-tecnologia-2020/>. Acesso em: 20 jul. 2022.

O'KANE, S. Waymo starts offering autonomous rides in San Francisco. **The Verge**, Aug. 24, 2021. Disponível em: <https://www.theverge.com/2021/8/24/22639226/waymo-san-francisco-rides-self-driving-service>. Acesso em: 21 jul. 2022.

OVERBY, S. How big data aids digital transformation. **The Enterprisers Project**, Aug. 5, 2020. Disponível em: <https://enterprisersproject.com/article/2020/8/how-big-data-aids-digital-transformation>. Acesso em: 16 ago. 2022.

PAGAR.ME. **Transformação digital no e-commerce: o varejo do futuro.** 16 set. 2019. Disponível em: <https://pagar.me/blog/transformacao-digital-no-ecommerce>. Acesso em: 19 jul. 2022.

PANETTA, K. Gartner Top 10 Strategic Technology Trends for 2020. **Gartner**, Oct. 21, 2019. Disponível em: <https://www.gartner.com/smarterwithgartner/gartner-top-10-strategic-technology-trends-for-2020>. Acesso em: 26 jul. 2022.

PEREIRA, R. Dissecando a experiência de entrega dos principais aplicativos do Brasil. **UX Collective**, 22 jan. 2021. Disponível em: <https://brasil.uxdesign.cc/dissecando-a-experi%C3%AAncia-de-entrega-dos-principais-aplicativos-do-brasil-80b3aa2bc0>. Acesso em: 19 jul. 2022.

PETERS, T. **As Pequenas Grandes Coisas:** 163 maneiras para buscar a excelência. Rio de Janeiro: Agir, 2011.

PICKERT, L. O que acontece a cada minuto na Internet em 2021? Estudo traz dados surpreendentes. **Blog AAA Inovação**, s.d. Disponível em: <https://blog.aaainovacao.com.br/redes-sociais-gestao-do-tempo/>. Acesso em: 20 jul. 2022.

PORTO, D. De VUCA a BANI: entenda de uma vez por todas o novo conceito! **Crescimentum**, 12 jan. 2021. Disponível em: <https://crescimentum.com.br/de-vuca-a-bani-entenda-o-novo-conceito/>. Acesso em: 19 jul. 2022.

PRALAHAD, C. K.; KRISHNAN, M. S. **The New Age of Innovation:** driving co-created value through global networks. New York: McGraw-Hill Education, 2008.

PRESCOTT, R. Aumento de investimentos em TI gera 7% a mais de lucro nas empresas do Brasil. **ABRANET**, 26 abr. 2019. Disponível em: <https://www.abranet.org.br/Noticias/Aumento-de-investimentos-em-TI-gera-7%25-a-mais-de-lucro-nas-empresas-do-Brasil-2361.html?UserActiveTemplate=site#.Yms-xNrMJPY>. Acesso em: 19 jul. 2022.

PROSCI. **Prosci Methodology.** Disponível em: <https://www.prosci.com/methodology-overview>. Acesso em: 20 jul. 2022.

PÚBLICO. **Inteligência artificial faz 50 anos.** 09 jul. 2006. Disponível em: <https://www.publico.pt/2006/07/09/jornal/inteligencia-artificial-faz-50-anos-87953>. Acesso em: 20 jul. 2022.

RABELO, A. Transformação Digital: o que é e quais os seus impactos na sociedade. **Rockcontent**, 11 mar. 2020. Disponível em: <https://rockcontent.com/br/blog/transformacao-digital>. Acesso em: 19 jul. 2022.

RAMIREZ, V. B. The 6 Ds of Tech Disruption: A Guide to the Digital Economy. **Singularity Hub**, Nov. 22, 2016. Disponível em: <https://singularityhub.com/2016/11/22/the-6-ds-of-tech-disruption-a-guide-to-the-digital-economy/>. Acesso em: 19 jul. 2022.

REDAÇÃO DISTRITO. Inovação Aberta: o que é e os benefícios para a empresa. **Distrito**, 27 fev. 2020. Disponível em: <https://distrito.me/inovacao-aberta-open-innovation/>. Acesso em: 21 jul. 2022.

REDAÇÃO. Vale do Silício: o guia completo para o ecossistema mais inovador do mundo. **StartSe**, 20 mar. 2019. Disponível em: <https://www.startse.com/noticia/ecossistema/ecossistema-vale-do-silicio>. Acesso em: 21 jul. 2022.

REIS, T. Ebitda: o que é e como calcular? [Guia completo]. **Suno**, s.d. Disponível em: <https://www.suno.com.br/guias/ebitda>. Acesso em: 15 ago. 2022.

RIES, E. **A Startup Enxuta:** como empreendedores atuais utilizam inovação contínua para criar empresas extremamente bem-sucedidas. Rio de Janeiro: Leya, 2012.

RIGOTTI, G. Conheça as tecnologias habilitadoras da indústria 4.0 e algumas aplicações. **ABII**, 06 out. 2020. Disponível em: <https://abii.com.br/com-abii-single-post-conheca-as-tecnologias-habilitadoras-da-industria-4-0-e-algumas-aplicacoes/>. Acesso em: 19 jul. 2022.

ROBERTS, J. M. M. **O livro de Ouro da História do Mundo**. Rio de Janeiro: Ediouro, 1998.

RODRIGUES, J. Workshop Agile Leadership. 2022.

ROGERS, D. L. **Transformação Digital:** repensando o seu negócio para a era digital. São Paulo: Autêntica Business, 2017.

ROMER, R. Ransomwares custam, em média, R$ 2,8 milhões para empresas brasileiras. **IT Forum**, 09 jul. 2021. Disponível em: <https://itforum.com.br/noticias/ataques-ransomware-custam-milhoes-no-brasil/>. Acesso em: 15 ago. 2022.

ROSE, D. **Leading Agile Teams.** Newtown Square, PA: Project Management Institute, 2015.

ROSENFELD, R. B.; SERVO, J.C. **Facilitating innovation in large organisations.** *In*: HENRY, J.; WALKER, D. (eds.). Managing Innovation. London: Newbury Park: Sage Publications, in association with Open University, 1991.

ROTHER, M.; SHOOK, J. **Aprendendo a enxergar mapeando o fluxo de valor para agregar valor e eliminar desperdício.** São Paulo: Lean Institute Brasil, 2003.

SAFFO, P. **Get ready for a new economic era.** Disponível em: <http://www.saffo.com/wp-content/uploads/2016/06/McKinsey-Creator.pdf>. Acesso em: 20 jul. 2022.

SALESFORCE BRASIL. O que é Transformação Digital? Um Guia para Digitalização de Negócios. **Salesforce blog**, 01 set. 2017. Disponível em: <https://www.salesforce.com/br/blog/2017/Setembro/O-que-e-Transformacao-Digital.html>. Acesso em: 19 jul. 2022.

SALINO, L. Aumento do pedido de falência das empresas na pandemia e a migração para o e-commerce. **Jus.com.br**, 28 mar. 2021. Disponível em: <https://jus.com.br/artigos/89448/aumento-do-pedido-de-falencia-das-empresas-na-pandemia-e-a-migracao-para-o-e-commerce>. Acesso em: 19 jul. 2022.

SANAS, C. F. **O futuro dos contratos:** potencialidade e desafios dos smart contracts no Brasil. Volta Redonda: Jurismestres, 2021.

SANTOS, V. S. dos. O que é ecossistema? **Brasil Escola**, s.d. Disponível em: <https://brasilescola.uol.com.br/o-que-e/biologia/o-que-e-ecossistema.htm>. Acesso em 16 de janeiro de 2022.

SCALED AGILE. SAFe 5 for Lean Enterprises. Site. Disponível em: <https://www.scaledagileframework.com/>. Acesso em: 20 jul. 2022.

SCHALLMO, D.; WILLIAMS, C. A.; BOARDMAN, L. Digital transformation of business models – best practice, enablers, and roadmap. **International Journal of Innovation Management**, vol. 21, n. 1, 2017, p. 1-17.

SCHEIN, E. **Cultura organizacional e liderança.** São Paulo: Atlas, 2009.

SCHLOCHAUER, C. **Cultura de Aprendizagem (ou o T&D invisível).** Disponível em: <https://bit.ly/cultura-de-aprendizagem-td-invisivel>. Acesso em: 20 jul. 2022.

SCHLOCHAUER, C. **Lifelong learners, o poder do aprendizado contínuo.** São Paulo: Gente, 2021.

SCHMIDT, E.; COHEN, J. **A Nova Era Digital:** como será o futuro das pessoas, das nações e dos negócios. Rio de Janeiro: Intrínseca, 2013.

SCHUMPETER, J. A. **Capitalism, Socialism and Democracy.** London: Allen & Unwin, 1942.

SENGE, P. M. **A quinta disciplina:** a arte e prática da organização que aprende. 21.ed. Rio de Janeiro: Best Seller, 2006.

SHINGO, S. **O Sistema Toyota de Produção:** do ponto de vista da engenharia de produção. Porto Alegre: Bookman, 1996.

SIMANTOB, M. A. **Caracterização de processos sistemáticos e assistemáticos de inovação em organizações brasileiras.** 40p. (Tese de Mestrado em Administração de Empresas) – Escola de Administração de Empresas de São Paulo da Fundação Getulio Vargas, São Paulo, 2006.

SMITH, B.; BROWNE, C. A. **Armas e Ferramentas:** o futuro e o perigo da era digital. Rio de Janeiro: Alta Books, 2020

SOBRAL, F.; PECI, A. **Administração:** teoria e prática no contexto brasileiro. São Paulo: Prentice Hall, 2008.

SORRENTINO, E. Sem motorista: 'Halo' oferece carros "quase autônomos" em projeto ousado. **Olhar Digital**, 09 jul. 2021. Disponível em: <https://olhardigital.com.br/2021/07/09/videos/sem-motorista-halo-oferece-carros-quase-autonomos-em-projeto-ousado>. Acesso em: 21 jul. 2022.

SPARKS, D. T. Combining Sustainable Value Stream Mapping and Simulation to Assess Manufacturing Suplly Chain Network Performance. **Theses and Dissertations – Mechanical Engineering**, n. 43, 2014.

STL PARTNERS. **10 5G Healthcare use cases transforming digital health.** Disponível em: <https://stlpartners.com/articles/digital-health/10-5g-healthcare-use-cases>. Acesso em: 21 jul. 2022.

SYED, M. **O princípio da caixa-preta:** a surpreendente verdade sobre o sucesso (e por que algumas pessoas nunca aprendem com seus erros). Rio de Janeiro: Objetiva, 2016.

TAURION, C. A pandemia acelerou a transformação digital. Quais os próximos passos? **NeoFeed**, 04 dez. 2021. Disponível em: <https://neofeed.com.br/blog/home/a-pandemia-acelerou-a-transformacao-digital-quais-os-proximos-passos/>. Acesso em 19 jul. 2022.

TEDX TALKS. The future will be decentralized | Charles Hoskinson | TEDx Bermuda. **YouTube**, s.d. Disponível em: <https://www.youtube.com/watch?v=97ufCT6lQcY>. Acesso em: 16 ago. 2022.

TERRA, T. Falido há 16 anos, a marca do Banco Nacional ainda tem força. **Mundo do Marketing**, 03 jan. 2011. Disponíveis em: <https://www.mundodomarketing.com.br/cases/19357/o-que-aprender-com-os-erros-da-mesbla.html>. Acesso em: 19 jul. 2022.

THIEL, P. **De Zero a Um:** o que aprender sobre empreendedorismo com o Vale do Silício. Trad. Ivo Korytowski. Rio de Janeiro: Objetiva, 2014.

TOQUINHO. **Aquarela.** Ariola, 1983. Disponível em: <http://www.vagalume.com.br/toquinho/aquarela-original.html>. Acesso em: 20 jul. 2022.

ULRICH, G. Change, please: How 5G is transforming payments. **Mastercard Newsroom**, Mar. 01, 2021. Disponível em: <https://www.mastercard.com/news/perspectives/2021/transforming-payments-with-5g>. Acesso em: 21 jul. 2022.

VALE, A. **A Fórmula da Eficácia:** como fazer a coisa certa no seu projeto de software. Brasília: Software Zen, 2020.

VAN DER ZIJDEN, S.; SWANTON, B. Use TIME to Engage the Business for Application and Product Portfolio Triage. **Gartner**, Mar. 25, 2019. Disponível em: <https://www.gartner.com/en/documents/3905663>. Acesso em: 20 jul. 2022.

VASCONCELLOS, M. **Inovação pelas Pessoas:** o caminho para o sucesso das organizações. Rio de Janeiro: Alta Books, 2021.

VERIZON. **2022 DBIR Master's Guide.** 2022. Disponível em: <https://www.verizon.com/business/resources/reports/dbir/2022/master-guide/>. Acesso em: 15 ago. 2022.

VON STAMM, B. **Managing innovation, design and creativity.** Chichester: Wiley, 2003.

WALLAS, G. T**he art of thought.** London: Solis Press, 2014.

WESTERMAN, G.; BONNET, D.; MCAFEE, A. The Nine Elements of Digital Transformation. **MIT Sloan Management Review**, Jan. 07, 2014. Disponível em: <https://sloanreview.mit.edu/article/the-nine-elements-of-digital-transformation/>. Acesso em: 19 jul. 2022.

WHITING, K. These are the top 10 job skills of tomorrow – and how long it takes to learn them. **World Economic Forum**, Oct. 21, 2020. Disponível em: <https://www.weforum.org/agenda/2020/10/top-10-work-skills-of-tomorrow-how-long-it-takes-to-learn-them/>. Acesso em: 20 jul. 2022.

WIKIPÉDIA. **Charles Darwin**. Disponível em: <https://pt.wikipedia.org/wiki/Charles_Darwin>. Acesso em: 20 jul. 2022.

WIKIPÉDIA. **Clive Humby.** Disponível em: <https://en.wikipedia.org/wiki/Clive_Humby>. Acesso em: 16 ago. 2022.

WIKIPÉDIA. **Ecossistema.** Disponível em: <https://pt.wikipedia.org/wiki/Ecossistema>. Acesso em: 21 jul. 2022.

WIKIPÉDIA. **Papel-moeda.** Disponível em: <https://pt.wikipedia.org/wiki/Papel-moeda>. Acesso em: 20 jul. 2022.

WIKIPÉDIA. **Peer-to-peer.** Disponível em: <https://pt.wikipedia.org/wiki/Peer-to-peer>. Acesso em: 21 jul. 2022.

ZOUAIN, M. Transformação digital é mais sobre pessoas do que sobre tecnologias. **A gazeta**, 23 dez. 2020. Disponível em: <https://www.agazeta.com.br/artigos/transformacao-digital-e-mais-sobre-pessoas-do-que-sobre-tecnologias-1220>. Acesso em: 19 jul. 2022.

Agradecimentos

A equipe de curadoria, representada por **Antonio Muniz, Anderson Gonzaga de Souza, Luiz Eduardo Labriola, Marcello Bósio, Leandro Branco e Luciana T.C. Dias**, gostaria de agradecer aos familiares, coautores e amigos por mais uma contribuição de *cases* de sucessos no mercado brasileiro. Com isso, continuamos evoluindo na nossa missão que é compartilhar experiências através de livros colaborativos.

Autores

Acesse o QR Code e confira nome, foto, minibio e perfil do LinkedIn dos nossos coautores.

<https://transformacaodigital.jornadacolaborativa.com.br/coautores>

Jornada RH Ágil

Jornada Colaborativa

Jornada Java

Jornada Kanban na prática

Jornada Business Agility

Jornada do Ágil Escalado

Jornada Ágil de Liderança

Jornada Ágil do Produto

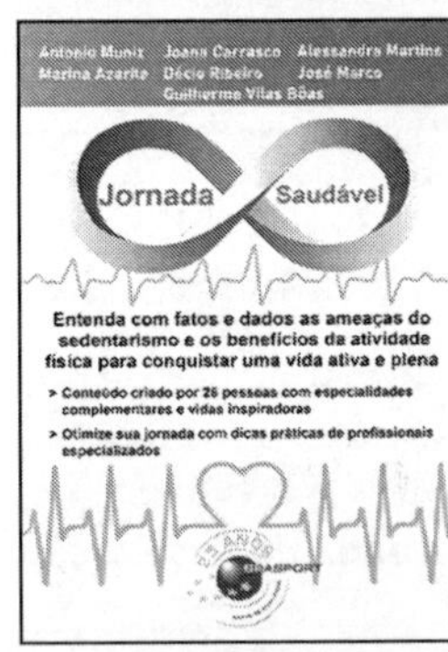

Jornada Saudável

Jornada Ágil de Qualidade

Jornada Ágil e Digital

Jornada DevOps 2ª edição